主　　编　蒋惠岭　国家法官学院副院长
最高人民法院司法案例研究院负责人
副 主 编　关　毅　国家法官学院科研部主任
刘　畅　最高人民法院司法案例研究院规划部主任
主编助理　边疆戈　国家法官学院科研部编辑
朱建伟　国家法官学院科研部编辑
赵文轩　最高人民法院司法案例研究院规划部编辑

《中国法院年度案例》编辑人员（按姓氏笔画）
边疆戈　朱建伟　刘　畅　关　毅　杨小利
罗胜华　赵文轩　胡　岩　袁登明　唐世银
曹海荣　梁　欣　蒋惠岭　程　瑛　谭　红

本书编审人员　罗胜华

中国法院
2020年度案例

国　家　法　官　学　院
最高人民法院司法案例研究院◎编

知识产权纠纷

中国法制出版社
CHINA LEGAL PUBLISHING HOUSE

《中国法院年度案例》通讯编辑名单

序

坚持和完善中国特色社会主义法治体系，是党的十九届四中全会作出的一项重要部署。作为其核心组成部分，高效的法治实施体系所要实现的就是让静态的法律制度在实践中得到良好实施。《中国法院年度案例》丛书的价值追求，即公开精品案例，研究案例所体现的裁判方法和价值理念，提炼裁判规则，助推司法标准统一。

《中国法院年度案例》丛书，是国家法官学院于2012年开始编辑出版的一套大型年度案例丛书。丛书由国家法官学院案例开发研究中心具体承担编辑工作，每年年初定期出版。此前，该中心坚持20余年连续不辍编辑出版了《中国审判案例要览》丛书近90卷，分中文版和英文版在海内外发行，颇有口碑，享有赞誉。作为一种全新的案例研究产品，《中国法院年度案例》丛书旨在加强完善中国特色案例指导制度，探索编辑案例的新方法、新模式，以弥补当前各种案例出版物的不足。该丛书2012～2019年已连续出版8套，一直受到读者的广泛好评，并迅速售罄。为更加全面地反映我国司法审判执行工作的发展进程，顺应审判执行实践的需要，响应读者需求，2014年度新增3个分册即金融纠纷、行政纠纷、刑事案例，2015年度将刑事案例调整为刑法总则案例、刑法分则案例2册，2016年度新增知识产权纠纷分册，2017年度新增执行案例分册，2018年度、2019年度将刑事案例扩充为4个分册。现国家法官学院及时编撰推出《中国法院2020年度案例》系列丛书，共23册。

当前市面上的案例丛书百花齐放，又有裁判文书网，可以查询各级法院、各类的裁判文书，还有各种专门领域的案例汇编书籍，以及各种案例指导、案例参考等读物，各具特色。而《中国法院年度案例》丛书则以开放务实的态度、简洁明快的风格，试图把案例书籍变得“好读有用”，故在编辑中坚持以下方法：一是高度提炼案例内容，控制案例篇幅，每个案例基本在3000字以内；二是突出争议焦点，剔除无效信息，尽可能在有限的篇幅内为读者提供有效、有益的信息；三是注重对案件裁判文书的再加工，大多数案例由案件的主审法官撰写“法官后语”，高度提炼、总结案例的指导价值。

同时，《中国法院年度案例》丛书还有以下特色：一是信息量大。国家法官学院案例开发研究中心每年从全国各地法院收集到的上一年度审结的典型案例近万件，使该丛书有广泛的选编基础，可提供给读者新近发生的全国各地多种类型的代表性案例。二是方便检索。为体现以读者为本，丛书分卷细化，每卷下还将案例主要根据案由分类编排，每个案例用一句话概括裁判规则、裁判思路或焦点问题作为主标题，让读者一目了然，迅速找到目标案例。

中国法制出版社始终全力支持《中国法院年度案例》丛书的出版，给了作者和编辑们巨大的鼓励。2018年、2019年连续推出数据库增值服务，2020年继续提供数据库增值服务并充实完善数据内容。购买本书，扫描前勒口二维码，即可在本年度免费查阅往年同类案例数据库。我们在此谨表谢忱，并希望通过共同努力，逐步完善，做得更好，真正探索出一条编辑案例书籍、挖掘案例价值的新路，更好地服务于学习、研究法律的读者，服务于社会，服务于国家的法治建设。

本丛书既可作为法官、检察官、律师等司法实务工作人员的办案参考和司法人员培训推荐教程，也是社会大众学法用法的极佳指导，亦是教学科研机构案例研究的精品素材。当然，案例作者和编辑在编写过程中也难以一步到位实现最初的编写愿望，可能会存在各种不足，甚至错误，欢迎读者批评指正，我们愿听取建议，并不断改进，不断扩大案例研究领域，实现中国特色案例研究事业新发展。

从今年起，《中国法院年度案例》改由国家法官学院与最高人民法院司法案例研究院共同编辑。最高人民法院司法案例研究院是中编办批准设置的最高人民法院的司法案例专门研究机构，与国家法官学院合署办公，在最高人民法院领导下，秉持服务司法审判实践、经济社会发展、法学教育研究、中外法学交流、法治中国建设的办院宗旨，坚持“服务、创新、合作、开放、共享”工作原则，依托国家法官学院开展司法案例的收集、生成、研究、发布和国际交流工作。司法案例研究院的加入，必将使本套丛书的编辑力量更加壮大，案例质量将进一步提升。

国家法官学院副院长

最高人民法院司法案例研究院负责人

蒋惠岭

目　录

Contents

一、专利纠纷

二、商标纠纷

三、著作权纠纷

四、侵害信息网络传播权纠纷

五、不正当竞争纠纷

一、专利纠纷

1

对权利要求的理解不应拘泥于字面

——北京弘安科技有限公司诉原国家知识产权局专利复审委员会实用新型专利权无效案

【案件基本信息】

1. 裁判书字号

北京市高级人民法院（2016）京行终2859号行政判决书

2. 案由：实用新型专利权无效行政纠纷

3. 当事人

原告（被上诉人）：北京弘安科技有限公司（以下简称弘安公司）

被告：原国家知识产权局专利复审委员会

第三人（上诉人）：欧瑞康纺织有限及两合公司（以下简称欧瑞康公司）

【基本案情】

专利号为200820181507、名称为“用于冷却多个合成丝束的装置”的实用新型专利（以下简称本专利），其申请日为2008年12月24日，授权公告日为2010年1月6日，专利权人为欧瑞康公司。授权公告时权利要求1如下：“1. 一种用于冷却多个合成丝束的装置，具有：吹风箱（1），该吹风箱由上部件（5）和下部件（4）形成，所述上部件和下部件在其本身之间包围有具有多个长丝通道（9）的多孔板（8）；多个冷却筒（7），所述冷却筒分别具有透气的筒壁（10）并相互隔开一定距离地分别从上方的长丝入口（2）穿透上部件（5）直至多孔板（8）的长丝通道（9）；多个连接管件（14），所述连接管件在冷却筒（7）的延长部中设置在多孔板（8）的长丝通道（9）下方并分别穿透下部件（4）直至下方的长丝出口（15）；以及空气入口（12），该空气入口形成在下部件（4）的纵向侧上；其特征在于，所述冷却筒（7）以排状布置、平行且偏离中心地设置在吹风箱（1）的相对的侧壁（11.1，11.2）之间。"

2014年6月27日，针对弘安公司就欧瑞康公司拥有的本专利所提无效宣告请求，原国家知识产权局专利复审委员会（以下简称专利复审委员会）作出第23181号无效宣告请求审查决定（简称被诉决定），维持本专利有效。弘安公司不服，提起行政诉讼。

【案件焦点】

1. 本专利权利要求1如何理解；2. 本专利权利要求1是否符合2000年修正的《中华人民共和国专利法》第二十六条第四款的规定。

【法院裁判要旨】

北京市第一中级人民法院经审理认为：根据权利要求1记载的技术方案，其中实际包括了至少以下两个方案：方案一，冷却筒（7）与吹风箱（1）的、设置在空气入口（2）的纵向侧上的侧壁（11.2）之间的距离（b）小于冷却筒（7）与吹风箱（1）的相对的侧壁（11.1）之间的距离（a）。方案二，冷却筒（7）与吹风箱（1）的、设置在空气入口（2）的纵向侧上的侧壁（11.2）之间的距离（b）大于冷却筒（7）与吹风箱（1）的相对的侧壁（11.1）之间的距离（a）。本专利说明书中并未涉及权利要求1中上述方案二的技术内容，本专利权利要求1记载的"所述冷却筒（7）以排状布置、平行且偏离中心地设置在吹风箱（1）的相对的侧壁（11.1，11.2）之间"中包含的方案二未得到说明书支持，不符合2000年修正的《中华人民共和国专利法》第二十六条第四款的规定。

北京市第一中级人民法院依照《中华人民共和国行政诉讼法》第七十条第一项之规定，判决如下：

一、撤销被诉决定；

二、专利复审委员会员会重新作出审查决定。

欧瑞康公司不服不服一审判决，提起上诉。

北京市高级人民法院经审理认为：

一、本专利权利要求 1 如何解释问题。对于权利要求 1 限定的“冷却筒偏离中心设置”，本领域普通技术人员通过阅读权利要求书、说明书可以清楚地得出唯一理解，即方案一。只有方案一才能符合本专利的发明目的，解决冷却不均匀的技术问题。如果理解为方案二，则更大程度加大了冷却不均匀，不但不能实现本专利的发明目的，反而使得冷却效果比本专利背景或现有技术（如本案证据 1）还要差，根本不会产生“冷却筒外周上存在均匀的空气流动”的技术效果。理由如下：（1）从本专利说明书理解，整体解读背景技术记载内容、本专利要解决的技术问题、采用的技术手段以及发明内容，均唯一地得出：冷却筒与吹风箱的设置在空气入口纵向侧上的侧壁之间的距离小于冷却筒与吹风箱的相对侧壁之间的距离。（2）本领域技术人员知晓，一方面，当冷却筒设置在中心位置且多孔板孔径一致时，靠近空气入口一侧的压力较大，相对的另一侧压力较小；而当冷却筒偏离中心设置时，多孔板对于冷却筒两侧形成的自由面积大小不同，两侧空气的压力差也会产生变化。另一方面，为了使得冷却空气在冷却筒外周均匀流动，冷却筒的这种偏心设置必然要减小两侧的压力差，即实现对原来空气压力较小一侧的补偿，而不是相反。（3）弘安公司认可：将本专利权利要求 1 解释为方案二的技术方案，不能实现本专利说明书的技术效果。

二、本专利权利要求 1 是否符合 2000 年修正的《中华人民共和国专利法》第二十六条第四款的规定问题。本专利说明书已经详细说明了通过偏离中心设置来解决送风不均问题的原理，根据该原理本领域技术人员清楚地知晓冷却筒与两侧壁的距离只能有一种大小关系，即冷却筒（7）与吹风箱（1）的、设置在空气入口（2）的纵向侧上的侧壁（11.2）之间的距离（b）小于冷却筒（7）与吹风箱（1）的相对的侧壁（11.1）之间的距离（a）。因此，本专利权利要求书的保护范围与说明书的记载是相适应的，符合 2000 年修正的《中华人民共和国专利法》第二十六条第四款的规定。原审法院以“方案二未得到说明书支持”为由，进而认为权利要求 1 得不到说明书的支持，导致整体技术方案不能得到保护，系机械、错误地理解权利要求。

北京市高级人民法院依据《中华人民共和国行政诉讼法》第六十九条、第八十九条第一款第二项及第三款之规定，判决如下：

一、撤销原审判决；

二、驳回弘安公司的诉讼请求。

【法官后语】

本案的典型性在于较好地宣示了在专利确权程序中一般要对权利要求保护的整体技术方案作出符合发明目的的理解。强调在界定权利要求用语的含义时，要充分考虑本专利的技术构思和发明目的，从本领域技术人员角度，确保有价值的发明创造得到保护。本案不仅实现了对中外企业知识产权的平等保护，还充分发挥了知识产权审判激励和保护创新职能，塑造我国良好营商环境。

一审法院采用严格的字面含义理解，将本专利权利要求1理解为两个技术方案。诚然，方案二并不是不可实现的技术方案，而是技术效果比现在技术还差的技术方案。经过对本专利说明书的整体理解，方案二是发明人根本没有考虑过的，只是权利要求书文字撰写时选取用词出现了失误。对于一个已经授权的实用新型专利，权利人修改自由是严格限制的，在此情况下，是仅严格按照字面含义理解，使具有一定技术贡献的发明创造无效？还是对权利要求用语的明显错误给予一定宽容？二审法院选择了后者，并给出了较为全面的论理和分析。

我们知道，权利要求一般通过严格逻辑关系的精准语言文本来表达完整的技术方案。实际上，由于各种原因，提交专利申请的权利要求用语经常是抽象的、模糊的、界定不明的，甚至存在用语错误等情况。出现权利要求用语界定的保护范围与说明书和附图记载不一致的情况时，尤其是对本案出现两种技术方案的理解，能否一概以“得不到说明书支持”，不符合《中华人民共和国专利法》第二十六条第四款的规定为由直接予以无效，需要在个案中准确理解和认定导致不一致的原因。如果本领域普通技术人员结合说明书和附图的相应记载，能够较容易地发现权利要求的用语存在明显错误，并能获得唯一理解修正该错误，那么就不应该将错就错，导致权利要求实际保护的范围不是权利人的真实意思表示。

况且，在专利确权程序中，由于权利要求获得了授权，专利权人对授权行为已有一定的行政信赖，为了鼓励发明创造，在不损害权利要求公示价值和社会公众利益的情况下，一般应对权利要求作出符合发明目的的理解，以说明书来界定权利要求用语含义所要真实表达的保护范围。除非说明书未界定或界定的内容相互矛盾，一般不应仅对权利要求作违背发明目的的字面含义理解。并且，对专利权的理解或解释应当站位于本领域技术人员，结合说明书的记载，综合考虑该发明对现有技术的贡献程度及实际效果，不应把明显不能够实现发明目的的技术方案纳入保护范围，否则容易造成对《中华人民共和国专利法》第二十六条第四款的滥用。

编写人：北京市高级人民法院　孔庆兵

2

赔偿数额在侵害发明专利权案中的判定

——飞天诚信科技股份有限公司诉北京信安世纪科技有限公司、武汉信安珞珈科技有限公司侵害发明专利权案

【案件基本信息】

1. 裁判书字号

北京市高级人民法院（2018）京民终 574 号民事判决书

2. 案由：侵害发明专利权纠纷

3. 当事人

原告（被上诉人）：飞天诚信科技股份有限公司（以下简称飞天诚信公司）

被告（上诉人）：北京信安世纪科技有限公司（以下简称信安世纪公司）、武汉信安珞珈科技有限公司（以下简称信安珞珈公司）

【基本案情】

原告飞天诚信公司于 2007 年 12 月 21 日向国家知识产权局提交了名称为“一种交易报文的处理方法、设备和系统”的发明专利（以下简称涉案专利），其于 2014 年 3 月 26 日获得授权，专利号为 ZL201010580896.7，涉案专利至今合法有效。

被告一信安世纪公司参加了云南省农村信用社的二代 USB key 数字证书的招投标工作，并中标该项目，由信安世纪公司销售给云南省农村信用社二代 USB key 数

字证书产品，信安世纪公司已大批量供货。2015年5月14日，飞天诚信公司在云南省农村信用社通过公证购买了信安世纪公司的上述产品。外壳标有“ARGUSec”的二代USB key数字证书。经查询，“ARGUSec”为被告二信安珞珈公司注册的商标。信安珞珈公司为信安世纪公司的子公司。信安世纪公司和信安珞珈公司的官网分别对“ARGUSec”二代USB key数字证书产品有所展示及介绍。信安珞珈公司为信安世纪公司销售的被控侵权产品提供了研发、制造工作。

飞天诚信公司于2015年6月29日向北京知识产权法院提起诉讼，请求：(1)判令被告信安世纪公司立即停止销售、许诺销售涉案侵权产品的行为，判令被告信安珞珈公司立即停止制造、销售、许诺销售涉案侵权产品的行为；(2)判令两被告立即销毁所有库存侵权产品、生产侵权产品的专用设备及含有侵权产品的宣传资料；(3)判令两被告根据其获利情况赔偿原告经济损失500万元，包括合理支出3000元。

【案件焦点】

如何确认发明专利民事侵权中的赔偿数额。

【法院裁判要旨】

北京知识产权法院经审理认为：(1)被控侵权产品完整地包含了涉案专利权利要求5的全部技术特征，落入了涉案专利权利要求5的保护范围。具体涉案专利权利要求5为一个整体技术方案。在该技术方案中，判断模块用于判断客户端主机是用复核标记符对需要进行显示的交易报文段进行标记的，还是通过对预先约定的第一标志位进行设置来对需要进行显示的交易报文段进行标记的，在涉案专利权利要求5中客户端主机发送的是分割后的交易报文段，且这种分割不会使交易报文发生变化。对于技术特征5b，在需要显示报文信息的情况下，被控侵权产品所接收到的交易信息至少被额外地分割，且该报文发送软件并未对所发送的报文本身进行改动。因此，被控侵权产品能够实现与主机通信，并且可用于接收客户端主机发送的分割后的交易报文段，被控侵权产品已经包含了技术特征5b。此外，将原整个报文的HASH值发送给被控侵权产品后，再进行签名运算时，还要对已经得到的HASH值再进行一次HASH运算，由于HASH运算单向不可逆，这使得原整个报文的HASH值不仅对被控侵权产品的工作没有任何作用，而且增加了客户端的运算量，故违背了 USB Key 产品设计的一般常识。除此之外，被控侵权产品已经包含了技术特征 5c，被控侵权产品既包括复核标记符，也包括第一标志位和三个约定值，故被控侵权产品包含技术特征 5h 和 5i。(2) 飞天诚信公司关于信安世纪公司销售了被控侵权产品的主张缺乏事实及法律依据，但是，通过核对被控侵权产品和官网网页保全公证书的原件，信安世纪公司认可其网页中宣传的四个型号二代 Key 产品中的一款即为被控侵权产品，而被控侵权产品落入了涉案专利权利要求 5 的保护范围，故飞天诚信公司关于信安世纪公司许诺销售被控侵权产品从而侵害其专利权的主张成立。(3) 信安世纪公司、信安珞珈公司应当承担相应的民事责任。

北京知识产权法院依据《中华人民共和国侵权责任法》第十五条第一款第一项、第六项,《中华人民共和国专利法》第十一条第一款、第五十九条第一款、第六十五条，《最高人民法院关于审理侵犯专利权纠纷案件应用法律若干问题的解释》第七条,《最高人民法院关于审理专利纠纷案件适用法律问题的若干规定》第二十四条之规定，判决如下：

一、被告信安世纪公司于本判决生效之日起，立即停止实施侵犯原告飞天诚信公司第 201010580896.7 号“一种交易报文的处理方法、设备和系统”发明专利权的涉案行为；

二、被告信安珞珈公司于本判决生效之日起，立即停止实施侵犯原告飞天诚信公司第 201010580896.7 号“一种交易报文的处理方法、设备和系统”的发明专利权的涉案行为；

三、被告信安世纪公司、被告信安珞珈公司于本判决生效之日起十日内共同赔偿原告飞天诚信公司经济损失 20 万元；

四、被告信安珞珈公司于本判决生效之日起十日内赔偿原告飞天诚信公司经济损失 180 万元；

五、被告信安世纪公司、被告信安珞珈公司于本判决生效之日起十日内共同赔偿原告飞天诚信公司诉讼合理支出 3000 元；

六、驳回原告飞天诚信公司的其他诉讼请求。

信安世纪公司、信安珞珈公司不服一审判决，提起上诉。

北京市高级人民法院经审理认为：本案中，(1) 被控侵权产品完整包含了涉案专利权利要求 5 的全部技术特征，落入了涉案专利权利要求 5 的保护范围。具体涉案专利权利要求5为一个整体技术方案。在该技术方案中，判断模块用于判断客户端主机是用复核标记符对需要进行显示的交易报文段进行标记的，还是通过对预先约定的第一标志位进行设置来对需要进行显示的交易报文段进行标记的，在涉案专利权利要求5中客户端主机发送的是分割后的交易报文段，且这种分割不会使交易报文发生变化。对于技术特征5b，在需要显示报文信息的情况下，被控侵权产品所接收到的交易信息至少被额外地分割，且该报文发送软件并未对所发送的报文本身进行改动。因此，被控侵权产品能够实现与主机通信，并且可用于接收客户端主机发送的分割后的交易报文段，被控侵权产品已经包含了技术特征5b。此外，将原整个报文的HASH值发送给被控侵权产品后，再进行签名运算时，还要对已经得到的HASH值再进行一次HASH运算，由于HASH运算单向不可逆，这使得原整个报文的HASH值不仅对被控侵权产品的工作没有任何作用，而且增加了客户端的运算量，故违背了USB Key产品设计的一般常识。除此之外，被控侵权产品已经包含了技术特征5c，被控侵权产品既包括复核标记符，也包括第一标志位和三个约定值，故被控侵权产品包含技术特征5h和5i。（2）飞天诚信公司关于信安世纪公司销售了被控侵权产品的主张缺乏事实及法律依据，但是，通过核对被控侵权产品和官网网页保全公证书的原件，信安世纪公司认可其网页中宣传的四个型号二代Key产品中的一款即为被控侵权产品，而被控侵权产品落入了涉案专利权利要求5的保护范围，故飞天诚信公司关于信安世纪公司许诺销售被控侵权产品从而侵害其专利权的主张成立。（3）信安世纪公司、信安珞珈公司应当承担相应的民事责任。

北京市高级人民法院依照《中华人民共和国民事诉讼法》第一百七十条第一款第一项之规定，作出如下判决：

驳回上诉，维持原判。

【法官后语】

本案系涉U盾技术的通信类专利侵权案件。法院通过当庭勘验，认可了原告专门制作的勘验程序，并据此判断被控侵权产品完整地包含了涉案专利权利要求5的全部技术特征，落入了涉案专利的保护范围。在确定赔偿数额时，在认定原告不易取得的情况下，责令被告在诉讼过程中提交了侵权期间的全部订货单，结合原告提交的产品毛利率表专项审计报告及原告在法院他案中认可的利润数额，确定了每件侵权产品的合理利润，最终根据侵权人因侵权所获得的利益，判令被告赔偿原告经济损失共计200万元。

编写人：北京知识产权法院 栾羚

3

外观设计的整体视觉效果综合判断原则

——孔某诉吉安宇之源光电科技有限公司、宜春市市政工程管理处侵害外观设计专利权案

【案件基本信息】

1. 裁判书字号

最高人民法院（2018）最高法民再86号民事判决书

2. 案由：侵害外观设计专利权纠纷

3. 当事人

原告（再审申请人、被上诉人）：孔某

被告（被申请人、上诉人）：吉安宇之源光电科技有限公司（以下简称宇之源公司）

被告：宜春市市政工程管理处

【基本案情】

2006年3月28日，扬州托普莱特照明器材配套有限公司向国家知识产权局申请外观设计专利，名称为路灯灯具（PV-1单光源），该申请于2007年2月14日获得授权，专利号为ZL20063008214.4。2007年5月9日，专利权人变更为江苏托普照明有限公司。2014年7月1日，孔某通过转让获得外观设计专利权并取得自该专利权授权公告之日起的一切权利，支付费用70万元。2014年8月6日，宜春市政府采购中心就宜春市政工程处泸洲北路延伸段路段路灯项目进行竞标，2014年8月12日，宇之源公司中标，中标金额为363800元，随后在此路段安装了118杆双

臂路灯共计236盏，且当庭提供了安装灯具的样品。庭审中，就被诉侵权产品与授权外观设计图进行了对比。从主视图比对：被诉侵权设计与授权外观设计的主视图整体均呈头尾较尖、中部较宽的流线体设计，灯体头部有一平滑的线条向尾部延伸，在灯体中后部向灯体顶部回折，整体看来，该线条与灯体的流线外形结合，共同在灯体上形成了一块类似尖橄榄型的图案；从仰视图比对：被诉侵权设计与授权外观设计整体形状均呈橄榄型，发光区域有类似皮鞋前掌形状的图案设计，在灯体尾部均有若干装饰性的线条。一审法院认为，被诉侵权设计的整体视觉效果与授权外观设计并无实质性差异，二者属于近似外观设计，被诉侵权产品落入孔某专利权的保护范围。另查明，孔某与常州市棱光照明电器有限公司于2015年8月18日签订专利实施许可合同，将授权外观设计以普通实施许可的方式许可给该公司使用，许可使用费支付方式为：常州市棱光照明电器有限公司每销售一套专利产品（路灯PV-1），需向孔某支付人民币385元作为许可使用费。孔某于2015年10月12日向该公司开具专利使用费发票，数量为112套路灯PV-1，金额为43210元。该公司于2015年10月21日向孔某支付了该笔款项。再查明，宇之源公司于2015年7月15日获得名称为路灯（10）、专利号为ZL20153004448.1外观设计专利；案外人潘某禧于2015年8月5日获得名称为路灯（3）、专利号为ZL201530040955.5外观设计专利。

【案件焦点】

被诉侵权产品是否落入授权外观设计专利权的保护范围。

【法院裁判要旨】

江西省宜春市中级人民法院经审理认为：关于宇之源公司生产、安装的产品是否侵权。孔某依法享有专利号为ZL200630082214.4、名称为“路灯灯具（PV-1单光源）”的外观设计专利的专利权，受法律保护。任何单位或个人未经专利权人许可，不得为生产经营目的制造、许诺销售、销售、进口专利产品。经当庭比对，被诉侵权产品中灯头的技术特征和授权外观设计视图的技术特征一一对应，落入涉案专利权的保护范围，宇之源公司的被诉行为构成侵权。

宇之源公司抗辩称被诉侵权产品与授权外观设计存在的重点区别设计是被诉侵权产品灯体后部的金属卡口，该卡口实现了授权外观设计不具备的方便开合的技术效果，是技术上的进步，故二者不属于近似外观设计。外观设计保护的是产品的美感设计，而非技术功能。认定外观设计是否相同或者近似时，应当根据授权外观设计、被诉侵权设计的设计特征，以外观设计的整体视觉效果进行综合判断，对于主要由技术功能决定的设计特征应当不予考虑。在本案中，宇之源公司所称的卡口显然是实现灯体开合这一技术功能的特征，在侵权比对时不应当予以考虑。

宇之源公司还抗辩称其实施的是自有外观专利，故不构成侵权。专利权的本质是禁止他人未经许可实施，被诉侵权行为发生于2014年8月，而宇之源公司的外观设计专利是2015年2月申请、2015年7月获得授权，即使其使用的是自己的专利，也应避让在先合法专利权。

《最高人民法院关于审理专利纠纷案件适用法律问题的若干规定》第二十一条规定，专利侵权赔偿额的计算方式，有许可费的，法院可以参照专利许可费的1～3倍确定赔偿额。本案中，被诉侵权产品数量为236盏，孔某许可他人实施的专利许可费是每盏385元，案外人也已实际支付，真实合法，可以作为确定赔偿额的依据，一审法院据此认定孔某经济损失为90860元。此外，一审法院酌定孔某因制止侵权的合理费用为8000元。宜春市市政工程管理处使用被诉侵权产品合法来源的抗辩成立，依据《中华人民共和国专利法》（以下简称《专利法》）第七十条的规定，宜春市市政工程管理处不承担本案的赔偿责任。

江西省宜春市中级人民法院作出如下判决：

一、宇之源公司立即停止制造、销售侵害孔某“路灯灯具（PV－1单光源）”外观设计专利权产品的行为并销毁除本案已安装使用的侵权产品；

二、宇之源公司赔偿孔某经济损失及合理费用98860元；

三、驳回孔某的其他诉讼请求。

上诉人宇之源公司不服一审判决，提起上诉。

江西省高级人民法院认为，本案的争议焦点为：宇之源公司销售的被诉侵权产品是否侵害授权外观设计专利，应否承担赔偿责任，赔偿经济损失的数额如何确定。

被诉侵权产品与孔某外观设计专利产品种类同为路灯，外观设计专利权的保护范围以表示在图片或者照片中的该产品的外观设计为准。一般消费者观察12米高的路灯的方式是仰视，所以应将被诉侵权产品的灯头技术方案与授权外观设计仰视图、主视图综合比对。审核实物和图片可见，被诉侵权设计与授权外观设计仰视图整体形状均呈橄榄型，发光区域均为类似皮鞋前掌图案，灯体尾部均有若干装饰性的线条；但靠近灯座部位，被诉侵权设计的边缘呈渐开的U形状，而授权外观设计则是半个小括号与半个中括号相背结合，故仰视两者整体视觉效果既不相同也不近似。被诉侵权设计与授权外观设计主视图整体形状均呈头尾较窄、中部较宽的流线体，灯体头尾由一平滑曲线相连，灯体顶部另一平滑曲线在灯体中后部向灯体顶部对称回折，共同在灯体上形成了一幅类似尖橄榄型图案，被诉侵权产品灯头金属卡口确实是为实现灯体开合的功能性的设计特征，但被诉侵权产品灯头金属卡口的客观存在足以影响被诉侵权产品的外观，在与孔某外观设计比对时应一并考虑，故两者的主视图整体视觉效果既不相同也不近似。此外，考虑到宇之源公司系按自有外观设计专利的技术方案生产产品，故被诉侵权产品并未落入授权外观设计专利权的保护范围。

江西省高级人民法院作出（2016）赣民终400号民事判决：撤销一审判决，驳回孔某的全部诉讼请求。

孔某不服二审判决，提出再审申请。最高人民法院经审理认为，本案的争议焦点是被诉侵权产品是否落入授权外观设计专利权的保护范围。《专利法》第五十九条第二款规定："外观设计专利权的保护范围以表示在图片或者照片中的该产品的外观设计为准，简要说明可以用于解释图片或者照片所表示的该产品的外观设计。"《最高人民法院关于审理侵犯专利权纠纷案件应用法律若干问题的解释》第八条规定："在与外观设计专利产品相同或者相近种类产品上，采用与授权外观设计相同或者近似的外观设计的，人民法院应当认定被诉侵权设计落入专利法第五十九条第二款规定的外观设计专利权的保护范围。"第十条规定："人民法院应当以外观设计专利产品的一般消费者的知识水平和认知能力，判断外观设计是否相同或者近似。"本案中，被诉侵权产品与涉案外观设计专利产品相同，均为路灯类产品，因此，关键问题是对于一般消费者而言，被诉侵权设计与授权外观设计是否相同或者近似，本案中，灯具背部的弧形轮廓、翼翅状的设计、灯具底面椭圆形的发光区、灯体尾部竖条纹状等特征是授权外观设计的区别设计特征。上述设计主要集中在灯具背面的壳体、灯具底面的形状以及图案上，属于容易被直接观察到的部位，在对整体视觉效果进行综合判断时，上述部位上的设计均应予以重点考察。被诉侵权设计与授权外观设计相比：（1）从主视图比对，被诉侵权设计与授权外观设计的主视图整体均呈头尾较尖，中部较宽的流线体设计，灯体头部有一平滑的线条向尾部延伸，在灯体中后部向灯体顶部回折，整体看来，该线条与灯体的流线外形结合，共同在灯体上形成了一块类似尖橄榄型的图案；（2）从仰视图比对，被诉侵权设计与授权外观设计整体形状均呈橄榄型，发光区域有类似皮鞋前掌形状的图案设计，在灯体尾部均有若干装饰性的线条。可见，两者均具有灯具背部的弧形轮廓、翼翅状的设计、灯具底面椭圆形的发光区、灯体尾部竖条纹状等设计特征，两者在整体视觉效果和设计风格上近似，而且上述部位属于容易被直接观察到的部位。虽然授权外观设计与被诉侵权设计相比，在产品侧面增加了卡口、灯具底面的线条设计上存在着部分差异，但是这些差异都属于局部的细微差异，对整体视觉效果影响不大。授权外观设计与被诉侵权设计整体视觉效果上无实质性差异，两设计构成近似。被诉侵权产品落入授权外观设计的保护范围。

最高人民法院依照《专利法》第十一条、第五十九条第二款，《中华人民共和国民事诉讼法》第一百七十条第一款第二项、第二百零七条第一款，《最高人民法院关于审理侵犯专利权纠纷案件应用法律若干问题的解释》第八条、第十条、第十一条，《最高人民法院关于审理侵犯专利权纠纷案件应用法律若干问题的解释（二）》第二十三条之规定，判决如下：

一、撤销江西省高级人民法院（2016）赣民终400号民事判决；

二、维持江西省宜春市中级人民法院（2015）宜中民三初字45号民事判决。

【法官后语】

随着网络信息搜索便利性的增加，外观设计侵权纠纷呈现增长趋势。而外观合计专利侵权的判定又与实用新型、发明专利的判定有所差异，后者能借助相关专业知识的判定，而前者更多地依赖于“一般消费者的认知”，这就使得外观设计专利侵权判定的主观性增加。

在审判实践中，为了更好地保护专利权人的合法权益，通常使用“全面观察，综合判断”与“着重要部分判断”两大判定原则。一般外观设计是由若干要素组合，形成特定的整体效果。因此，通过全面观察，从外观设计的整体出发，若在普通人眼中被诉侵权产品与授权产品相似，那么就可以认定被诉产品侵权；反之，若两者在整体效果上有明显的差别，则不构成侵权。

但仅仅依靠“整体观察”还不够，由于外观设计的立体性，需要法官从多角度进行判定。此时，需法官运用“着重要部分”原则。所谓重要部分，是指在某一产品中容易引起一般消费者注意的部分，也即一般消费者最容易感知的部分。在多维空间中，物是由多个角度组成，由最容易被一般消费者感知的角度所成就的美观是一外观设计区别于其他的关键。因此，对于外观设计的侵权判定，应综合外观设计的载体、运用的场景、消费者的社会文化背景等进行综合判定，不能机械、单一地判定。

值得一提的是“功能性设计”的判定问题。常有以“功能性设计”为抗辩理由进行抗辩，依据专利法实施细则的规定，外观设计是指对产品的形状、图案、色彩或者其结合所作出的富有美感并适于工业上应用的新设计。据此，可得出，外观设计保护的是产品的美观设计，而非技术功能。认定外观设计是否相同或者近似时，应当根据授权外观设计、被诉侵权设计的设计特征，以外观设计的整体视觉效果进行综合判断，对于主要由技术功能决定的设计特征，若该功能设计不足以影响整体效果，应判定该设计对整体效果影响不大。

编写人：江西省宜春市中级人民法院　赵东　吴勉

4

设计空间狭小的产品外观设计侵权判定规则

——永康市爱久工贸有限公司诉北京市知识产权局外观设计专利处罚行政案

【案件基本信息】

1. 裁判书字号

北京市高级人民法院（2018）京行终5537号行政判决书

2. 案由：外观设计专利处罚行政纠纷

3. 当事人

原告（被上诉人）：永康市爱久工贸有限公司（以下简称爱久公司）

被告：北京市知识产权局（以下简称北知局）

第三人（上诉人）：鼎力联合（北京）科技有限公司（以下简称鼎力联合公司）、北京家乐福商业有限公司通州店（以下简称家乐福通州店）

【基本案情】

专利号为201330266398.X，名称为“两轮自平衡电动车”的外观设计专利，其申请日为2013年6月20日，授权公告日为2013年12月11日，专利权人为鼎力联合公司，目前处于合法有效状态。2016年6月16日，鼎力联合公司向北京市东方公证处申请保全证据公证。当日，鼎力联合公司在家乐福通州店购买了新联A6平衡车（以下简称被控侵权产品）。为此，北京市东方公证处出具了（2016）京东方内民证字第8815号公证书。北知局于2016年7月6日受理了鼎力联合公司提出的处理请求，向爱久公司、家乐福通州店发出答辩通知书及请求书副本，爱久公司在指定期间内提交了答辩书，家乐福通州店未提交答辩书。北知局于2016年9月13日进行了口头审理。北知局经审理认为，被控侵权产品落入涉案专利的保护范围。家乐福通州店为生产经营目的许诺销售、销售被控侵权产品的行为侵犯了鼎力联合公司的涉案专利权。爱久公司为生产经营目的制造、销售被控侵权产品的行为侵犯了鼎力联合公司的涉案专利权；并于2016年9月29日作出京知执字（2016）929-46号《专利侵权纠纷处理决定书》（简称被诉决定），决定：家乐福通州店停止许诺销售、销售被控侵权产品；爱久公司停止制造、销售被控侵权产品。爱久公司不服北知局作出的被诉决定，在法定期限内向法院提起行政诉讼。

【案件焦点】

被控侵权产品的外观设计是否落入涉案专利的保护范围。

【法院裁判要旨】

北京知识产权法院经审理认为：涉案专利的外观设计与被控侵权产品的外观设计均包含把手、控制杆、控制盒、脚踏板、挡泥板、轮毂、方形底座设计特征。为了实现功能，此类产品通常包含上述部件，并且具有大致相近的连接关系和构造，因而由此形成的两轮自动平衡车的整体车形属惯常设计。虽然涉案专利与被控侵权产品的外观设计的各部件之间的布局和整体车形基本相同，但存在上述相同点并不足以认定两者构成相同或相近似的外观设计，仍然需要进一步对其他主要设计特征进行分析对比后再行综合判断。

关于涉案专利与被控侵权产品的T型把手。在车体前端设有把手，且把手与控制杆连接是惯常设计。为了实现把手保持平衡、控制方向等功能，此类产品的把手大多选择在中间位置与控制杆连接，从而形成T型，在涉案专利与被控侵权产品都采用T型把手时，需要进一步考察把手的具体形状。被控侵权产品具有方形显示屏，因此T型把手的交汇处有突出的外缘，而且两端的手柄是两端粗中间细，其中内侧相对于外侧更粗，并有凹凸设计。涉案专利没有显示屏，把手上缘和下缘都是平滑的，两端手柄呈纺锤状，整体呈现流线型设计。而且被控侵权产品的把手两端是对称的，而涉案专利的把手两端呈现非对称的状态。此外，被控侵权产品把手部分的背面可见一个LED灯装饰带，而涉案专利没有。上述区别使得被控侵权产品的把手和涉案专利的把手存在明显的区别，一般消费者施以一般注意力即可注意到。把手是自平衡车凸出的部件，能够被直接观察到，是能够引起一般消费者视觉关注的部位，两者把手部位的差异对整体视觉效果产生显著影响。

关于涉案专利与被控侵权产品的方形底座的前后侧面。被控侵权产品的方形底座的前侧和后侧都设置了装饰物和车灯，所形成的图案与涉案专利存在明显不同。对于自平衡车而言，底座是富集各部件并承载驾驶人员的部位，是车体的主要部分，并且能够被直接观察到，因此，底座前后侧面是引起一般消费者关注的部位，此处的不同对整体视觉效果将产生显著影响。

关于涉案专利与被控侵权产品的挡泥板。涉案专利的挡泥板仅覆盖部分轮胎上缘、整体呈现圆滑流畅的造型，而被控侵权产品的挡泥板覆盖整体轮胎上缘、整体呈现方直的造型。挡泥板从轮毂内侧覆盖至轮胎上缘，是一般消费者能够直接观察到的，并且在车体中所占比例较大，是视觉关注的部位，此处设计特征的区别能够对整体视觉效果产生影响。

关于涉案专利与被控侵权产品的外侧轮毂。直接观察涉案专利的外侧轮毂可以看到Y形装饰片，而被控侵权产品的外侧轮毂是圆盘形。外侧轮毂可为一般消费者直接观察到，是视觉关注的部位，两者的上述差别对整体视觉效果产生显著影响。

关于涉案专利与被控侵权产品的控制盒。二者控制盒均设置在中间位置，且左、右、后侧面为梯形面，但涉案专利的控制盒的左、右两侧呈现有弧度的斜坡状，控制盒整体较为圆滑，被控侵权产品控制盒的左、右两侧与底面接近垂直，整体棱角更分明。虽然控制盒是可以直接观察到的部位，但与把手、底座、轮毂等设计特征相比，控制盒受到的关注通常较小，因此，与把手等其他设计特征相比，控制盒的位置及大致形状对整体视觉效果产生的影响较小。

关于涉案专利与被控侵权产品的控制杆。被控侵权产品的控制杆和涉案专利的控制杆都呈弧形，区别在于涉案专利的控制杆上设有一个贯通上下的中空装饰条，而被控侵权产品控制杆设有三个中空装饰条。控制杆是可以直接观察到的车体的重要组成部位，设计上的异同对整体视觉效果产生显著影响。但考虑到弧形的控制杆与现有设计的差异并不显著，而被控侵权产品控制杆与涉案专利的控制杆还存在中空装饰条上的差异，因此，尽管被控侵权产品采用了与涉案专利基本相同的弧形控制杆，但并不导致涉案专利与被控侵权产品的外观设计整体视觉效果相同。

关于涉案专利与被控侵权产品的花型旋钮，被控侵权产品和涉案专利均在控制杆和底座的连接处设置花型旋钮，旋钮的形状相同。但该旋钮的位置具有功能性，且形状为惯常设计，因此，该部分对整体视觉效果的影响较小。

关于被控侵权产品和涉案专利的底座脚踏板的纹路。两者均为密实紧凑的纹路，但脚踏板纹路的具体图案不同。被控侵权产品脚踏板的纹路为鱼鳞纹，而涉案专利产品的脚踏板的纹路为斜纹。由于踏板上设有纹路具有功能性，且鱼鳞纹和斜纹均为脚踏纹路的惯常设计，因此，踏板的纹路设计并不对整体视觉效果产生显著影响。

因此，在涉案专利与被控侵权产品的外观设计在 T 型把手、底座、挡泥板及轮毂等对整体视觉效果产生显著影响的设计特征存在明显区别的情况下，被控侵权产品在弧形控制杆、控制盒的梯形面以及踏板纹路等设计特征上与涉案专利相近似并不足以使得整体的视觉效果无实质性差异。综上，根据整体观察、综合判断的原则，被控侵权产品和涉案专利的外观设计存在明显区别，不构成相近似的外观设计。

北京知识产权法院判决：撤销北京市知识产权局作出的京知执字（2016）929－46 号专利侵权纠纷处理决定。

鼎力联合公司上诉称：原审判决违反了整体观察、综合判断原则，认定事实和适用法律存在错误。被控侵权产品与涉案专利的整体视觉效果无实质性差异，构成相近似的外观。(1) 涉案专利的整体车型不属于惯常设计，仍然存在较大的设计空间，该整体外观对整体视觉效果具有更显著的影响。被控侵权产品和涉案专利的整体外观基本相同，两者构成相近似的外观设计。(2) 涉案专利与被控侵权产品的T型把手之间的区别、方形底座的前后侧面的区别、挡泥板的区别、外侧轮毂的区别以及控制杆的区别均属于局部的细微差异。

北知局、爱久公司、家乐福通州店服从原审判决。

北京市高级人民法院经审理认为一审判决认定事实清楚，适用法律正确，程序合法，判决如下：驳回上诉，维持原判。

【法官后语】

对设计空间的考虑应结合产品功能用途方面。电动平衡车是近年流行起来的便携交通工具，市面上主要有两种，一种是手扶式，另一种是膝夹式。本案涉及的是手扶式电动平衡车，从运动原理角度来讲，此类电动平衡车都会有把手、控制杆、脚踏板、挡泥板、轮毂设计、方形底座设计特征；从控制电路设置角度来看，用来放置控制电路的控制盒也是必不可少的设计特征。也就是说，设计一款手扶式电动平衡车无法绕开上述设计特征，属于此类产品的惯常设计。那么对于手扶式电动平衡车，其在把手、控制杆、挡泥板等上的具体设计差异属于相同或相近似判断的重点。类似于手扶式电动平衡车的产品属于设计空间狭小的产品，对设计者而言，能够发挥设计想象的空间仅限于具体部件的设计上，受限于功能用途的限定，此类产品的整体外形往往趋于相近似。那么就一般消费者而言，在手扶式电动平衡车这类产品之间，依据其把手、控制杆或者轮毂设计不同来区分选择购买心仪产品。

因此，对于设计空间狭小的产品，确定一般消费者的知识水平和认知能力时，应当结合产品功能用途，排除基于功能用途而具备的设计特征的影响。根据整体观察、综合判断的原则来判定是否落入外观设计专利的保护范围。

编写人：北京知识产权法院　邓文轩

5

外观设计专利与对比设计是否具有明显区别的“精细化”判定

——江铃控股有限公司诉国家知识产权局专利复审委员会外观设计专利权无效案

【案件基本信息】

1. 裁判书字号

北京市高级人民法院（2018）京行终4169号行政判决书

2. 案由：外观设计专利权无效行政纠纷

3. 当事人

原告（被上诉人）：江铃控股有限公司

被告（上诉人）：国家知识产权局专利复审委员会

第三人（上诉人）：捷豹路虎有限公司、麦戈文

【基本案情】

专利号为201330528226.5，名称为“越野车（陆风E32车型）”的外观设计专利（以下简称本专利），其申请日为2013年11月6日，授权公告日为2014年4月23日，专利权人为江铃控股有限公司（以下简称江铃公司）。本专利由主视图、后视图、左视图、右视图、俯视图表示，依照行驶时汽车驾驶员的位置为基准确定前、后、左、右、顶面，由此可以确定左右视图表达的是汽车的侧面设计，主视图表达的是汽车的前面设计，后视图表达的是汽车的后面设计，俯视图表达的是汽车的顶面设计。

针对本专利，捷豹路虎有限公司（以下简称路虎公司）于2014年7月25日向国家知识产权局专利复审委员会（简称专利复审委员会）提出了无效宣告请求，其

理由是本专利不符合《中华人民共和国专利法》（以下简称《专利法》）第二十三条第一款和第二款的规定，同时提交了证据1-3。路虎公司于2014年8月25日补充提交授权委托书以及一份证据，即证据4（对比设计）：（2014）京中信内经证字32020号公证书复印件，涉及对证据3“京N0EV03”蓝色揽胜极光汽车销售的证据保全。其中，附件4-2、附件4-3、附件4-6已经包含了证据3的所有文件。对比设计给出了汽车的侧面、前面、后面、顶面的设计和前左侧以及右后侧方向的透视角度的设计。麦戈文于2015年8月3日向专利复审委员会提出了无效宣告请求，其理由是本专利不符合《专利法》第二十三条第一款、第二款和第二十七条第二款的规定，请求宣告本专利无效，同时提交了证据（1）—（5）。麦戈文认为，证据（1）是路虎揽胜极光车型的外观设计，其特有设计特征包括：360度的腰线设计、宽大的前脸、扁平的车身、下压式车顶、环绕式车前灯、逐渐上扬的肩线与腰线以及往四角推开的前后车轮等。证据（5）列举了该设计所获的奖项，证据（4）表明大量的新闻报道说明一般消费者认为本专利同证据（1）的设计酷似。证据（1）—（3）表明SUV车型设计风格多种多样，从整车到具体部位都有很多设计空间和设计变化。

2016年6月3日，专利复审委员会作出第29146号无效宣告请求审查决定（以下简称被诉决定）。该决定认定：由本专利与对比设计的相同点和不同点可见，二者的比例相同，在设计变化比较难的侧面轮廓上非常接近，侧面主要特征线和前后脸的主要分割线相同，前脸和后脸的布局基本相同，主要装饰件如发动机罩、进气格栅、前后车灯组的外轮廓相同，还有一些细节设计相同。这些相同点决定了车的整体造型和三维立体轮廓，从整体上观察，二者的相同点决定了二者具有基本相同的车身立体形状和设计风格，包括都为对比设计所示的悬浮式车顶设计，侧面腰线和裙线等线条凸显硬朗的线条风格，前脸车灯和格栅的一体化设计同贝壳形发动机罩相结合，后脸车灯线条同前脸车灯线条相呼应，倒凸字形的后背门与车灯的直线条分隔等。本专利与对比设计的不同点在于前脸下部、车尾中部的设计以及其他一些细节设计的不同。相对于本专利与对比设计相同的车身立体形状、装饰件的设计而言，上述不同点均属于局部细节的改进，且基本上所有区别特征都被现有设计公开或者现有设计给出相同的设计手法，故相对于二者的相同点而言，二者的不同点对整体视觉效果都没有显著影响。综合考虑本专利与对比设计的相同点和不同点对于整体视觉效果的影响，从整体上观察，本专利与对比设计在整体视觉效果上没有明显区别，因此，本专利不符合《专利法》第二十三条第二款的规定。据此，宣告本专利权全部无效。

【案件焦点】

本专利与对比设计是否存在明显区别。

【法院裁判要旨】

北京知识产权法院经审理认为：虽然本专利与对比设计车身比例基本相同，侧面主要线条的位置、立柱的倾斜角度、车窗的外轮廓及分割的比例基本相同，前后面车身的外轮廓及主要部件的相互位置关系亦基本相同，但本专利与对比设计在前车灯、进气格栅、细长进气口、雾灯、贯通槽、辅助进气口、倒U形护板、后车灯、装饰板、车牌区域及棱边等部位存在不同的设计特征，其组合后形成的视觉差异对SUV类型汽车的整体外观产生了显著的影响，足以使一般消费者将本专利与对比设计的整体视觉效果相区分。相比于相同点，上述不同点对于本专利与对比设计的整体视觉效果更具有显著影响。故本专利与对比设计具有明显区别，符合《专利法》第二十三条第二款的规定。被诉决定认定事实不清，适用法律错误，应予撤销。依照《中华人民共和国行政诉讼法》第七十条第一项、第二项之规定，判决：

一、撤销专利复审委员会作出的被诉决定；

二、专利复审委员会针对路虎公司、麦戈文提出的无效宣告请求重新作出决定。

一审判决后，专利复审委员会、路虎公司、麦戈文均不服，提起上诉。

北京市高级人民法院经审理认为，通过对本专利与对比设计之间的相同点、不同点对整体视觉效果影响权重的分析和对比，可以认定在涉案SUV的车身三维立体形状和主要装饰件布局存在较大设计空间的情况下，本专利与对比设计在上述两方面同时存在的相同点尤其是车身侧面和前面的相同及相似之处对整体视觉效果的影响权重最高，其他不容易为一般消费者注意到的较小区别对整体视觉效果的影响权重则明显较小。尽管本专利与对比设计在车身前面和后面存在的主要不同点使两者在视觉效果上呈现出一定的差异，但由于导致视觉效果差异的区别设计特征，多数为现有设计所公开或由现有设计给出了相同设计手法的，其对整体视觉效果的影响权重显著降低，从整体上观察SUV整车的全部设计特征形成的整体视觉效果，本专利与对比设计在车身前面和后面形成的视觉效果差异在整体视觉效果中所占的权重要明显低于两者之间相同点所产生的趋同性视觉效果的权重。本专利与对比设计相比，二者之间的差异未达到“具有明显区别”的程度，本专利不符合《专利法》第二十三条第二款规定的授权条件，应当予以无效宣告。一审判决对于本专利与对比设计具有明显区别的认定有误，以致法律适用错误，应予以纠正。专利复审委员会、路虎公司和麦戈文的上诉理由部分成立，足以支持其上诉主张，对其上诉请求均予以支持。

北京市高级人民法院依照《中华人民共和国行政诉讼法》第六十九条，第八十九条第一款第二项、第三款之规定，判决如下：

撤销一审判决；驳回江铃公司的诉讼请求。

【法官后语】

本案是一起社会关注度高、案情疑难复杂的汽车外观设计专利无效行政案件，受到了国内外及社会各界的广泛关注。二审法院依法宣告涉案专利权无效，体现了中国法院对于中外权利人合法利益的平等保护，彰显了中国加强知识产权保护、塑造良好营商环境的决心。同时，本案也是一起充分体现知识产权司法保护明晰规则、引导和激励创新作用的典型案例。

一方面，本案明确和细化了外观设计专利确权案件的裁判规则。

“整体观察、综合判断”是外观设计专利确权以及侵权判断的基本方法。在外观设计专利确权案件中，判断涉案专利与对比设计是否具有明显区别，通常的做法是将两外观设计划分为相互对应的具体设计特征，并就每项设计特征分别进行对比，从而确定两外观设计的相同点和不同点，在此基础上，逐一判断各相同点、不同点对整体视觉效果造成影响的显著程度，最终通过综合分析得出认定结论。但在具体案件中，如何恰当认定当事人存在争议的设计特征对整体视觉效果的影响权重是长期以来存在的难点问题。本案二审判决对此进行了详细、周密的论述，二审判决指出，判断具体设计特征对整体视觉效果的影响权重，应当基于一般消费者的知识水平和认知能力，从外观设计的整体出发，对其全部设计特征进行整体观察，在考察各设计特征对外观设计整体视觉效果影响程度的基础上，对能够影响整体视觉效果的所有因素进行综合考量。在判断具体特征对整体视觉效果的影响权重时，不能仅根据直观的视觉感知或者根据该特征在外观设计整体中所占比例的大小即贸然得出结论，而应当以一般消费者对设计空间的认知为基础，结合相应设计特征在外观设计整体中所处的位置、是否容易为一般消费者观察到，并结合该设计特征在现有设计中出现的频率以及该设计特征是否受到功能、美感或技术方面的限制等因素，确定各个设计特征在整体视觉效果中的权重。

上述规则的明确对于今后外观设计专利确权的审理具有较强的参考和借鉴意义。

另一方面，本案所确立的裁判尺度将直接影响到汽车外观设计领域的授权确权标准，对中国汽车产业的发展具有重要的导向作用。从外观设计专利制度的目的以及《专利法》第二十三条第二款对设计创新高度的要求来讲，外观设计专利制度的目的是对产品外观设计创新活动提供保护，通过专利权的赋予，回报对产品外观真正作出创新设计的设计人。但《专利法》对创新设计赋予专利权是有要求的，即该外观设计不但是新的设计，还必须达到一定的创造高度，而不能是对现有设计的简单变化。就汽车的外观设计而言，汽车外观设计的创新可以划分为全面创新和改进设计，前者是指从技术到外形的全新平台式开发，由白车身决定的三维立体形状以及所有装饰件的设计均不同于以往的设计；后者是指车身改进和局部改型，即对三维立体形状做出局部改变和/或部分装饰件（尤其是主要装饰件）的设计做出改变，最终达到整体视觉效果上不同于以往的设计。就本案而言，本专利相对于对比设计的不同点即改进之处，既不涉及对三维立体形状的改变，也不涉及对主要装饰部件布局及显著设计特征的改进，而主要是对前车灯、后车灯及与之相关的局部细节进行了改动，且上述改进之处并未使本专利的整体视觉效果明显不同于对比设计，因此，其既不属于应受专利权保护的全面创新，也不属于应受专利权保护的改进设计。

回顾中国汽车工业的发展之路，在发展初、中期一定程度上可以归结为对国外先进制造及设计技术的引进、借鉴和模仿，但在“创新驱动发展”战略上升为国家战略以及知识产权保护力度不断加大的背景下，仍然走借鉴、模仿的老路显然已经行不通，因此，汽车制造企业必须转变思路，不断加强自主创新，唯有如此才能在未来激烈的市场竞争中占有一席之地。

编写人：北京市高级人民法院　苏志甫

6

网络收货地址不能作为专利侵权案件的管辖连接点

——相某诉东莞市征服者户外用品有限公司、浙江天猫网络有限公司侵害发明专利权案

【案件基本信息】

1. 裁判书字号

天津市第二中级人民法院（2018）津02民初812号民事裁定书

2. 案由：侵害发明专利权纠纷

3. 当事人

原告：相某

被告：东莞市征服者户外用品有限公司（以下简称征服者户外公司）、浙江天猫网络有限公司（以下简称天猫公司）

【基本案情】

原告系“军用作训服内腰带”发明专利的专利权人，专利号为ZL201010261639.7。征服者户外公司在未经许可的情况下，生产制造了被诉侵权产品，并通过“天猫网”进行销售。2018年5月24日，相某通过网络公证保全证据，在“天猫”上购买取得了被诉侵权产品。天猫公司作为“天猫”网络平台的经营者，为他人的侵权行为提供了网络平台。相某起诉请求法院判令：征服者户外公司立即停止生产、销售、许诺销售被诉侵权产品，删除网络销售链接，销毁侵权产品，并赔偿相应损失；天猫公司停止在网络平台销售侵权产品，并连带赔偿相关损失。

征服者户外公司在提交答辩状期间，对管辖权提出异议，认为天津市作为网络购物收货地，并非侵权行为实施地。不能将“网络购物收货地”扩大解释为“侵权结果发生地”。故请求将本案移送至浙江省杭州市中级人民法院审理。

天猫公司在提交答辩状期间，对管辖权提出异议，其认为本案应该由侵权行为

地或者被告住所地法院管辖。本案侵权结果发生地应当理解为是侵权行为直接产生的结果发生地，不能以相某受到损害就认为其所在地为侵权结果发生地。请求将本案移送到浙江省杭州市余杭区人民法院管辖。

【案件焦点】

专利侵权案件中网络购物预留的收货地址能否作为案件管辖连接点。

【法院裁判要旨】

天津市第二中级人民法院经审理认为：本案系侵害发明专利权纠纷。在网络环境下，《最高人民法院关于审理专利纠纷案件适用法律问题的若干规定》第五条规定的销售行为地原则上包括不以网络购买者的意志为转移的网络销售商主要经营地、被诉侵权产品储藏地、发货地或者查封扣押地等，但网络购买方可以随意选择的网络购物收货地通常不作为网络销售行为地。

本案中，根据相某提交的公证书，能够证明征服者户外公司为被诉侵权产品的生产者，其住所地广东省东莞市是被诉侵权产品的制造行为的实施地。天猫公司住所地浙江省杭州市是被诉侵权产品侵权行为的实施地。本市仅仅是公证购买被诉侵权产品的收货地，不能以此作为侵权行为地确定管辖，征服者户外公司和天猫公司提出的管辖权异议成立。

根据《最高人民法院关于审理专利纠纷案件适用法律问题的若干规定》第二条第一款规定："专利纠纷第一审案件，由各省、自治区、直辖市人民政府所在地的中级人民法院和最高人民法院指定的中级人民法院管辖。"以及东莞公司和天猫公司的请求，本案应当由浙江省杭州市中级人民法院管辖。

天津市第二中级人民法院依照《中华人民共和国民事诉讼法》第一百二十七条第一款规定，作出如下裁定：

征服者户外公司、天猫公司对管辖权提出的异议成立，本案移送浙江省杭州市中级人民法院处理。

【法官后语】

从全国范围来看，知识产权侵权案件中因网络收货地址能否作为管辖地而引起的管辖争议案件数量总体上呈逐年增长趋势。但对于网络收货地址能否作为管辖地这一问题，全国范围内不同地区的法院之间审理思路大相径庭，同一地区上下级法院的裁判结果不同，同一法院前后的裁判结果亦不同。最高院（2016）最高法民辖终107号裁定确定了网络侵犯商标权纠纷案件的管辖规则，但网络侵犯专利权纠纷案件的管辖仍不明确。本案件具有典型意义，可以对在网络侵犯专利权纠纷案件的管辖问题提供借鉴。

与传统的在固定实体交易场所交易形式相比，通过计算机互联网等信息网络进行的交易行为具有特殊性，买受人可以任意确定收货地址，容易造成买受人任意选择管辖的法院，管辖法院随意性较大。如果买受人设置的网络收货地法院可以作为管辖法院，其实质是将管辖法院的选择权和决定权完全授予买受人。如此，可能导致被告面向到全国法院应诉的结果，从民事诉讼程序公平性的角度而言，对被告显然不公平。

民事案件的管辖要符合诉讼两便原则，而且连接点应当与案件纠纷有实际关联性，以网络收货地址为侵权结果发生地将导致连接点过多，管辖标准不确定，有违程序公正。案件管辖地的确定应当以方便确定、便利诉讼为原则。因此，网络收货地址并非侵权结果发生地，不能将网络收货地址作为案件管辖连接点。本案被告住所地同时为制造、许诺销售、销售侵权行为地，应由该地对本案进行管辖。

编写人：天津市第二中级人民法院　胡浩　史凡凡

7

专利权无效案件中实验数据真实性举证责任的转移

——齐鲁制药有限公司诉国家知识产权局专利复审委员会发明专利权无效案

【案件基本信息】

1. 裁判书字号

北京市高级人民法院（2018）京行终2962号行政判决书

2. 案由：发明专利权无效行政纠纷

3. 当事人

原告（被上诉人）：齐鲁制药有限公司（以下简称齐鲁公司）

被告：国家知识产权局专利复审委员会（以下简称专利复审委员会）

第三人（上诉人）：北京四环制药有限公司（以下简称四环公司）

【基本案情】

齐鲁公司针对四环公司拥有的名称为“桂哌齐特氮氧化物、其制备方法和用途”的第200910176994.1号发明专利（以下简称本专利）向专利复审委员会提出无效宣告请求，专利复审委员会作出第32428号审查决定（以下简称被诉决定），认定本专利符合《中华人民共和国专利法》（以下简称《专利法》）第二十六条第三款的规定，维持本专利权有效。

本专利说明书第［0045］—［0055］段记载了一种利用3龄前期粘虫幼虫实施的桂哌齐特氮氧化物的活性研究，具体内容如下：

［0045］实施例5 桂哌齐特氮氧化物的活性研究。

［0046］1、供试昆虫：3龄前期粘虫幼虫，由西北农林科技大学无公害农药研究中心养虫室提供。

［0047］2、供试品：取5mg本发明式（1）所示化合物，加入5mL水，配成lmg/mL的药液；对照品为水。

［0048］3、生测方法：采用小叶蝶添加法。

［0049］在直径为9厘米的培养皿底部铺一层滤纸，并加水保湿。每皿挑取10头大小一致、较健壮的3龄前期粘虫幼虫。将玉米叶剪成1×1厘米的小叶蝶，于待测药液中浸3秒，晾干后喂试虫。以水为空白对照组。每处理10头，重复3次。于室温（25°C左右）下、湿度65%—80%、光照时间为12小时/12小时的条件下饲养。48小时后，喂以正常的叶蝶直至羽化。定期记录虫子的取食量、活口数、表现症状等，并根据下列公式计算试虫24小时、48小时的拒食率及死亡率。

［0050］拒食率（%）=（对照组平均取食量－处理组平均取食量/（对照组平均取食量）×100%；

［0051］最终死亡率（%）=（试虫死亡个数）/（试虫总个数）×100%；

［0052］矫正死亡率（%）=（处理死亡率－对照死亡率）/（1－对照死亡

率）×100%

［0053］结果见表1。

［0054］表1式I化合物对3龄粘虫的拒食毒杀效果

［0055］

供试药剂	24小时			48小时		
	拒食率（%）	死亡率（%）	矫正死亡率（%）	拒食率（%）	死亡率（%）	矫正死亡率（%）
对照组	–	6.67	–	–	7.21	–
式I化合物	67.93	61.75	59.01	96.57	92.71	92.14

庭审中，齐鲁公司主张本专利说明书实施例5记载的试验数据本身有悖常理，具体如下：

1. 本领域技术人员在阅读说明书后，可以确定该试验中，处理组（式I化合物组）、对照组的试虫总数均为30头。按照说明书［0051］段记载的公式，上述试验中粘虫的死亡头数不是整数，但是根据常识，不可能出现非整数的死亡头数。

2. 按照说明书［0050］段记载的公式，经过推导计算，对照组的虫子在48小时平均取食量至少为其自身24小时平均取食量的9.35倍。但是正常情况下，3龄粘虫的进食量每天是基本稳定的，本专利对照组粘虫食量明显有悖于粘虫的正常习性。

庭审中，法院要求四环公司提交本专利说明书实施例5的原始试验记录，或说明该试验中所获得数据的合理性。四环公司表示，本专利说明书实施例5所载试验系其公司下属研究院在多年前完成，距今较久，故无法提交原始试验报告及数据，但就试验数据的合理性作出如下解释：

1. 本试验共分为三次进行，将三次结果汇总计算平均死亡率及矫正死亡率。

2. 四环公司选取的是3龄前期的粘虫幼虫，在该试验的温湿度条件下，3龄粘虫的平均历期是2天。加上选取幼虫之后的准备时间，在该实验考察的48小时内，粘虫肯定要跨龄进入4龄阶段，且主要集中在前24小时进行。本来4龄粘虫的取食量就是3龄粘虫的数倍，再加之本试验中前24小时的粘虫处于跨龄状态而取食量极小的因素，因此48小时粘虫的取食量高于24小时取食量9倍以上是符合客观规律的。

另外，四环公司在庭审中确认，在本专利说明书实施例5所载试验中，并未更换玉米叶，而是一直累计计算进而统计计算拒食率的。

【案件焦点】

本专利说明书实施例5中记载的相关实验数据是否具备真实性，本专利是否符合《专利法》第二十六条第三款的规定。

【法院裁判要旨】

北京知识产权法院经审理认为：根据齐鲁公司依据本专利说明书中记载的公式和实验数据进行数学推导的结果，本专利说明书实施例5所载试验中，粘虫的死亡数非整数，后24小时粘虫取食率为前24小时粘虫取食率的9倍多。这样的结论足够使法院对相关实验数据产生质疑。在本专利说明书存在明确且对本领域技术人员而言并不存在歧义的记载，而且没有原始试验报告佐证的情况下，四环公司有关针对死亡率、取食量的解释均有悖常理，不能成立。因此，法院不能认可本专利说明书实施例5中记载的相关实验数据的真实性，即本专利说明书中的实验数据不足以证明本专利权利要求1要求保护的化合物具有杀虫活性。因此，本专利说明书并未完成《专利法》要求的对其要求保护的化合物用途的充分公开，不符合《专利法》第二十六条第三款的规定。被诉决定认定有误，予以纠正。一审法院遂判决如下：

撤销被告国家知识产权局专利复审委员会作出的第32428号无效宣告请求审查决定，被告国家知识产权局专利复审委员会重新作出审查决定。

四环公司上诉称，本专利说明书实验数据真实，本专利满足说明书公开充分的要求。

专利复审委员会、齐鲁公司服从一审判决。

北京市高级人民法院经审理认为：一审法院有关本专利说明书实施例5中记载的相关实验数据的真实性的分析有合理依据，符合正常的逻辑，予以认可。四环公司针对本专利说明书关于本专利具有杀虫活性用途的相关部分并未完成《专利法》要求的对其要求保护的化合物用途的充分公开的要求，被诉决定认定有误，一审法院予以纠正正确。本专利权利要求16、17及其说明书相应记载不符合《专利法》第二十六条第三款的规定，但一审判决据此认定本专利说明书整体不符合该规定有误，予以纠正。二审法院判决如下：

撤销北京知识产权法院（2017）京73行初5365号行政判决，撤销被告国家知识产权局专利复审委员会作出的第32428号无效宣告请求审查决定，被告国家知识产权局专利复审委员会重新作出审查决定。

【法官后语】

本专利所属的化学领域是实验性科学领域，影响该领域发明结果的因素是多方面、相互交叉且错综复杂的。因此，化学领域的发明可预期性相对较低，在多数情况下，该领域的发明能否实施难以预测，需要加以验证才能够确认，其中有的化合物发明需要借助一些定性或者定量的数据和谱图才能够清楚地确认。

针对一项专利权，无效请求人以实验数据不真实为由主张专利说明书公开不充分，对该专利权的稳定性发起挑战，这当然是允许的。但是，在其主张无相应证据予以佐证的情况下，理应善意地审视专利文献，确认其公示公信。这也符合社会公众对有效的专利文献的期待利益。因此，无效请求人应当首先承担举证责任，说明相应理由或提交相应证据；专利权人进行反驳，也应说明理由或提交相应证据（如原始试验数据等），即此时的举证责任已经转移到专利权人一方。当无效请求人与专利权人均完成举证，专利行政机关、司法机关才能依据优势证据规则认定相关专利权的说明书公开是否充分。

本案中，齐鲁公司依据本专利说明书实施例5中记载的相关公式与实验数据进行数学推导，得到的结果有悖常理。法院对该推导结果予以确认。齐鲁公司已经尽到了作为无效请求人的初步举证责任，此时应当由四环公司举证或说明上述实验数据的合理性。即下一步的举证责任应当由四环公司承担。

作为专利权人的四环公司当然应该在本专利说明书中公开相应的实验数据以证明本专利要求保护的化合物的杀虫活性，但是，《专利法》并未要求专利权人特别严谨地公开其获得上述实验数据的试验过程。基于此考虑，法院认为原始试验报告最能反映相关试验的客观情况，故要求四环公司予以提交以查清相关事实，然而其却未能提交。在法院允许其对本专利说明书实施例5中实验数据的合理性进行补充说明及解释的情况下，其针对死亡率、取食量的解释均有悖常理，不能成立。因此，法院不能认可本专利说明书实施例5中记载的相关实验数据的真实性，即本专利说明书中的实验数据不足以证明权利要求1要求保护的化合物具有杀虫活性。

编写人：北京知识产权法院　卓锐　张忠涛

8

在管辖权异议审查中应依据实际法律关系，坚持全面审查的原则进行认定

——北京僧氏冶金设备技术有限公司诉秦皇岛秦冶重工有限公司专利合同案

【案件基本信息】

1. 裁判书字号

北京市第三中级人民法院（2018）京03民辖终286号民事裁定书

2. 案由：专利合同纠纷（一审案由承揽合同纠纷）

3. 当事人

原告（被上诉人）：北京僧氏冶金设备技术有限公司（以下简称僧氏冶金公司）

法定代表人：僧某，经理

被告（上诉人）：秦皇岛秦冶重工有限公司（以下简称秦冶重工公司）

法定代表人：陈某，董事长

【基本案情】

僧氏冶金公司诉称，2003年7月13日，双方签订《委托加工制造协议书》，2005年8月8日，双方签订《委托加工协议的补充协议》。双方根据具体项目签订工业品买卖合同及技术协议。根据协议约定，僧氏冶金公司委托秦冶重工公司加工设备并向秦冶重工公司支付加工费用。后来，双方商定，秦冶重工公司可以自己寻找客户，按僧氏冶金公司技术资料生产设备，并向僧氏冶金公司支付技术费。自2008年1月1日起，秦冶重工公司从僧氏冶金公司公司聘请了年轻技术人员，组建自己的设计队伍后，秦冶重工公司继续使用僧氏冶金公司的技术和设计图纸并自行销售《委托加工制造协议书》及《委托加工协议的补充协议》约定的产品而不告

知僧氏冶金公司。双方根据项目合同，生产了15套设备，至2016年12月26日已结账。根据秦冶重工公司的产品样本、宣传册、《中国冶金报》的报道和其他资料，僧氏冶金公司得知秦冶重工公司已违约制造并销售至少32套产品。根据《委托加工制造协议书》第六条约定可知，秦冶重工公司已经违约，依法应当承担违约责任。故诉至北京市朝阳区人民法院，请求判令秦冶重工公司支付僧氏冶金公司违约制造产品的经济损失暂计300万元，判令秦冶重工公司承担僧氏冶金公司所付的律师服务费，秦冶重工公司承担本案诉讼费用。

秦冶重工公司在答辩期内对管辖权提出异议，称合同纠纷提起的诉讼由秦冶重工公司住所地或合同履行地法院管辖，法院对本案没有管辖权，本案应由秦皇岛市经济技术开发区人民法院管辖。故要求法院将本案移送至秦皇岛市经济技术开发区人民法院审理。

僧氏冶金公司称，双方于2005年8月8日签订的《委托加工协议的补充协议》约定"发生异议，协商解决。实在解决不了，也可诉诸法律。起诉地点：起诉方所在地"，即双方约定由僧氏冶金公司住所地法院管辖。秦冶重工公司所在地位于北京市朝阳区广顺北大街33号，北京市朝阳区人民法院对本案有管辖权，不同意秦冶重工公司的管辖权异议。

【案件焦点】

1. 在管辖权异议审查阶段，对当事人主张的法律关系正确性是否应予审查；2. 管辖权异议审查的原则是仅依当事人主张的理由进行审查，还是全面审查。

【法院裁判要旨】

北京市朝阳区人民法院经审理认为：合同或者其他财产权益纠纷的当事人可以书面协议选择秦冶重工公司住所地、合同履行地、合同签订地、僧氏冶金公司住所地、标的物所在地等与争议有实际联系的地点的人民法院管辖。涉案的僧氏公司作为甲方，秦冶重工公司作为乙方于2005年8月8日签订之《委托加工协议的补充协议》约定"发生异议，协商解决。实在解决不了，也可诉诸法律。起诉地点：起诉方所在地"。该补充协议中约定之起诉方所在地应解释为僧氏冶金公司所在地，即本案僧氏冶金公司、秦冶重工公司所在地。经查，秦冶重工公司住所地位于北京市朝阳区。故法院对本案有管辖权。秦冶重工公司提出的管辖权异议，理由不成立，法院不予采纳。

北京市朝阳区人民法院依照《中华人民共和国民事诉讼法》第三十四条、第一百二十七条之规定，裁定如下：

驳回秦冶重工公司对本案管辖权提出的异议。

秦冶重工公司不服一审裁定，提起上诉。

北京市第三中级人民法院经审理认为：首先，虽然本案中原审僧氏冶金公司主要系依据双方签订的《委托加工制造协议书》《委托加工协议的补充协议》以承揽合同纠纷提起本案诉讼，但该协议的主要内容为专利产品的委托加工，且僧氏冶金公司在诉状的事实理由部分主张双方曾商定秦冶重工公司可以自己寻找客户，按僧氏冶金公司技术资料生产设备，并向僧氏冶金公司支付技术费（专利费、设计费或技术服务费），故合同实质上涉及实用新型专利等知识产权的委托制造、使用许可、自行制造销售产品与合同约定产品是否系同一产品等问题。现原审僧氏冶金公司虽然以承揽合同纠纷起诉，主张秦冶重工公司承担违约责任，但案件审理过程中可能涉及涉案产品是否使用原审僧氏冶金公司专利的认定问题。综上，本案应属于知识产权合同纠纷。

其次，原审僧氏冶金公司与原审秦冶重工公司在《委托加工协议的补充协议》中约定“发生异议，协商解决。实在解决不了，也可诉诸法律。起诉地点：起诉方所在地”，其约定的“起诉方所在地”可解释为僧氏冶金公司所在地，本案原审秦冶重工公司的住所地位于北京市朝阳区。依据《北京市高级人民法院关于调整本市法院知识产权民事案件管辖的规定》第二条规定，诉讼标的额在1亿元以下且当事人一方住所地不在本市的专利第一审知识产权民事案件由北京知识产权法院管辖，故本案应由北京知识产权法院管辖。

北京市第三中级人民法院依照《中华人民共和国民事诉讼法》第一百七十条第一款第二项、第一百七十一条、第一百七十五条之规定，裁定如下：

一、撤销北京市朝阳区人民法院（2017）京0105民初38936号管辖权异议民事裁定；

二、本案移送北京知识产权法院处理。

【法官后语】

本案是一起管辖权异议上诉改裁案件，关于在管辖权异议审查阶段，对当事人主张的法律关系正确性是否应予审查；管辖权异议审查的原则是仅依当事人主张的理由进行审查，还是全面审查。在审判实践中对此存在模糊认识和不同做法，因此对当事人和审判人员造成很大困扰。

本案在审理阶段经论理，适用了全面审查的原则，应结合特定案件的具体案情判断法律关系是否属于应予审查的范围，即当法律关系的确定并不影响原受理法院对案件的管辖权时，法律关系认定问题，可以待到实体审理阶段进行审查；当法律关系的确定直接影响原受理法院对案件有无管辖权，则应在管辖权异议审查阶段对本案实际法律关系进行审查认定，并依据审查结果作出管辖权异议的裁定。同时，管辖权异议不仅是当事人的一项诉讼权利，管辖分工更是不同法院之间分工行使审判权的一项公权力，因此，对于法院管辖权的审查应坚持全面审查的原则，而不能仅限于当事人提出的管辖权异议的理由。管辖权异议案件的审查应在分析法律关系的基础上，坚持全面审查原则，在归纳案件争议焦点的基础上，以民事诉讼管辖制度精神为纲，结合具体案情判断合同类型、性质，而不拘泥于当事人的主张。在本案审理中适用的管辖权异议审查原则，可在审判实践中为该问题的模糊认识提供一定的审查思路，具有一定的参考价值和意义。

编写人：北京市第三中级人民法院　马志星

二、商标纠纷

9

包装物与内容物是否构成整体侵权商品

——温州万博科技有限公司诉瑞安市智恒工贸有限公司等商标侵权案

【案件基本信息】

1. 裁判书字号

浙江省宁波市中级人民法院（2018）浙02民终941号民事判决书

2. 案由：侵害商标权纠纷

3. 当事人

原告（上诉人）：温州万博科技有限公司（以下简称万博公司）

被告（上诉人）：瑞安市智恒工贸有限公司（以下简称智恒公司）、瑞安市春秋贸易有限公司（以下简称春秋公司）

被告（被上诉人）：浙江一达通企业服务有限公司（以下简称一达通公司）

【基本案情】

万博公司系“RIKA”商标（商标注册号5285354）的权利人，该商标核定使用类别为第7类，核定使用商品为离心机、离心泵、泵（机器）等。智恒公司与春秋公司将包装物塑料杯与内容物电子燃油泵写入同一张报关单，并委托一达通公司申报出口至不同的收货主体。2017年7月，宁波海关将涉嫌侵犯万博公司涉案商标权的若干电子燃油泵扣留。被诉侵权产品塑料包装外壳上显著使用“RIKA”

标识，标志下写有“FUEL PUMP，HIGH QUALITY/11BAR/LONG LIFE”，燃油泵上没有标志和标识，也没有写生产日期、产地等信息，塑料包装外壳内装有的滤网与原告提供的实物一致。万博公司遂向法院起诉，请求判令一达通公司、春秋公司、智恒公司立即停止对其享有的“RIKA”商标专用权的侵害并销毁被海关扣押的侵权产品；赔偿因侵犯万博公司商标专用权给其造成的经济损失 55 万元（含因制止侵权行为所支付的合理费用）。

【案件焦点】

有涉案商标的塑料杯是否是同时报关出口的燃油泵的外包装，两者是否构成整体的商标侵权商品，或者有涉案商标并标注“FUEL PUMP”（英文燃油泵）的塑料杯单独也构成对涉案商标的侵权商品。

【法院裁判要旨】

浙江省宁波市北仑区人民法院审理后认为：关于塑料杯与电子燃油泵是否构成侵权产品。首先，报关单中生产销售单位为智恒公司，报关产品包括的电子燃油泵、塑料杯、离合器压盘、喇叭，电子燃油泵与塑料杯是一起出口的；其次，从海关调取来的塑料杯、燃油泵及附件看，该燃油泵上没有写生产日期、产地等信息，没有任何标志和标识，不是独立的产品，需要借助包装外壳来销售；最后，塑料杯外壳上印有“FUEL PUMP”文字、图形跟万博公司生产的产品是一致的，而“FUEL PUMP”系燃油泵的英文单词，并且塑料杯里装的滤网跟万博公司出示的实物也是一致的。因此，拆分开的塑料杯外壳和燃油泵构成整体的侵权产品。本案万博公司的注册商标“RIKA”为独创的美术化的字体，而被控侵权产品上使用的标识为“RIKA”，与图形化的“RIKA”商标相比，构成相同。智恒公司与春秋公司未经许可，在与涉案商标核定使用的同一种燃油泵商品上使用了相同的商标，构成商标侵权行为，而一达通公司仅系为智恒公司与春秋公司办理出口的代理人，且其已经尽到合理的审查义务，无需承担侵权责任。

浙江省宁波市北仑区人民法院依照《中华人民共和国商标法》第五十七条第一项、第三项及第六十三条，《最高人民法院关于审理商标民事纠纷案件适用法律若干问题的解释》第九条、第十条、第十六条第一款和第二款、第二十一条第一款，《中华人民共和国侵权责任法》第十一条，《中华人民共和国民事诉讼法》第六十四条第一款的规定，判决如下：

一、被告智恒公司、春秋公司停止侵害原告万博公司第5285354号“RIKA”注册商标专用权的行为，即停止甬关法【2017】0382号案件项下生产、销售（出口）标有“RIKA”标志电子燃油泵43箱8600台的行为并销毁上述被海关扣押的电子燃油泵43箱8600台侵权商品；

二、被告智恒公司、春秋公司于本判决发生法律效力之日起十日内共同连带赔偿原告万博公司经济损失（含为制止侵权支出的合理费用）20万元；

三、驳回原告万博公司的其他诉讼请求。

当事人不服提起上诉，浙江省宁波市中级人民法院经审理认为：根据已查明的事实，报关单中的生产销售单位为智恒公司，报关产品包括的电子燃油泵、塑料杯、离合器压盘、喇叭，电子燃油泵与塑料杯是在一张报关单上一起出口的。从海关调取来的塑料杯、燃油泵及附件看，该燃油泵上没有写生产日期、产地等信息，没有任何标志和标识，不是独立的产品，有很大可能是需要借助包装外壳来销售的，装入涉案塑料杯后尺寸相符；最后，塑料杯外壳上印有涉案商标的塑料杯、图形跟万博公司在展会上曾经展示的产品是一致的，而杯子所标注的“FUEL PUMP”系燃油泵的英文单词，该英文词语显然并非装饰性字体，结合“HIGH QUALITY/11BAR/LONG LIFE”的英文性能描述及汽车公司名称，说明该塑料杯的用途是燃油泵的外包装。虽然，智恒公司与春秋公司在庭审中陈述塑料杯外壳和燃油泵的收货人是目的地国的不同主体，两者的出口数量也并不匹配，但依据民事诉讼高度盖然性的证明标准，上述证据显示相互印证的多处信息已可证明带有涉案商标的塑料杯是同时报关出口的燃油泵的外包装，两者构成整体销售的侵权产品，智恒公司与春秋公司构成商标侵权，一达通公司作为出口代理人对货物已尽合理审查义务，无需承担侵权责任，原审判赔额度合理适当。

浙江省宁波市中级人民法院判决：驳回上诉，维持原判。

【法官后语】

本案的争议焦点主要在于，带有涉案商标的塑料杯是否系同时报关出口的燃油泵的外包装，两者是否构成整体的商标侵权商品。

首先，特定容器是否构成内容物商品的外包装。当特定容器的标识含有内容物商品品名、对内容物商品的描述或者商品制造商等使得消费者及相关公众据以明确认知商品类别属性的信息，则该容器的用途也应确定无疑地为内容物商品的外包装。该包装物上所标注的商标，可以对应为内容物商品所使用的商标。

其次，包装物与内容物商品是否构成整体的侵权产品。司法实践中，侵权人为逃避海关监管，将有商标的包装物与内容物拆分开来分别出口的情形并不罕见。如本案智恒公司与春秋公司即提出抗辩，认为塑料杯外壳与电子燃油泵的收货人系不同主体，两者的出口数量也不匹配。对此，需结合涉案证据显示的多处信息进行相互印证，并依据民事诉讼高度盖然性的证明标准作出判断。本案中，塑料杯与电子燃油泵是在一张报关单上一起出口的，燃油泵上没有写生产日期、产地等信息，没有任何标志和标识，并非独立产品，有很大可能是需要借助包装外壳进行销售的，且装入涉案塑料杯后尺寸相符，塑料杯外壳上印有涉案商标的塑料杯、图形跟万博公司在展会上曾经展示的产品是一致的，而杯子所标注的“FUEL PUMP”系燃油泵的英文单词，该英文词语显然并非装饰性字体，结合“HIGH QUALITY/11BAR/LONG LIFE”的英文性能描述及汽车公司名称，足以认定该塑料杯的用途是燃油泵的外包装，两者构成整体的侵权商品。

最后，带有涉案商标并标注内容物商品名称的包装物，是否可能单独构成商标侵权。虽然包装物本身亦可作为商品，并且有自身的商品类别，但商标最重要的功能属性是区分商品来源，判断涉案商品的商标类别，应以相关公众识别商标所标注商品上的综合图文信息及包装物本身材质造型等信息所得出的涉案商标所指向的具体商品来源作为最重要的判断依据。在本案所涉情形下，若单独出口涉案塑料杯，杯子外壳所标注的品名“FUEL PUMP”(燃油泵)、“HIGH QUALITY/11BAR/LONG LIFE”的英文性能描述及汽车公司名称，均足以传达给相关公众内容物及其来源信息，说明标识商标指向的是燃油泵商品。此类带有他人商标无内容商品的包装物，一旦与内容物商品相结合投入市场，即构成对相关公众的混淆，造成对商标权人的损害，构成商标侵权行为。

编写人：浙江省宁波市中级人民法院　马洪　洪婧

10

市场开办方及管理者承责问题的认定

——勃贝雷有限公司诉广州羿丰置业有限公司等侵害商标权案

【案件基本信息】

1. 裁判书字号

广东省广州知识产权人民法院（2018）粤73民终1775号民事判决书

2. 案由：侵害商标权纠纷

3. 当事人

原告：勃贝雷有限公司（以下简称勃贝雷公司）

被告：广州羿丰置业有限公司（以下简称羿丰公司）、广州白云世界皮具贸易中心市场经营管理有限公司（以下简称皮具贸易中心市场管理公司）、曾某、陈某

【基本案情】

原告是“BURBERRY”“ ”“ ”系列商标的所有人，自20世纪70年代以来，原告在第18类皮具、箱包等商品上在中国大陆地区注册了大量商标，为向消费者提供有品质保障的产品。原告勃贝雷公司经调查发现，被告羿丰公司和皮具贸易中心市场管理公司经营管理的广州白云世界皮具贸易中心内有大量商户长期销售假冒勃贝雷公司涉案注册商标的商品。勃贝雷公司两次在涉案市场购买到涉案侵权商品，说明羿丰公司和皮具贸易中心市场管理公司没有尽到其应负的经营管理责任和监督责任，主观上具有严重过错，客观上造成勃贝雷公司的损失，且羿丰公司和皮具贸易中心市场管理公司的不作为行为与勃贝雷公司所遭受的损失之间具有必然的因果关系，故两被告应当承担赔偿经济损失的连带责任。

被告羿丰公司和皮具贸易中心市场管理公司共同辩称：作为出租方和市场管理方已严格履行了合同约定和法定的管理义务，不能仅以其是否有效阻止了侵权行为

的发生作为判断标准。羿丰公司与曾某、陈某签订的《市场管理规定》中明确约定，严禁在商铺内经销涉嫌侵权商品和假冒伪劣商品。羿丰公司长期在市场的宣传栏张贴《关于严禁经销假冒伪劣商品的公告》《商品管理补充规定》，要求各商户不得经销假冒国际知名品牌产品。综上可知，羿丰公司已经尽到了作为出租方和市场管理方的管理义务，并不存在故意为侵权行为提供便利条件的情形，更不存在“明知商户售假而提供便利条件”的情形。因此，不同意原告的诉讼请求。

【案件焦点】

1. 市场开办方、管理者主观上对于侵权行为是否构成故意；2. 市场开办方、管理者客观上为商标侵权行为是否提供了便利条件；3. 如何确定市场开办方、管理者连带责任的承担范围。

【法院裁判要旨】

广东省广州市白云区人民法院经审理认为：本案的涉案商铺位于两被告开办的“广州白云世界皮具贸易中心”内，作为涉案商铺所在市场的开办方和管理方，两被告对于承租商铺的经营者应负有管理和监督职责，督促承租人的经营行为符合法律规定。勃贝雷公司分别于2016年3月25日、7月2日先后两次在同一涉案商铺购买到被控侵权商品，并于第一次公证购买后的2016年5月6日即向羿丰公司发出律师函，明确告知其包括涉案商铺在内的众多商铺存在侵权的事实。结合涉案注册商标的知名度，可以推定两被告对其市场内包括涉案商铺在内的众多商铺销售侵犯了涉案注册商标商品的事实应是明知的。至2016年7月2日勃贝雷公司再次在涉案商铺公证购买到被控侵权商品时止，两被告在明知涉案商铺可能存在侵权行为的情况下，未有证据显示其两方采取有效措施制止和预防侵权行为的发生。由此可见，两被告作为涉案商铺所在市场的开办者和管理者，未履行其应负的经营管理责任及监督责任，为被控侵权行为的发生提供了帮助和便利，应与曾某、陈某连带承担相应的侵权责任。

广东省广州市白云区人民法院依照《中华人民共和国侵权责任法》第八条、第十五条第一项及第六项，《中华人民共和国商标法》第五十七条第三项及第六项、第六十三条，《最高人民法院关于审理商标民事纠纷案件适用法律若干问题的解释》第九条第一款、第十六条、第十七条，《中华人民共和国民事诉讼法》第六十四条、第九十二条、第一百四十四条之规定，作出如下判决：

一、被告曾某、陈某、羿丰公司、皮具贸易中心市场管理公司于本判决生效之日起，立即停止侵害原告贝雷公司第 G733385 号“BURBERRY”、第 G732707 号“ ”注册商标专用权的行为；

二、被告曾某、陈某、羿丰公司、皮具贸易中心市场管理公司于本判决生效之日起十日内，共同赔偿原告贝雷公司经济损失 12 万元（含合理费用）；

三、驳回原告贝雷公司的其他诉讼请求。

一审判决后，羿丰公司、皮具贸易中心市场管理公司不服，向广州知识产权法院提起上诉。

广州知识产权法院审理认为：羿丰公司对涉案市场具有较高的注意义务。首先，涉案“BURBERRY”等注册商标是手袋、钱包商品上的国际知名品牌，羿丰公司理应对该品牌商品的市场销售渠道及零售价格等是否合理较普通商品有更高的注意义务和判断能力；羿丰公司是专业的皮具贸易市场开办方，较普通经营者对其市场内销售产品的零售价格等信息应有较高的注意义务。其次，根据羿丰公司与涉案商铺签订的《商铺租赁合同》和《市场管理规定》，羿丰公司是广州市白云区白云世界皮具贸易中心市场的开办者和管理者，负责出租该中心内的商铺并收取租金、市场管理服务费等相关费用；从《商铺租赁合同》第五条第一款第七项，以及《市场管理规定》第一条第三款可见，羿丰公司对涉案市场拥有较大和广泛的管理权力。根据权利义务对等的原则，羿丰公司理应负有更高的监督管理义务。因此，羿丰公司对涉案市场具有较高的注意义务。如果羿丰公司对于涉案市场中商铺销售明显不符合市场销售渠道及合理售价的“BURBERRY”或其他国际名牌商品视而不见，则很可能违反了其应有的注意义务。

羿丰公司明知涉案商标侵权行为存在仍为侵权人提供便利条件。首先，勃贝雷公司分别于 2016 年 3 月 25 日、2016 年 7 月 2 日先后两次在同一涉案商铺购买到侵权商品，可见涉案商铺售假并非偶然发生。案件审理中，勃贝雷公司、羿丰公司均确认有包括“BURBERRY”品牌在内的多个国际知名品牌商标侵权关联案件正在审理或已审结，经法院审查属实；羿丰公司公证复查申请中也确认有 141 份公证书涉及涉案市场售假行为，进一步证明涉案商铺及涉案市场售假行为十分明显。其次，勃贝雷公司第一次公证购买后于2016年5月6日向羿丰公司发出律师函，明确告知包括涉案商铺在内的众多商铺存在侵权的事实。羿丰公司虽然抗辩其未收到过该律师函，勃贝雷公司提供的EMS快递单显示的收件人“李某”为羿丰公司当时的法定代表人，单位名称和地址均与羿丰公司工商登记地址一致，快递查询页面显示为“妥投”，一般来说，在正确的地址妥投邮件可以视为收件人收到邮件。关于羿丰公司抗辩律师函内容的问题，律师函内容写明了涉案注册商标的相关信息并附有商标图样，结合涉案“BURBERRY”等商标的知名度，足以使羿公司知晓所述权利；可见，律师函的内容足以使羿丰公司知晓涉案侵权行为。由此可见，现有证据足以认定羿丰公司主观上应当知道对涉案商标侵权行为的存在。

关于皮具贸易中心市场管理公司是否应对本案商标侵权行为承担赔偿责任的问题。首先，从皮具贸易中心市场管理公司的名称分析，皮具贸易中心市场管理公司作为羿丰公司法人独资的有限责任公司，其名称中的行业为“市场经营管理”，其注册登记的市场地址符合上述法律法规和工商行政管理文件对市场服务管理机构名称和地址的规定要求。其次，从皮具贸易中心市场管理公司的经营范围分析，羿丰公司经营范围是场地租赁、物业管理、咨询和停车场服务，而皮具贸易中心市场管理公司经营范围是市场经营管理、摊位出租、物业管理，显然皮具贸易中心市场管理公司的经营范围更符合《广东省商品交易市场管理条例》对市场服务管理机构的规定。最后，关于皮具贸易中心市场管理公司主张其未实际参与监督管理的问题，皮具贸易中心市场管理公司主张涉案市场实际上由市场开办方羿丰公司履行市场服务管理职责，其未实际管理涉案市场。市场服务管理机构的主体地位并非以其是否实际履行管理职责确定，亦并非以市场内商铺的租者等进行认定，确定皮具贸易中心市场管理公司是否系涉案市场的市服务管理机构需根据法律法规的规定确定，根据其主体资质、经营范围、相关职责进行认定。由此可见，皮具贸易中心市场管理公司是由涉案市场的开办方羿丰公司设立的专门市场服务管理机构，其经营范围及相关职责是涉案市场的摊位出租、物业管理、市场服务经营管理。皮具贸易中心市场管理公司应在法律法规所确定的经营范围及相关职责下开展服务管理，并承担相应的民事法律责任。

广东省广州知识产权法院依照《中华人民共和国民事诉讼法》第一百四十四条、第一百七十条第一款第一项、第一百七十四条之规定，判决：驳回上诉，维持原判。

【法官后语】

本案的争议焦点在于作为市场的开办方和管理方是否侵犯了涉案商标专用权的问题。作为涉案商铺所在市场的开办方和管理方，羿丰公司、皮具贸易中心市场管理公司对于承租商铺的经营者应负有管理和监督职责，督促承租人的经营行为符合法律规定。涉案“BURBERRY”等注册商标是手袋、钱包商品上的国际知名品牌，具有较高的国际知名度，开办方和管理方理应对该品牌商品的市场销售渠道及零售价格等是否合理较普通商品有更高的注意义务和判断能力；如果对于涉案市场中商铺销售明显不符合市场销售渠道及合理售价的“BURBERRY”或其他国际名牌商品视而不见，则违反了其应有的注意义务。另外，原告贝雷公司分别先后两次在同一涉案商铺购买到被控侵权商品，并于第一次公证购买后即向羿丰公司发出律师函，明确告知其包括涉案商铺在内的众多商铺存在侵权的事实。然而，没过多久再次在涉案商铺公证购买到被控侵权商品。因此，作为涉案商铺所在市场的开办者和管理者，在明知商品零售价格低于商品正常价格时，未履行其应负的经营管理责任及监督责任，为被控侵权行为的发生提供了帮助和便利，应与侵权者承担连带赔偿经济损失的侵权责任。

本案的警示意义较为深远，随着经济的发展，企业之间商标战略的号角已经吹响。商标战略作为国家知识产权战略的重要组成部分，对于鼓励企业科技创新、推动企业产业升级具有十分重要的意义。因此，加强法律对商标权的保护尤为重要，值得注意的是，本案中虽然直接侵犯商标权的侵权者不是市场的开办者和管理者，但是由于其明知存在商标侵权情况仍然不作为且提供便利条件致使原告遭受经济损失，也需承担连带赔偿责任。

编写人：广东省广州市白云区人民法院　刘灿

11

不规范使用注册商标亦可构成商标侵权

——中国电影股份有限公司诉北京中宣艺影文化传媒有限公司侵害商标权案

【案件基本信息】

1. 裁判书字号

北京知识产权法院（2018）京73民终1211号民事判决书

2. 案由：侵害商标权纠纷

3. 当事人

原告（被上诉人）：中国电影股份有限公司（以下简称中影公司）

被告（上诉人）：北京中宣艺影文化传媒有限公司（以下简称中宣艺影公司）

【基本案情】

2006年3月21日，第3814989号“中影”商标获准注册，核定使用服务为第41类：教育等，有效期经续展至2026年3月20日。2015年1月20日，中影公司受让取得该商标并于之后取得该商标转让前的维权权利。中影公司的关联公司与其他公司合作设立“中影培训”品牌，后又分别与另外两家公司签订《培训合作合同》开办艺考培训班等。2016年，中影公司获“2015－2016年度国家文化出品重点企业”称号。中影公司为本案支出公证费6150元，律师费20000元。

2014年8月28日，第12305618号“中影人”图文商标获准注册，核定使用服务为第41类：教育等，有效期至2024年8月27日。2016年7月20日，中宣艺影公司受让取得该商标。中宣艺影公司曾于2014年在第41类培训上申请注册“中影艺考”商标，该申请已被商标局驳回。

2017年9月8日，北京市精诚公证处公证如下事实：中宣艺影公司的中影艺考网站（www. zhongyingyikao. com）主页上端显著位置标有“中影艺考”字样。在

“优秀学员”和“名师授课”内容下方有多幅师生照片，照片背景板上基本上均有“中影艺考”四字。点击网页上的“表演学院”“播音学院”等栏目，相关网页中均有大量内容涉及“中影艺考”，并显示有中宣艺影公司学员参加中央戏剧学院等名校的考试人数、排名及各专业不同班型的收费标准等。

中影公司提交的京工商昌处字（2017）第1180号行政处罚决定书载明：“当事人自2015年12月16日开始利用www.zhongyingyikao.com进行公司宣传，网站名称为中影艺考……2017年，我局执法人员发现当事人在公司网站www.zhongyingyikao.com发布的内容与实际不符……”

中影公司认为，第3814989号“中影”商标经原注册人及原告长期使用在相关领域已具有较高知名度。中宣艺影公司在未取得授权的情况下，擅自在其网站中使用与“中影”商标相近似的商标对其培训服务进行宣传，侵犯了中影公司的注册商标专用权。综上，请求法院判令中宣艺影公司停止使用“中影艺考”等被诉侵权标识，并在其网站首页显著位置刊登声明以消除给中影公司造成的不良影响并赔偿经济损失及合理费用共103万元。中宣艺影公司不同意中影公司的全部诉讼请求。

【案件焦点】

1. 中宣艺影公司使用“中影”“中影艺考”标识是否侵害中影公司享有的注册商标专用权；2. 若构成商标侵权，中宣艺影公司应承担的具体法律责任和应当赔偿的金额。

【法院裁判要旨】

北京市石景山区人民法院经审理认为：中影公司是“中影”注册商标专用权人，在商标有效期内有权提起侵权诉讼。中影公司的“中影”商标核定使用范围包括“教育”，在相关领域已具有一定知名度，中宣艺影公司所使用的“中影艺考”显著识别部分在于“中影”二字，与中影公司的“中影”商标已构成近似，中宣艺影公司不仅未采取任何合理避让措施，即规范使用其享有的“中影人”注册商标，还一直在“中影”商标核准使用范围内大量、突出使用“中影艺考”“中影官网”“中影视频”等含有“中影”的标识或字样，侵犯了中影公司“中影”的注册商标专用权，依法应承担停止侵害、消除影响、赔偿损失的民事责任。

关于赔偿损失的数额，原告中影公司主张按照被告中宣艺影公司的违法所得计算，但在被告学员人员不准确，收费标准不统一且无法查明被告培训班所获单位利润的情况下，无法按照被告侵权获利计算赔偿数额，应当适用法定赔偿方式确定赔偿数额并酌情考虑以下因素：（1）涉案商标的显著性和声誉，“中影”系原告中影公司的简称，显著性较强，且经过持续使用具有一定知名度；（2）侵权行为的性质、持续时间及被告主观过错程度，被告中宣艺影公司在其经营活动中大量、突出地使用中影商标，且在原告提出诉讼后仍继续使用中影商标，侵权持续时间较长，侵权故意较明显；（3）被告经营规模较大，收费标准较高，推定其侵权获利较多。律师费、公证费均有票据在案佐证，应全额支持，交通费未提供相关票据，将酌情确定。

北京市石景山区人民法院依照《中华人民共和国侵权责任法》第十五条，《中华人民共和国商标法》第四十八条、第五十六条、第五十七条第一项和第二项、第六十三条第三款，《中华人民共和国民事诉讼法》第六十四条第一款之规定，判决如下：

一、自本判决生效之日起，被告中宣艺影公司立即停止侵害第3814989号注册商标的行为，即停止使用“中影”“中影艺考”标识；

二、被告中宣艺影公司于本判决生效之日起连续三十日在其公司网站（www. zhongyingyikao. com）首页显著位置刊登声明，为原告中影公司消除影响（声明内容须经法院核实，逾期不刊登，原告中影公司可将本判决书主要内容刊登于某一全国发行的报刊，费用由被告中宣艺影公司承担）；

三、被告中宣艺影公司于本判决生效之日起十日内赔偿原告中影公司经济损失1000000元及合理开支共计26450元，两项共计1026450元；

四、驳回原告中影公司的其他诉讼请求。

中宣艺影公司不服原审判决，提起上诉。

北京知识产权法院同意一审法院的裁判意见。依照《中华人民共和国民事诉讼法》第一百七十条第一款第一项之规定，判决如下：

驳回上诉，维持原判。

【法官后语】

本案涉及中国影视行业龙头企业——中影公司的重大合法权益，影响力较大。

本案案情反映出了一类商标侵权案件的共性特征，具有典型性。就侵权行为而言，侵权行为人往往通过在后申请注册或受让取得与原告注册商标有一定相似但又具有一定区别的打擦边球的商标，并通过拆分、组合等形式不规范使用该商标的恶意滥用注册商标专用权的方式，达到与原告具有一定知名度的注册商标构成近似和混淆的效果来实施商标侵权行为。而被告通常在抗辩中提出被诉侵权标识的使用系源自其注册或受让取得的其他商标，故不构成侵权亦不具有攀附他人商誉的意图。

针对此类案件，首先需判断其是否属于两枚注册商标间的冲突。根据相关规定，若原告以他人使用在核定商品上的注册商标与其在先的注册商标相同或近似为由提起诉讼的，应由人民法院根据《中华人民共和国民事诉讼法》第一百一十一条第三项的规定，告知原告向有关行政主管机关申请解决。

同时，依照《最高人民法院关于审理注册商标、企业名称与在先权利冲突的民事纠纷案件若干问题的规定》第一条第二款“但书”之规定，若原告以他人以改变显著特征、拆分、组合等方式使用的注册商标，与其注册商标相同或者近似为由提起诉讼的，人民法院则应当受理。这一规定意味着注册商标专用权人应当规范使用其注册商标，正当行使而不得滥用其专用权。一方面，注册商标专用权的范围应以核定使用的商品或服务为限。另一方面，注册商标专用权的范围应以核准注册的商标为限，不得以改变显著特征、拆分、组合等方式使用注册商标。以拆分、组合等方式不规范使用自身注册商标，构成在同一种或类似服务上使用与他人注册商标相同或近似标识，亦构成商标侵权。

本案中被告行为即为典型的滥用注册商标专用权，攀附他人注册商标商誉的商标侵权行为。本案被告经营的业务为艺术考试培训服务且与影视相关，理应知晓原告中影公司及其在影视相关领域的知名度和影响力，并进行合理避让，即规范使用自身注册商标避免混淆误认，然而被告却仍将持有的“中影人”商标拆分或变形为“中影”“中影艺考”“中影官网”等均以“中影”二字为显著识别部分的标识使用，明显具有攀附他人商誉的主观恶意。此外，本案中被告于2014年在第41类教育培训上申请注册“中影艺考”商标被驳回后，仍直接肆意在其官网大量、突出使用“中影艺考”标识进行培训宣传，亦可证明其主观恶意较为严重，侵权行为性质较为恶劣。

在具体责任确定上，鉴于被告的恶意侵权行为已造成了混淆误认的后果，故应当承担刊登声明以消除影响的法律责任。而关于赔偿损失的数额，之所以未按照原告主张的被告中宣艺影公司的违法所得计算，但仍然适用法定赔偿全额支持了原告主张的经济损失，主要基于以下几方面因素：其一，涉案商标为原告中影公司的简称，原告在影视行业具有很高的知名度且被告中宣艺影公司从事的教育培训服务与影视有密切关联，原告在影视领域的影响力显然能够辐射到影视教育、培训领域；其二，侵权行为的性质、持续时间及被告主观过错程度，被告中宣艺影公司在其经营活动中大量、突出地使用中影商标，且在原告中影公司提出诉讼后仍继续使用中影商标，侵权持续时间较长，侵权主观恶意明显；其三，被告经营规模较大，收费标准较高，推定其侵权获利较多。

本案对此类类型化的恶意商标侵权行为加大惩处力度，不仅有力地保护了权利人的注册商标专用权，有效地打击了商标市场上“搭便车”的行为，对促进和规制商标的规范使用亦起到了良好效果。而针对此类商标侵权案件，除一旦遭遇侵权可积极通过诉讼等渠道维权外，笔者还建议权利人做到以下两点：首先，应当尽早对自身在先并持续使用的品牌进行商标注册，以使不断累积的商誉得到专用权的保障。其次，商标权利人若发现他人申请注册或已经注册取得与自身具有知名度的注册商标相近似的商标，或构成其他商标无效理由的，应依照《中华人民共和国商标法》的规定在法定期限内及时提出商标注册异议申请或注册商标无效宣告请求，才能更根本地从源头上杜绝或减少商标专用权被侵害的可能，并更加有效地维护自身注册商标专用权。

编写人：北京市石景山区人民法院　易珍春　王晓露

12

不具备识别商品来源的涉外贴牌行为不属于商标使用

——福建晋江三超鞋服实业有限公司诉晋江和承鞋业有限公司侵害商标权案

【案件基本信息】

1. 裁判书字号

福建省泉州市中级人民法院（2018）闽05民终1060号民事判决书

2. 案由：侵害商标权纠纷

3. 当事人

原告（上诉人）：福建晋江三超鞋服实业有限公司（以下简称三超鞋服公司）

被告（被上诉人）：晋江和承鞋业有限公司（以下简称和承鞋业公司）

【基本案情】

三超鞋服公司于2013年2月14日经核准注册"*AL HOJOUM*""الهجوم"商标，核定使用商品为第25类的服装、拖鞋等。三超鞋服公司生产的涉案商标鞋子均出口至国外，未在中国境内销售过。Mohammed公司系2001年8月30日在沙特注册成立的公司，其于2014年1月31日在沙特注册了"الهجوم AL HOJOUM"商标，商标类别为第25类。Mohammed公司于2016年1月1日出具授权书，委托和承鞋业公司生产加工其注册商标的拖鞋，并授权和承鞋业公司将所生产的产品全部出口，Mohammed公司在授权书中承诺不在中国销售和承鞋业公司所生产的产品，授权期限自2016年1月1日至2017年7月31日。

2016年9月3日，晋江市公安局根据三超鞋服公司的举报，在和承鞋业公司处查获标有涉案商标的鞋子8886双。2017年3月1日，晋江市公安局以在侦查过程中发现不应追究刑事责任为由，撤销案件。三超鞋服公司认为，和承鞋业公司未经许可，在相同商品上使用三超鞋服公司的注册商标，侵犯了三超鞋服公司注册商标专用权，请求判令和承鞋业公司立即停止侵犯三超鞋服公司注册商标专用权的行为，并赔偿三超鞋服公司经济损失及合理开支49万元。

【案件焦点】

和承鞋业公司对于涉案标识的使用是否构成商标法意义上的使用行为。

【法院裁判要旨】

福建省晋江市人民法院经审理认为：商标是商业主体在其提供的商品或者服务上使用的，能够将其商品或服务与其他市场主体提供的商品或服务区别开来的标志，其基本功能在于识别和区分商品的来源。侵害商标权行为的本质特征是对商标识别功能的破坏，造成相关公众对商品或服务的来源产生误认或者认为其来源与注册商标的商品有特定的联系。《中华人民共和国商标法》（以下简称《商标法》）保护商标就是保护商标的识别功能。也就是说，是否破坏商标的识别功能，是判断是否构成侵害商标权的基础。而商标的识别功能只有在使用中才得以体现。因此，和承鞋业公司的被诉侵权行为是否属于商标使用是确认和承鞋业公司是否侵权的关键。

商标的使用，根据《商标法》第四十八条规定："本法所称商标的使用，是指将商标用于商品、商品包装或者容器以及商品交易文书上，或者将商标用于广告宣传、展览以及其他商业活动中，用于识别商品来源的行为。"在本案中，和承鞋业公司接受Mohammed公司委托，加工生产带有涉案商标的拖鞋，并约定产品全部运送给Mohammed公司，不在中国境内销售，属于涉外贴牌加工行为。更关键的是，三超鞋服公司亦未在国内有销售过标注涉案商标的产品。在国内消费者均无法接触三超鞋服公司、和承鞋业公司涉案商标产品的情况下，不存在国内消费者对该商品的来源发生混淆或者误认的基础，和承鞋业公司贴牌加工的行为亦不会对三超鞋服公司在中国市场份额带来任何实质性损害或者被不正当挤占。因此，在中国境内，和承鞋业公司在产品上贴附的涉案商标不具有识别商品来源的功能，不是商标法意义上的商标使用行为。另外，和承鞋业公司在接受Mohammed公司委托加工时，对Mohammed公司提供商标的合法来源进行了必要的审查，主观上没有侵权的故意，尽到合理的注意义务。

综上，三超鞋服公司在我国注册了涉案商标，其依法享有的注册商标专用权受我国法律保护。但和承鞋业公司在委托加工产品上贴附的标识，在我国境内不具有区别所加工商品来源的意义，不能实现识别该商品来源的功能，不属于我国商标法意义上的商标使用，不构成对三超鞋服公司注册商标专用权的侵权。

福建省晋江市人民法院依照《中华人民共和国商标法》第八条、第四十八条、第五十七条之规定，判决如下：驳回三超鞋服公司的诉讼请求。

三超鞋服公司不服原审判决，提起上诉。福建省泉州市中级人民法院同意一审法院的裁判意见，依照《中华人民共和国民事诉讼法》第一百七十条第一款第一项的规定，判决如下：

驳回上诉，维持原判。

【法官后语】

本案的特殊之处在于，该标识在国外亦有进行商标注册，而和承鞋业公司系受国外的商标权人的委托进行加工和出口，并不在国内进行销售，国内消费者是接触不到标有三超鞋服公司商标的产品的。因此，在国内，和承鞋业公司根据外国委托方的要求在涉案产品上使用涉案商标，并不会发挥商标的识别商品来源的功能，这也是法院认定不属于商标性使用的最根本的理由。因此，只要国内加工方对国外注册的商标来源有履行必要的审查注意义务，则不应承担侵权责任。

但是，在“互联网+全球购”的背景下，不少法律人士和专家学者提出涉外贴牌产品存在返销国内的情形，应重新审视涉外贴牌加工行为的性质。笔者认为，目前在司法实践中，涉外贴牌加工的商标侵权纠纷均为国内的商标权利人起诉国内的加工方，加工方只应对其国内的加工行为进行负责，其根据国外定作方的要求，在加工产品上贴附的商标，该商标在国内市场并不能发挥识别作用，并非商标法意义上的商标使用的情况，不应承担商标侵权责任。至于国外定作方将产品再次返销国内的可能，国内加工方无法控制，返销所存在的侵权法律后果应由国外定作方承担，与加工方无关。

编写人：福建省晋江市人民法院　沈雄华

13

共存协议在商标无效宣告程序中的适用

——浙江蓝巨星国际传媒有限公司诉中华人民共和国国家工商行政管理总局商标评审委员会商标权无效宣告请求行政案

【案件基本信息】

1. 裁判书字号

北京市知识产权法院（2017）京73行初449号判决书

2. 案由：商标权无效宣告请求行政纠纷

3. 当事人

原告：浙江蓝巨星国际传媒有限公司（以下简称蓝巨星公司）

被告：中华人民共和国国家工商行政管理总局商标评审委员会（以下简称商标评审委员会）

第三人：塔尔帕容量有限公司（以下简称塔尔帕公司）

【基本案情】

第11591269号“蓝巨星好声音”商标（以下简称诉争商标）由蓝巨星公司于2012年10月11日提出注册申请，2014年3月14日经核准注册，核定使用在第41类组织表演（演出）、娱乐、电视文娱节目、除广告片外的影片制作等服务上。

国际注册第G1089326号“The Voice of China”商标（以下简称引证商标）由塔尔帕公司于2012年向商标局申请领土延伸保护，2012年4月26日经核准注册，核定使用在第41类娱乐、体育和文化活动、电影和录像带制作、音乐家和其他表演者的服务等服务上。

2016年3月8日，塔尔帕公司针对诉争商标向商标评审委员会提出无效宣告请求，理由包括2001年《中华人民共和国商标法》第十三条第二款、第十五条、第二十八条、第三十一条、第四十一条第一款等。商标评审委员会经审查认为：一、诉争商标与引证商标构成使用在相同或类似服务上的近似商标，违反了2001年《中华人民共和国商标法》第二十八条的规定。二、诉争商标申请注册违反2001年《中华人民共和国商标法》第十五条、第四十一条第一款的规定。综上，商标评审委员会裁定诉争商标予以无效宣告。

原告蓝巨星公司不服商评委裁定，提起诉讼，主要理由为：在案证据能够证明“中国好声音”与浙江卫视之间已经形成一一对应关系，诉争商标的申请注册不会导致相关公众的混淆误认，诉争商标未违反2001年《中华人民共和国商标法》第二十八条的规定。诉争商标申请注册亦未违反2001年《中华人民共和国商标法》第十五条、第四十一条第一款的规定。原告与第三人已经达成商标共存协议，第三人认可诉争商标与引证商标不构成近似商标，不会造成相关公众混淆误认，双方商标能够共存。因此，诉争商标申请注册不违反2001年《中华人民共和国商标法》第二十八条的规定。

【案件焦点】

1. 诉争商标申请注册是否违反2001年《中华人民共和国商标法》第二十八条的规定；2. 诉争商标申请注册是否违反2001年《中华人民共和国商标法》第十五条的规定；3. 诉争商标申请注册是否构成2001年《中华人民共和国商标法》第四十一条第一款“以其他不正当手段取得注册”之情形。

【法院裁判要旨】

北京知识产权法院经审理认为：诉争商标与引证商标虽在整体外观、呼叫等客观方面存在较大差异，但考虑到引证商标的实际使用状态和相关公众的认知情况，诉争商标的注册使用易使相关公众对其与引证商标所指代的服务来源产生混淆。被诉裁定依据作出之时的事实状态认定诉争商标申请注册违反2001年《中华人民共和国商标法》第二十八条的规定，并无不当。

原告和第三人在本案诉讼阶段就双方商标共存达成协议，针对已变化的事实基础，综合考虑两商标标志本身的差异程度，双方当事人关于商标共存的意思表示和对避免相关公众混淆所作出的安排，法院认为，诉争商标的注册使用已经克服了易致相关公众混淆的缺陷，其注册已不违反2001年《中华人民共和国商标法》第二十八条的规定。

无论从立法目的的角度还是《中华人民共和国商标法》体系解释的角度，均应得出2001年《中华人民共和国商标法》第十五条所保护的权利客体是被代理人或者被代表人的未注册商标。第三人以已注册的引证商标作为权利基础主张诉争商标申请注册违反2001年《中华人民共和国商标法》第十五条的规定，不能成立。

诉争商标注册行为主要损害的是第三人的利益，对商标注册秩序和公共利益的影响有限。且第三人已表达谅解并同意诉争商标注册，应当认为诉争商标注册可能对第三人造成的损害已得到弥补。诉争商标申请注册未违反2001年《中华人民共和国商标法》第四十一条第一款“以其他不正当手段取得注册”之规定。

北京知识产权法院依照《中华人民共和国行政诉讼法》第七十条第一项、第二项之规定，判决如下：

一、撤销被告商标评审委员会作出的商评字（2016）第103044号关于第11591269号“蓝巨星好声音”商标无效宣告请求裁定书；

二、被告商标评审委员会就第三人塔尔帕公司针对第11591269号“蓝巨星好声音”商标提出的无效宣告请求重新作出裁定。

【法官后语】

本案涉及与浙江卫视知名电视节目《中国好声音》的节目标识有关的“蓝巨星好声音”商标确权行政纠纷，受到广泛关注。原告和第三人在本案诉讼阶段就双方商标共存达成协议，即诉讼阶段的事实基础相对于行政审查阶段已发生明显变化。故本案既需要评价被告依据行政审查阶段的事实作出被诉裁定是否正确，亦需要评价诉讼阶段的新事实对于诉争商标能否维持注册的影响。

首先，关于被告依据行政审查阶段的事实认定诉争商标与引证商标构成同一种或类似商品上的近似商标是否正确。判断商标是否近似，既要考虑商标标志构成要素及其整体的近似程度，也要考虑相关商标的显著性和知名度、相关商标的实际使用情况、商标申请人的主观意图等因素，以是否容易导致混淆作为判断标准。所谓混淆，既包括将在后商标所指代的商品或服务误认为由在先商标的权利人或关联关系主体所提供，也包括将在先商标所指代的商品或服务误认为由在后商标的权利人或关联关系主体所提供。后一种类型的混淆将会使在先商标的合法权利无法正常行使和维护。本案的诉争商标和引证商标若仅从商标标志本身来看，是存在较大差异的，但是考虑到《中国好声音》电视节目中是将“V手势加持话筒图形”“The Voice of China”“中国好声音”组合使用的，相关公众会将上述标识视为一体，认为它们之间存在固定的对应关系，并指向同一个服务来源。因此，在引证商标已由第三人在先合法注册的情况下，再由其他主体注册“好声音”或者其他近似标识，会引起相关公众对服务来源的混淆。考虑到引证商标在中国境内的使用主要通过原告及其关联主体在《中国好声音》电视节目中的使用来实现，故相关公众较大可能会认为“V手势加持话筒图形及The Voice of China”（或引证商标）与浙江卫视（或原告）有关，然而如上所述，所谓混淆，包括将在先商标所指代的商品或服务误认为由在后商标的权利人或关联关系主体所提供，此种类型的混淆将会使在先商标的合法权利无法正常行使和维护。因此，在引证商标权利人明确提出异议的情况下，诉争商标不应予以核准注册。

其次，本案判决详细分析了在判断双方商标能否在在先商标权人同意共存的情况下在法律上共存时，商标驳回程序和异议程序、无效程序的异同。商标异议程序和无效宣告程序由当事人启动，在先商标权利人和诉争商标权利人均参与程序，有提交证据、陈述意见的平等机会，故双方商标的使用情况和当事人的主观因素均可纳入考量。也就是说，相较于驳回程序中较为单纯的考虑商标标志本身，在异议程序和无效宣告程序中，既存在因考虑引证商标的知名度较高、诉争商标申请人有搭便车或企图误导公众之故意等，从而认定客观上有一定差异的标识容易造成混淆的情况，也存在因考虑诉争商标经过使用具有较高知名度已形成稳定的市场认知、引证商标未投入实际使用等因素，从而认定客观上较为接近的标识不易造成混淆的情况。因后一种情况会准许诉争商标注册或维持诉争商标注册，故一般不会出现共存协议。前一种情况下，认定构成混淆虽考虑了相关公众的认知因素，但亦是出于对享有较高市场声誉的引证商标以更大范围的保护之故，兼有对违反诚信者的惩罚。如果此时引证商标权利人同意诉争商标与之共存，则意味着其放弃了法律给予的与其市场声誉相关的更大范围的保护，或谅解了诉争商标申请人的非诚信行为，通常并无不可。而且，此种情况下，因双方商标标志之间客观上存在一定差异，相关公众有区分的基础，且双方在共存的协商中往往会对已经发生或可能发生的混淆采取补救或预防措施，故对消费者利益的损害亦可控。因此，在可能发生的真实案例中，异议程序、无效程序中的在先商标权人关于商标共存的意思表示对混淆判断往往具有更大的可参考性。

本案即无效程序中在先商标权人同意在后商标与之共存，综合考虑两商标标志本身的差异程度，双方当事人关于商标共存的意思表示和对避免相关公众混淆所作出的安排，法院认为诉争商标的注册使用已经克服了易致相关公众混淆的缺陷，其注册已不违反2001年《中华人民共和国商标法》第二十八条的规定。

本案判决既充分尊重了行政机关的裁决，亦充分保护了原告和第三人双方的实际利益，明晰了无效阶段商标共存协议的采纳规则。

编写人：北京知识产权法院　周丽婷

14

代理销售中的侵犯商标权行为

——欧派家居集团股份有限公司诉北京昆泰万达商贸有限公司侵害商标权案

【案件基本信息】

1. 裁判书字号

北京知识产权法院（2018）京73民终540号判决书

2. 案由：侵害商标权纠纷

3. 当事人

原告（被上诉人）：欧派家居集团股份有限公司（以下简称欧派公司）

被告（上诉人）：北京昆泰万达商贸有限公司（以下简称昆泰公司）

【基本案情】

2015年12月，欧派公司发现昆泰公司在天猫网突出使用“欧派”文字，销售侵害欧派公司注册商标权的卫浴、厨房用品，对上述侵权行为，欧派公司申请公证进行了证据保全，随后诉至北京市丰台区人民法院，其诉称欧派公司系第11类“欧派”等注册商标权人，昆泰公司故意在网店上非法使用“欧派”文字，并销售侵害欧派公司商标权的产品，该行为侵害了欧派公司第××号注册商标专用权，给欧派公司造成了极大的经济损失，应承担相应的法律责任。

昆泰公司辩称其销售的产品是香港欧派卫浴实业集团有限公司生产并委托其销售的，即便被告销售的产品或包装上有任何与原告商标近似的成分，也是生产方香港欧派卫浴实业集团有限公司所为，其仅是代理销售，没有主观恶意，且能够证明自己销售的产品系合法取得并能够说明提供者，故根据《中华人民共和国商标法》，其不构成侵权。

【案件焦点】

1. 昆泰公司抗辩称涉案侵权商品系购自香港欧派卫浴实业集团有限公司，其代理销售的行为是否构成商标侵权；2. 昆泰公司是否知道或应当知道其销售的是侵权商品且该商品具有合法来源，就其销售涉案侵权商品的行为承担停止侵权的法律责任的同时，是否应承担赔偿责任。

【法院裁判要旨】

北京市丰台区人民法院经审理认为：欧派公司是第××号商标的注册人。昆泰公司在天猫网上开设“opai 旗舰店”网店用于经营销售，在该网店页面中多个商品名称处及展示商品的宣传图片中突出显示有“欧派卫浴”等字样。同时，昆泰公司所销售的淋浴花洒商品的外包装、合格证、安装说明书中突出显示有“欧派”等字样，上述对于“欧派”字样的使用方式，足以使相关消费者将“欧派”与卫浴商品产生密切联系，客观上起到了区分商品来源的作用，属于商标性使用。

“欧派”中文与欧派公司主张权利的第××号“欧派”商标相比，除“欧”字有繁简写区别外，呼叫与含义均一致，二者构成近似，且昆泰万达公司涉案网店所销售的商品为水龙头、淋浴花洒等卫浴产品，与涉案注册商标核定使用的第11类商品为同类商品，极易导致相关公众对商品的来源造成混淆或误认，故昆泰公司在涉案网站上以涉案方式使用“欧派”字样的行为已构成对欧派公司注册商标专用权的侵犯。昆泰公司应就其上述侵犯商标权的行为承担停止侵权、赔偿损失的民事责任。

昆泰公司称涉案侵权商品系购自香港欧派卫浴实业集团有限公司的抗辩，法院认定欧派公司拥有较高的市场知名度，昆泰公司作为在大型电商平台开设有长期固定的网店且专营卫浴产品的销售者，对于拥有较高市场知名度的同类产品应当知晓。因此，昆泰公司虽主张涉案侵权商品系购自香港欧派卫浴实业集团有限公司，但在该商品外包装、合格证及安装说明书中均突出显示“欧派”字样的情况下，昆泰公司并未提供证据证明其对香港欧派卫浴实业集团有限公司是否有权授权其使用“欧派”字样进行过任何核实及审查，故昆泰公司销售涉案侵权商品并未尽到合理的注意义务。至于涉案侵权商品的来源，昆泰公司在本案中对于商品提货地点的陈述先后不一，其主张的提货后以现金支付货款的情况与市场交易惯例不符，其提交的经公证认证的证明书及附件中的出库单未明确产品价格，其中香港欧派卫浴实业集团有限公司关于“OPAI8606产品是由本公司生产”的表述与涉案侵权商品外包装所载“生产商：广东开平水口镇巨航卫浴五金厂”的信息相互矛盾，故昆泰公司现有证据不足以证实涉案侵权商品的买卖交易实际发生，法院对于昆泰公司关于其所售涉案侵权商品具有合法来源的主张不予认可。综上，昆泰公司知道或应当知道所销售的商品为侵权商品且该商品并无合法来源，其应就涉案销售行为承担相应民事赔偿责任。

北京市丰台区人民法院依照《中华人民共和国民法通则》第一百三十四条第一款第一项、第七项；《中华人民共和国商标法》第五十七条第二项、第三项，第六十三条第一款、第三款；《中华人民共和国民事诉讼法》第六十四条；《最高人民法院关于民事诉讼证据的若干规定》第十一条第二款规定，判决如下：

一、昆泰公司于一审判决生效之日起立即停止在涉案网店（天猫网“opai旗舰店”）上以涉案侵权方式使用“欧派”字样的行为；

二、昆泰公司于一审判决生效之日起立即停止销售涉案侵犯第××号注册商标的商品；

三、昆泰公司于一审判决生效之日起十日内赔偿欧派公司经济损失100000元；

四、昆泰公司于一审判决生效之日起十日内赔偿欧派公司合理支出5000元；

五、驳回欧派公司的其他诉讼请求。

昆泰公司提起上诉。北京知识产权法院经审理认为：昆泰公司称涉案侵权商品系购自香港欧派卫浴实业集团有限公司。首先，涉案侵权商品的外包装、合格证及安装说明书中均突出显示有“欧派”字样；其次，在案证据可以证明，第××号商标在相关商品上具有较高的市场知名度；最后，昆泰公司作为电商平台上同类产品的销售商，对涉案侵权商品显然应负有较高的审查义务。然而，在案没有证据可证明昆泰公司曾对香港欧派卫浴实业集团有限公司是否有权授权其使用“欧派”字样进行过任何形式的核实及审查，故昆泰公司销售涉案侵权商品显然未尽到合理的注意义务。一审法院对于昆泰公司关于其所售涉案侵权商品具有合法来源的主张不予认可，结论正确，法院依法予以支持。昆泰公司应就其涉案销售行为承担相应的民事赔偿责任。

北京知识产权法院依照《中华人民共和国民事诉讼法》第一百七十条第一款第一项规定，判决如下：

驳回上诉，维持原判。

【法官后语】

本案围绕商品代理销售行为中，代理商销售涉嫌侵犯商标权的商品的行为如何认定，重点围绕《中华人民共和国商标法》第六十四条第二款的规定，代理商因何还有如何承担赔偿责任这一中心问题展开探讨。

本案中，“欧派”的商标外形与欧派公司主张权利的第××号商标相比，除了繁简书写方式的区分以外，称呼与含义均相同，外形结构极其近似；此外，在昆泰公司经营的淘宝网店中，所销售的淋浴花洒等卫浴类商品，与欧派公司享有商标权的商品属于同类商品，极易使普通民众对两者商品产生混淆，难以区分。因此，昆泰公司在淘宝网店上销售印有“欧派”商标的商品的行为已构成对欧派公司注册商标专用权的侵犯。

本案中，昆泰公司抗辩称涉案侵权商品系购自香港欧派卫浴实业集团有限公司，故其就销售涉案侵权商品的行为承担停止侵权的法律责任的同时，是否应承担赔偿责任，关键在于其是否知道或应当知道其销售的是侵权商品且该商品具有合法来源。对此，实践中，对具有一定经营规模的专门从事某一类商品销售的销售者而言，如本案的昆泰公司，其应尽的注意义务显然应高于普通消费者及一般综合类商品销售商。综合本案，第一，根据证据可以认定欧派公司拥有较高的市场知名度，昆泰公司用于销售涉嫌侵权商品的淘宝网店“opai 旗舰店”开设时间已经有三年，专门销售卫浴类产品，各类商品的销量也比较高，因此，可以认定昆泰公司作为在大型电商平台开设有长期固定网店且专营卫浴产品的销售者，应当知晓在市场上有较高知名度的欧派公司的同类产品。第二，昆泰公司自述称其所售产品是经香港欧派卫浴实业集团有限公司授权，本身只是专门代理销售产品的经销商，那么，其更应在从事专门行业销售时对经销商品是否存在侵权的可能性给予必要的关注及审查，并避免销售可能构成侵权的商品。然而，庭审过程中，昆泰公司并未提供充足的证据证明其对香港欧派卫浴实业集团有限公司是否有权授权其使用“欧派”商标进行过任何核实及审查，因此，可以认定昆泰公司对销售该类侵权商品并未尽到合理的注意义务。第三，昆泰公司提供的证据不足以证实该侵权商品的买卖交易实际发生，法院不认可昆泰公司提出的关于其所售侵权商品具有合法来源的主张。综上，昆泰公司知道或应当知道所销售的商品为侵权商品且该商品并无合法来源，其应就涉案销售行为承担相应的民事赔偿责任。

编写人：北京市丰台区人民法院　王韩

15

具有不同结构要素的商标对商誉延续和近似性判断的影响

——百威英博雪津啤酒有限公司诉国家工商行政管理总局商标评审委员会商标申请驳回复审行政案

【案件基本信息】

1. 裁判书字号

北京市高级人民法院（2018）京行终845号行政判决书

2. 案由：商标申请驳回复审行政纠纷

3. 当事人

原告（上诉人）：百威英博雪津啤酒有限公司（以下简称百威英博雪津公司）

被告（被上诉人）：国家工商行政管理总局商标评审委员会（以下简称商标评审委员会）

【基本案情】

商标评审委员会作出的被诉决定认定：百威英博雪津公司申请注册的第

18085325 号“雪津啤酒金典 SEDRIN”及图商标（以下简称诉争商标）显著识别中文之一“金典”与第 5147834 号“金典”商标（以下简称引证商标一）、第 12741817 号“金典”商标（以下简称引证商标二）中文“金典”相同，易被识别为系列商标或具有关联关系，诉争商标与引证商标一、二已分别构成近似标识。诉争商标指定使用的啤酒等商品与引证商标一、二核定使用的啤酒商品属于同一种或类似商品，诉争商标与引证商标一、二并存使用在上述同一种或类似商品上，易使消费者对商品来源产生混淆误认，已构成《中华人民共和国商标法》第三十条、第三十一条所指的使用在同一种或类似商品上的近似商标。原告提交的证据不足以证明诉争商标经使用已产生与引证商标一、二相区别的显著特征。决定驳回诉争商标的注册申请。

经查，“雪津”曾于 2005 年被国家工商行政管理总局商标局认定为第 32 类啤酒商品上的驰名商标。引证商标一因连续三年不使用已被撤销，公告于第 1565 期注册商标撤销公告第 22513 页。

在庭审过程中，百威英博雪津公司明确表示对诉争商标指定使用商品与引证商标一、二核定使用商品属于同一种或类似商品不持异议。

【案件焦点】

1. 诉争商标与引证商标二是否构成使用在同一种或类似商品上的近似商标；2. 原告在先知名商标的商誉是否可以延续至诉争商标。

【法院裁判要旨】

北京知识产权法院经审理认为：诉争商标与引证商标二已构成使用在同一种或类似商品上的近似商标。诉争商标中“雪津”为在先驰名商标，如果其商誉欲自然延续至在后申请商标，则仍应保留在百威英博雪津公司付出市场努力的“雪津”原有的市场范围内，而不应侵入引证商标二“金典”业已开辟的市场。如若不然，容易导致在先知名商标可以凭借其较高的知名度任意侵入他人市场，很容易使他人尚未通过公平竞争就被不正当地排挤出该市场，这有悖公平竞争的市场规则。

北京知识产权法院依照《中华人民共和国行政诉讼法》第六十九条之规定，判决如下：

驳回百威英博雪津公司的诉讼请求。

百威英博雪津公司不服一审判决，提起上诉。

北京市高级人民法院经审理认为：诉争商标指定使用商品与引证商标二核定使用商品属于同一种或类似商品，百威英博雪津公司也不持异议，法院予以确认。

诉争商标由中文“雪津啤酒金典”、英文“SEDRIN”及条状装饰图形组成。引证商标二由中文“金典”及英文“satine”组成。根据我国相关公众的呼叫习惯，上述商标的中文部分是其显著识别部分。诉争商标完整地包含了引证商标二的显著识别部分，而且“金典”在诉争商标中并未形成新的含义，同时诉争商标中“雪津”和“金典”的字体均较大，“金典”能够被容易地独立识别出来。诉争商标与引证商标二构成使用在同一种或者类似商品上的近似商标。

百威英博雪津公司主张基于“雪津”商标的知名度，诉争商标指向的啤酒等商品容易被相关公众认为是雪津啤酒的系列产品，但“金典”并非通常用于形容经典系列的词汇，引证商标具有显著性。因此，尽管“雪津”商标具有一定知名度，其权利边界也应止步于法律为在先申请注册的商标即引证商标二预留的空间。在案的使用证据也不足以证明百威英博雪津公司在引证商标二申请日之前就已经大量将“金典”与“雪津”同时使用，从而使得两者与该公司建立唯一稳定的对应关系，因此，百威英博雪津公司关于诉争商标与引证商标二不会产生混淆的上诉理由不能成立。

北京市高级人民法院依照《中华人民共和国行政诉讼法》第八十九条第一款第一项之规定，判决如下：

驳回上诉，维持原判。

【法官后语】

该案例涉及结构模式为“在先知名商标+他人在先相同或近似商标”的诉争商标是否与他人在先商标近似，以及在先知名商标的商誉是否能够自然延续至“在先知名商标+他人在先相同或近似商标”的问题。商标法并未对此有细致的规定，因此，应当适用商标法法律原则对此进行判断。

关于“在先知名商标+他人在先相同或近似商标”与他人在先商标是否近似？

在商品（服务）类似的前提下，相关公众受消费习惯、消费能力、对品牌商业文化内涵认同差异等多种因素的影响，会作出不同的购买选择。“在先知名商标+他人在先相同或近似商标”中，一般“在先知名商标”为权利主体的主品牌，而

“他人在先相同或近似商标”为权利主体的子品牌。一般而言，子品牌的创设是商品（服务）提供者基于上述市场因素考虑，为实现市场占有率和商品利润最大化而进行的商业经营模式调整与创新。具体体现在针对不同的消费群体、商品品质、价格等因素，对主品牌的相关公众的进一步细分。通过相应的商业宣传和使用，相关公众对子品牌的注意程度应至少不会弱于对主品牌的注意程度，因为它最大化满足了个性化消费的需求。

由于“在先知名商标+他人在先相同或近似商标”包含“在先知名商标”，相关公众能够将其与权利人建立对应联系。但是，正是由于其包含有较高知名度的商标，当相关公众看到他人在先商标时，亦容易将他人在先商标与“在先知名商标+他人在先相同或近似商标”权利人建立关联性认知，或误认为他人在先商标权利人即为“在先知名商标+他人在先相同或近似商标”权利人，从而对商品来源产生反向混淆。反向混淆同样亦会对他人在先商标权利人的利益造成损害。在反向混淆的情况下，虽然“在先知名商标+他人在先相同或近似商标”权利人并未不当利用他人在先商标权利人的商誉，但应注意的是，商标法所保护的不仅是商标权人的商誉，同时还在一定程度上保护商标权人对该商标的预期利益，即商标法在一定条件下给商标权人预留了一定市场空间，以利于商标权人在相关公众心目中建立商标与商标权人之间的唯一对应关系，从而获得经济利益。在这一预留空间中，他人同样不得使用商标权人的商标，否则将会阻碍商标权人这种唯一对应关系的建立。而在反向混淆的情形下，“在先知名商标+他人在先相同或近似商标”权利人对商标的使用行为显然已在相关公众心目中建立了“在先知名商标+他人在先相同或近似商标”与“在先知名商标+他人在先相同或近似商标”权利人的唯一对应关系，他人在先商标权利人将很难再建立起他人在先商标与其之间的唯一对应关系，因此，这一行为亦造成了对商标权人预期利益的损害，当然应当予以禁止。

关于在先知名商标的商誉是否能够自然延续至“在先知名商标+他人在先相同或近似商标”？

一般而言，商标注册人的基础注册商标经过使用获得一定的知名度，从而导致相关公众将其在同一种或者类似商品上在后申请注册的相同或者近似商标与其基础注册商标联系在一起，并认为使用两商标的商品均来自该商标注册人或与其存在特定联系的，基础注册商标的商业信誉可以在在后申请注册的商标上延续。

但是，这种一般情况的前提是商标为构成结构单一的“在先知名商标”。对于“在先知名商标+他人在先相同或近似商标”，如允许权利人将“在先知名商标”的商誉自然延续至在后申请的“与他人在先相同或近似的商标”，则会导致权利人的商誉侵入他人在先商标权利人业已开拓出的市场，造成引证商标显著性下降的后果。如果他人经营实力相对较弱，很容易尚未通过公平竞争就被不正当地排挤出该市场，这有悖公平竞争的市场规则。

编写人：北京知识产权法院　侯占恒

16

描述性文字用于识别商品来源功能的商标性使用构成侵权

——邓某诉大渡口区黄陈包子铺侵害注册商标专用权案

【案件基本信息】

1. 裁判书字号

重庆市高级人民法院（2018）渝民终281号民事判决书

2. 案由：侵害商标专用权纠纷

3. 当事人

原告（上诉人）：邓某

被告（被上诉人）：大渡口区黄陈包子铺（以下简称黄陈包子铺）

【基本案情】

邓某注册成立的渝中区大坪丝丝馒头经营部，生产销售丝丝馒头，在消费者中享有一定的口碑。2012年11月28日，邓某经申请获得第9780194号“金丝”文字注册商标，核定使用商品为第30类，包括糕点、包子、面包、花卷、馒头、大饼、面粉制品、以谷物为主的零食小吃。邓某对金丝牌馒头进行了一定的宣传并对外进行商标授权许可使用。

黄陈包子铺成立于2016年2月1日，其在店内售卖与普通花卷外形相似、颜色呈黄色、表层盘绕窄条状纹理的馒头，并在该店面点餐墙面上所挂菜单及收银小票中使用“金丝馒头”字样。邓某起诉认为黄陈包子铺侵犯其注册商标专用权。

黄陈包子铺提供的证据显示，早在“金丝”商标注册前，相关书籍中已有“金丝烧麦”“金丝包”“金丝蛋糕”等面食称谓的记载。

【案件焦点】

黄陈包子铺使用“金丝”作为馒头的名称是否为对原告邓某注册商标专用权的侵权行为。

【法院裁判要旨】

重庆市第五中级人民法院经审理认为：“金丝”是对颜色为金色、形状呈丝的面食制品外观的客观描述，黄陈包子铺将“金丝馒头”作为区别于一般馒头的一种特定馒头销售，是以“金丝”作为对此种特定馒头性状的描述，而非作为“金丝”商标之下的馒头，此处“金丝”不具有识别商品来源的功能，是非商标性使用，不构成商标侵权。

重庆市第五中级人民法院依照《中华人民共和国商标法》（2013年修正）第四十八条、第五十九条第一款，《最高人民法院关于审理商标民事纠纷案件适用法律若干问题的解释》第八条，以及《中华人民共和国民事诉讼法》第一百四十二条之规定，判决：

驳回邓某的全部诉讼请求。

邓某不服一审判决，提起上诉。

重庆市高级人民法院经审理认为：黄陈包子铺虽然没有突出使用“金丝”一词，而是将“金丝馒头”作为一种商品名称使用，但根据《中华人民共和国商标法实施条例》第七十六条“在同一种商品或者类似商品上将与他人注册商标相同或者近似的标志作为商品名称或者商品装潢使用，误导公众的，属于商标法第五十七条第二项规定的侵犯注册商标专用权的行为”之规定，直接将注册商标作为商品名称使用的行为，也容易使公众误认为其与商标权人有某种联系，并可能导致商标的显著性被淡化，削弱商标权人与商标的联系。因此，黄陈包子铺使用“金丝馒头”字样的行为不具有正当性，构成《中华人民共和国商标法》（2013 年修正）第五十七条第二项规定的商标侵权行为。

重庆市高级人民法院根据《中华人民共和国民法总则》第一百七十九条第一款，《中华人民共和国商标法》（2013 年修正）第十一条、第五十七条第二项、第五十九条第一款、第六十三条第一款和第三款，《中华人民共和国商标法实施条例》第七十六条，《中华人民共和国民事诉讼法》第一百七十条第一款第二项之规定，判决如下：

一、撤销重庆市第五中级人民法院（2017）渝 05 民初 1031 号民事判决；

二、被上诉人黄陈包子铺自本判决生效之日立即停止侵犯上诉人邓某享有的第 9780194 号“金丝”注册商标专有权的行为；

三、被上诉人黄陈包子铺自本判决生效之日赔偿上诉人邓某经济损失（含合理费用）20000 元；

四、驳回上诉人邓某的其他诉讼请求。

【法官后语】

本案处理的重点问题在于在相同或相似商品上使用非商标法意义上对特定商品属性或特点的描述所必需的词汇描述涉案商品名称的行为的定性。商标法意义上的描述性词汇是指仅仅或者主要是直接描述、说明特定商品的属性或特征的词语。描述性词汇要求对商品属性或特点的描述达到一定的普遍性，个别性使用案例不足以证明某一词语构成特定商品的常规描述性词汇。一个词汇通常有多层含义，而且通过比喻、暗示等手法，词汇还可能衍生出更多的含义和用法。如果不加以必要的限制，则大多数词语均可解释为商标法中的描述性词汇。文字商标一旦被认定为某种商品的描述性词汇，其商标权的效力范围会受到较大限制，这将极大地影响其商标权的稳定性。虽然相关书籍资料显示，现实生活中存在以“金丝”为前缀的面点食品，比如“金丝烧麦”“金丝饺”“金丝面”“金丝饼”“金丝卷”等，但是均未指向馒头这一特定商品，不能证明“金丝”属于对馒头的描述性词汇。

判断文字商标是否属于某种商品的描述性词汇，通常需要考虑如下因素：(1) 该词汇的词典含义；(2) 该词汇被用以描述涉案商品的实际使用情况；(3) 普通消费者将该词汇与涉案商品属性或特点联系起来的难易程度；(4) 竞争者用该词汇描述涉案商品的必要性。具体到本案中，首先，“金丝”一词在《辞海》中有七种含义：(1) 金制的线；(2) 乐器的金属弦；(3) 借指弦乐器；(4) 借指《乐经》；(5) 比喻柳树的垂条；(6) 比喻飞溅之泉水；(7) 喻指烟草。可见，在词典中，“金丝”一词没有“颜色呈金黄色、外形成丝条状”这一含义，也没有将该词用于描述面点食品的示例。因此，从“金丝”的词典含义无法得出该词汇是对馒头属性或特点的描述。其次，如上所述，在黄陈包子铺举示的相关出版物中，仅记载有“金丝烧麦”“金丝饺”“金丝面”“金丝饼”“金丝卷”等称谓，无证据证明“金丝”一词曾被正式用于描述馒头的性状。黄陈包子铺也没有举示证据证明案外人在商业实践中正在使用或者曾经使用“金丝”一词描述馒头。相反，邓某举示了2014－2015年间其将涉案“金丝”注册商标许可给贵州省、四川省等地的案外人使用（销售馒头）的事实，可以证明相关市场主体并没有将“金丝”一词用于描述馒头的属性或特点，或者至少说明在行业竞争者中即使存在用“金丝”一词来描述馒头性状的现象，这种现象也不具有普遍性的。再次，结合《辞海》对“金丝”一词的解释，如果要将“金丝”一词与馒头的属性或特点联系起来，消费者需要施加一定的想象力。“金丝”一词与涉案馒头“颜色呈黄色、表层盘绕窄条状纹理”的特性，在语义上并不是直接对应的。即使用“金丝”一词来描述涉案馒头的性状，也是一种比喻性修辞。依据《中华人民共和国商标法》（2013年修正）第十一条第一款第二项的规定，描述性词汇是指“直接表示”特定商品的属性或特点的词语。借助想象力显然已经超出了“直接表示”的语义射程。消费者需要借助想象力才能将其与特定商品的属性或特点建立联系的词汇，一般不能认定为描述性词汇，而应归类于暗示性词汇。学理上也认为，暗示性与描述性商标的基本界限乃是其构成要素对于指定使用商品的特性的描述是否直接、具体和明显。最后，从“金丝”一词的词典含义以及结合馒头的特性来看，“金丝”一词并不能表征馒头的主要特性如主料、辅料、整体外形等，它仅能在某种意义上体现涉案馒头的颜色、纹理等特性。用以描述涉案馒头的颜色、纹理等特性的词汇，并不限于“金丝”一词。而且，如上所述，用“金丝”一词描述涉案馒头的颜色、纹理等特性，不具有直接性和准确性，对涉案馒头之销售并不是非常有用的。因此，用“金丝”一词描述涉案馒头的颜色、纹理，不具有必要性。因此，黄陈包子铺举示的证据不足以证明“金丝”一词属于商标法意义上对馒头属性或特点的描述性词汇。

退一步讲，黄陈包子铺辩称其虽然没有突出使用“金丝”一词，而是将“金丝馒头”作为一种商品名称在使用，但根据《中华人民共和国商标法实施条例》第七十六条“在同一种商品或者类似商品上将与他人注册商标相同或者近似的标志作为商品名称或者商品装潢使用，误导公众的，属于商标法第五十七条第二项规定的侵犯注册商标专用权的行为”之规定，直接将注册商标作为商品名称使用的行为，也容易使公众误认为与商标权人有某种联系，并可能导致商标的显著性被淡化，削弱商标权人与商标的联系。

综上所述，黄陈包子铺使用“金丝馒头”字样的行为不具有正当性，构成《中华人民共和国商标法》（2013年修正）第五十七条第二项规定的商标侵权行为，应承担相应的侵权赔偿责任。

编写人：重庆市第五中级人民法院　刘德宝

重庆市江津区人民法院　蒋璐

17

浅析商标显著特征审查的平等化和特定化

——腾讯科技（深圳）有限公司诉国家工商行政管理总局商标评审委员会商标申请驳回复审行政案

【案件基本信息】

1. 裁判书字号

北京市高级人民法院（2018）京行终3673号行政判决书

2. 案由：商标申请驳回复审行政纠纷

3. 当事人

原告（被上诉人）：腾讯科技（深圳）有限公司（以下简称腾讯公司）

被告（上诉人）：国家工商行政管理总局商标评审委员会（以下简称商标评审

委员会）

【基本案情】

2014年5月4日，腾讯公司提出第14502527号“嘀嘀嘀嘀嘀嘀”（声音商标）商标（简称申请商标）的注册申请，指定使用在第38类“电视播放；新闻社；信息传送；电话会议服务；提供在线论坛；计算机辅助信息和图像传送；提供互联网聊天室；在线贺卡传送；数字文件传送；电子邮件（截止）”服务上。

针对申请商标的注册申请，商标局于2015年8月11日作出商标驳回通知，依据《中华人民共和国商标法》（2013年修正）（以下简称《商标法》）第十一条第一款第三项作出不予注册的决定，其理由为：申请商标由简单、普通的音调或旋律组成，使用在指定使用项目上缺乏显著性，不得作为商标注册。

腾讯公司对商标局作出的上述商标驳回通知不服，于法定期限内向商标评审委员会提出复审申请，并提交了下列证据：（1）广东省深圳市前海公证处（以下简称前海公证处）作出的（2015）深前证字第009830号公证书（附光盘一张）；（2）前海公证处作出的（2015）深前证字第009831－009835号公证书（各附光盘一张），分别是对2009版本、2012版本、2013版本、2014版本、2015版本的QQ软件运行中有新消息传来时提示音的证据保全；（3）前海公证处作出的（2015）深前证字第009836号公证书（附光盘一张），系对2009版本、2012版本、2013版本、2014版本、2015版本QQ软件的数字签名证明，前述证据1－3显示，腾讯公司的QQ软件均使用申请商标作为新消息传来时的默认提示音；（4）腾讯公司年报摘要；（5）上海艾瑞市场咨询有限公司（以下简称艾瑞公司）发布的《中国即时通信研究报告》（2003—2006年）、《中国即时通信行业发展报告》（2007—2008年、2008—2009年）、《中国即时通信年度监测报告》（2010—2011年）、《中国即时通信用户行为研究报告》（2010—2011年）、《中国即时通信年度监测及用户行为研究报告》（2012—2013年），其中包含腾讯公司QQ软件最早运行的版本与时间、腾讯公司的QQ软件作为“用户最常使用的即时通信软件”之一于2003—2008年在即时通信软件市场中的占有率情况的统计、QQ软件在2009—2010年中国主要即时通信软件用户偏好度的占比统计、QQ软件在2012—2013年度的覆盖人数统计等内容。

2016年4月18日，商标评审委员会作出商评字（2016）第0000035304号《关于第14502527号“嘀嘀嘀嘀嘀嘀”（声音商标）商标驳回复审决定书》（以下简称被诉决定）。该决定认为：申请商标为“嘀嘀嘀嘀嘀嘀”声音，该声音较为简单，缺乏独创性，指定使用在电视播放、信息传送等服务项目上缺乏商标应有的显著特征，难以起到区分服务来源的作用，属于《商标法》第十一条第一款第三项所指的情形。腾讯公司提交的证据虽能证明其QQ软件享有知名度，但申请商标的声音仅为软件包含的标识某一功能的声音，在案证据不能证明申请商标经使用已起到区别服务来源的作用。综上，商标评审委员会依据《商标法》第十一条第一款第三项和第三十四条的规定，决定如下：申请商标的注册申请予以驳回。

腾讯公司不服被诉决定，于法定期限内提起行政诉讼。腾讯公司向法院提交了下列证据以支持其诉讼主张：

1. 申请商标的音频文件（申请商标的声音样本），用以证明申请商标的具体表现形式；

2. 腾讯公司向商标局提交的商标注册申请书及申请商标的光谱表、频谱表、波形图，用以证明申请商标并非“嘀嘀嘀嘀嘀嘀”声音的简单重复；

3. 国家图书馆检索文献152篇，用以证明“嘀嘀嘀嘀嘀嘀”即申请商标的声音已经进行了长期大量的使用且涉及的领域广泛，已经能够起到区分服务来源的作用，相关公众已经能够将申请商标与腾讯公司及其提供的服务建立对应关系；

4. 腾讯公司2004—2015年年报，其中对于每年的注册即时通信账户、活跃账户、最高同时在线账户等数据均进行了统计，用以证明申请商标对应的即时通信软件的受众面极其广泛；

5. 腾讯公司的QQ软件获得吉尼斯世界纪录“单一即时通信平台上最多人同时在线”称号的证书和相关报道，用以证明申请商标对应的即时通信软件受众范围极其广泛；

6. 商标局于2009年4月24日作出的商标驰字（2009）第14号《关于认定“QQ”商标为驰名商标的批复》，认定腾讯公司的“QQ”商标在第38类上的信息传送、计算机终端通信、提供与全球计算机网络的电讯联接服务上构成驰名商标，用以证明与申请商标相对应的在即时通信服务上获准注册的“QQ”商标构成驰名商标，从而进一步印证申请商标受众范围极其广泛，已经能够起到区分服务来源的作用。

一审庭审中，腾讯公司还当庭播放了电视剧《第一次亲密接触》（2003 年拍摄，2004 年 7 月正式发行）中关于 QQ 软件在遇有新消息传来时申请商标“嘀嘀嘀嘀嘀嘀”作为提示音的相关片段，并出示了 Useit 知识库对于“1999 年至 2015 年 QQ 是如何一步步变形的”一文对 QQ 软件的版本升级进行的介绍及百度百科对于“QQ 邮箱”的介绍。另外，腾讯公司还当庭播放了国内外获准注册的部分声音商标的声音样本、我国已获准注册及处于初审公告阶段的部分声音商标的声音样本以作参考。

【案件焦点】

申请商标是否能通过使用获得显著特征而能够注册。

【法院裁判要旨】

北京市知识产权法院经审理认为：申请商标所依附的 QQ 软件作为即时通信软件持续使用的时间长、范围广泛、市场占比份额较大、使用群体所涉及的领域众多，随着 QQ 软件、“QQ”商标知名度的提升，申请商标作为 QQ 软件默认的新消息传来时的提示音已经与 QQ 软件之间形成了可相互指代的关系，申请商标的声音亦已经在即时通信领域建立了较高的知名度，其识别性进一步增强，申请商标与 QQ 软件、腾讯公司之间已经建立了稳定的对应关系，申请商标在指定使用的“信息传送”服务项目上起到了商标应有的标识服务来源的功能。

在互联网行业中，通过提供增值服务或开发衍生产品、升级技术产品等商业模式以实现商业目的，是互联网企业的通常选择。本案中，结合腾讯公司提交的证据可以认定，自 QQ 软件进入市场后在申请商标申请日前，QQ 软件先后增加了提供互联网聊天室、电子邮件、在线贺卡传送、数字文件传送、计算机辅助信息和图像传送、提供在线论坛、超级群聊天等服务项目，而超级群聊天服务与申请商标指定使用的电话会议服务在功能上完全相同。虽然前述服务项目并未使用申请商标的声音，但是前述服务项目与“信息传送”均属于 QQ 软件作为综合性即时通信平台提供的服务，且申请商标的声音亦已经与 QQ 软件建立了对应关系，因此，申请商标使用在前述服务项目上亦具有显著性。另外，申请商标可注册的服务项目范围也应当与申请商标本身的知名度、影响力相适应。电视播放与新闻社服务与“信息传送”均属于国际分类第 38 类“电信”领域，且《类似商品和服务区分表》第 38

类特别注释“第三十八类主要包括至少能使二人之间通过感觉方式进行通信的服务”，前述服务项目在功能、用途、服务对象等方面存在着比较紧密的联系。并且，互联网企业间的竞争实质上就是平台间的竞争，互联网企业为提升自身竞争力也会促进自身平台的产品结构创新、增加平台服务内容。对于腾讯公司而言，通过QQ软件综合性即时通信服务平台提供电视播放、新闻服务项目也是其实际发展模式。另外，结合上述对于QQ软件知名度、“QQ”商标知名度、申请商标知名度及相互之间对应关系等方面的分析可以认定，申请商标指定使用在电视播放、新闻社服务项目上可以起到商标应有的标识服务来源的功能。

北京知识产权法院依照《中华人民共和国行政诉讼法》第七十条第一项、第二项规定，判决如下：

一、撤销商标评审委员会作出的被诉决定；

二、商标评审委员会重新作出决定。

商标评审委员会不服原审判决，提起上诉。

北京市高级人民法院经审理认为：腾讯公司提供的证据能够证明申请商标通过在QQ即时通信软件上的长期持续使用，具备了识别服务来源的作用。但是，申请商标并未在“电视播放、新闻社、电话会议服务”上实际使用，原审判决以“电话会议服务”与“超级群聊天”服务功能完全相同以及综合性即时通信软件服务平台存在提供电视播放、新闻服务的可能性为由，认定申请商标在上述三个服务项目上亦具有显著特征，显然不符合申请商标经过使用方才取得显著特征的案件事实，不适当地为申请商标预留了申请注册的空间，属于适用法律错误。

北京市高级人民法院依照《中华人民共和国行政诉讼法》第一百零一条、《中华人民共和国民事诉讼法》第一百七十条第一款第一项、《最高人民法院关于适用〈中华人民共和国民事诉讼法〉的解释》第三百三十四条规定，判决：

驳回上诉，维持原判。

【法官后语】

本案中，由于申请商标是由声音“嘀嘀嘀嘀嘀嘀”构成的，一、二审法院均认为申请商标缺乏固有的显著特征。但是，根据《商标法》第十一条第二款的规定，缺乏显著特征的标志经过使用取得显著特征并便于识别的，仍然可以作为商标注册。因此，本案涉及的主要是申请商标是否通过使用获得显著特征而能够注册的问题。而本案的审理，在两个方面对商标显著特征的审查作出了探索。

就本案而言，申请商标由连续的六声“嘀”音构成，各“嘀”音之间音色基本相同、时间间隔短促且基本相同，指定使用在第38类“电视播放；新闻社；信息传送；电话会议服务；提供在线论坛；计算机辅助信息和图像传送；提供互联网聊天室；在线贺卡传送；数字文件传送；电子邮件”服务上。虽然申请商标构成要素的选取体现了腾讯公司的特定创意，但是，商标标志在其指定使用服务上是否具有显著特征，仍然需要结合相关公众的一般认知加以具体判断。具体而言，由于申请商标仅由单一而重复的“嘀”音构成，相关公众通常情况下不易将其作为区分商品或者服务来源的标志加以识别，因此，申请商标属于《商标法》第十一条第一款第三项规定的缺乏显著特征的标志。

本案中，腾讯公司提供的证据能够证明申请商标“嘀嘀嘀嘀嘀嘀”声音通过在QQ即时通信软件上的长期持续使用，具备了识别服务来源的作用。因此，一、二审法院均认定申请商标在与QQ即时通信软件相关的“信息传送、提供在线论坛、计算机辅助信息和图像传送、提供互联网聊天室、数字文件传送、在线贺卡传送、电子邮件”服务上具备了商标注册所需的显著特征。但是在此基础上，二审法院进一步指出，申请商标并未在“电视播放、新闻社、电话会议服务”上实际使用，一审判决以“电话会议服务”与“超级群聊天”服务功能完全相同以及综合性即时通信软件服务平台存在提供电视播放、新闻服务的可能性为由，认定申请商标在上述三个服务项目上亦具有显著特征，显然不符合申请商标经过使用方才取得显著特征的案件事实，不适当地为申请商标预留了申请注册的空间，属于适用法律错误，因而给予了纠正。

编写人：北京市高级人民法院　周波

18

商标近似的认定标准

——中粮集团有限公司诉张家口长城酿造（集团）有限责任公司侵害商标权案

【案件基本信息】

1. 裁判书字号

北京市第三中级人民法院（2017）京73民终2051号裁定书

2. 案由：侵害商标权纠纷

3. 当事人

原告（被上诉人）：中粮集团有限公司（以下简称中粮集团）

被告（上诉人）：张家口长城酿造（集团）有限责任公司（以下简称长酿集团）

【基本案情】

中粮集团系第33类酒类商品中第70855、3244773、3244774、3244775、1968460、1474477、3244778号商标的注册商标专用权人，上述注册商标中分别包括“长城”文字、“greatwall”英文及长城图案等要素；其中第70855号商标中同时包含上述三要素，于1974年即取得注册，并于2004年被认定为驰名商标；其他6枚商标亦至迟于2003年已取得核准注册。

长酿集团的前身为“张家口地区长城酿酒公司”，现有证据显示该公司于1982年开始使用上述名称，后更名为“张家口长城酿酒公司”。1983年，张家口地区长城酿酒公司（即本案被告长酿集团之前身）与中国粮油食品进出口总公司（即本案原告中粮集团之前身）、香港远大酒业有限公司合资成立“中国长城葡萄酒有限公司”。该公司成立之后，将涉案第70855号商标持续使用在其生产的葡萄酒产品上，并获得了极高的知名度。1996年，张家口长城酿酒公司进行企业改制，改制后新注册企业的名称为“张家口长城酿造（集团）有限责任公司”（即本案被告），同时其工厂大门的横匾上开始使用行书字体的“長城酿造集团”字样。2003 年，长酿集团将其持有的中国长城葡萄酒有限公司的股份转让，与该公司脱离关系。中国长城葡萄酒有限公司现为中粮集团的控股子公司。

本案中，长酿集团在其生产、销售的“长城酒魂”“沙城王”白酒产品包装盒上使用了“长城”“GREAT WALL”等字样和长城图案，在其官方网站中突出展示上述白酒的包装装潢，并且在其白酒产品的包装和官方网站上将企业名称中的“長城酿造”字样以行书字体突出使用。中粮集团认为长酿集团的上述行为构成商标侵权，故起诉至法院要求判令被告停止侵权、消除影响、赔偿损失 20 万元等。长酿集团认为其与中粮集团存在很深的历史渊源，该公司使用行书字体“长城酿造”是历史原因形成，在产品包装上使用的“长城”“GREAT WALL”等字样早于中粮集团涉案商标的注册时间等，均属于善意合法正当使用，且与原告商标不近似，不构成商标侵权。经询，长酿集团仅提交其 2006 年之后生产的“长城酒魂”“四星沙城王”白酒的包装实物，未能提交其他在先使用的证据。且现有证据显示，长酿集团最早于 1998 年 11 月开始在其生产的“沙城牌酒霸”白酒产品的包装上标注行书字体的“長城酿造集团”字样。

【案件焦点】

1. 长酿集团使用的“长城”汉字、“greatwall”英文字母及长城图案是否与中粮集团享有注册商标专用权的涉案商标构成近似；2. 长酿集团使用的涉案标识是否构成在先使用并有一定影响的商业标识，其与中粮集团存在的历史渊源是否能构成合理使用抗辩。

【法院裁判要旨】

北京市朝阳区人民法院经审理认为：中粮集团作为涉案商标的注册商标专用权人，依法享有上述商标在核定使用范围内的专用权。由于中粮集团“长城”系列商标在酒类商品中的知名度极高，且各个商标、商标中的各个要素都是统一的“长城”含义，使得消费者在购买酒类商品时，不论是看到“长城”汉字、“greatwall”英文字母或者是一段长城的图案，均能联想到“长城”含义，进而均会与该系列商标的持有人中粮集团产生联系。因此，对“长城”系列商标的保护不能严格限制于其核定的字形、图案及商品范围之内，而应当重点判断被告的使用行为是否会造成相关公众的混淆误认。

长酿集团在其生产、销售的“长城酒魂”“沙城王”白酒产品包装盒上使用了“长城”“GREAT WALL”等字样和长城图案，在其官方网站中突出展示上述白酒的包装装潢，并且在其白酒产品的包装和官方网站上将企业名称中的“长城酿造”字样以行书字体突出使用，上述行为均构成商标性使用。长酿集团上述使用行为的商品类别与中粮集团涉案商标的核定使用范围相同或类似；并且，由于长酿集团涉案使用行为的含义均为“长城”，在对比对象相互隔离的状态下，普通消费者施以一般的注意力仅会对其中统一的要素“长城”产生印象及联想；同时，基于中粮集团涉案商标的知名度以及各商标组成要素的统一含义“长城”，消费者极有可能会误认为长酿集团的涉案产品来源于中粮集团，或者会产生二者之间存在某种关系的联想。因此，法院认定长酿集团的涉案行为侵犯了中粮集团的注册商标专用权。

关于长酿集团主张其在中粮集团涉案商标的注册之前已经使用“长城”“GREAT WALL”等用于商品包装装潢，并使用行书字体的“长城酿造”字样等，因证据不足，法院不予支持。且由于长酿集团与中粮集团有过合作历史，故长酿集团对于中粮集团的涉案商标及知名度当属明知，其涉案使用行为属于故意侵权。

北京市朝阳区人民法院依照《中华人民共和国商标法》（2013年修正）第五十七条第二项、第五十九条第三款、第六十三条之规定，判决如下：

一、被告长酿集团于本判决生效之日起立即停止在产品包装装潢、网站及推广宣传中实施侵犯原告中粮集团涉案注册商标专用权的行为；

二、被告长酿集团于本判决生效之日起三十日内在网址为www.zjkccnzjt.com网站首页上连续三十日发表声明，以消除因涉案侵权行为给原告中粮集团造成的不良影响［声明内容须于本判决生效后十日内送法院审核，逾期不履行，法院将在相关媒体上刊登本判决主要内容，所需费用由被告长酿集团承担］；

三、被告长酿集团于本判决生效之日起三十日赔偿原告中粮集团经济损失120000元；

四、被告长酿集团于本判决生效之日起三十日赔偿原告中粮集团合理支出1148元；

五、驳回原告中粮集团的其他诉讼请求。

长酿集团持原审起诉意见提起上诉，后又申请撤回上诉。北京知识产权法院经审查认为：长城公司在本案审理期间提出撤回上诉的请求，不违反法律规定，予以准许。

北京知识产权法院依照《中华人民共和国民事诉讼法》第一百七十三条规定，裁定：准许长酿集团撤回上诉。一审判决自本裁定书送达之日起发生法律效力。

【法官后语】

本案涉及商标标识近似的认定和在先、合理使用抗辩问题。

长酿集团公司在其生产、销售的“長城酒魂”白酒产品的外包装盒上突出使用了“長城”字样和长城图案，在“四星沙城王”白酒产品的外包装盒上突出使用了“GREAT WALL”英文字母和长城图案，并且在其官方网站中突出展示上述白酒的包装装潢。长酿集团公司的上述行为均能起到识别商品来源的效果，系对“长城”“GREAT WALL”及长城图案的商标性使用。同时，长酿集团公司在其白酒产品的包装和官方网站上标注的企业名称中的“長城酿造”字样与其他文字的字体明显不同，并非规范使用其经核准的企业名称，亦属于商标性的突出使用。在此基础上，需要分析长酿集团使用的涉案标识与原告享有注册商标专用权的商标标识是否构成近似、使用商品是否构成类似，以及是否会造成相关公众的混淆误认，以此来判定是否构成商标侵权。

在商标近似方面，中粮集团公司第70855号“长城greatwall”及图商标于2004年11月被认定为驰名商标，具有极高的知名度。该商标系由“长城”汉字、“greatwall”英文字母以及一段长城的图案组合而成，其中每一个组成要素的含义均为“长城”。由于该商标具有极高的知名度，且各组成要素的含义统一，就使得消费者在购买酒类商品时，不论是看到“长城”汉字、“greatwall”英文字母或者是一段长城的图案，均能联想到“长城”的含义，进而均会与该商标的持有人中粮集团公司产生联系。从这个意义上说，中粮集团公司在2000年至2003年注册的第3244773、3244774、3244775、1968460、1474477、3244778号等商标，虽然在字形、图案等方面与第70855号注册商标不完全相同，但上述商标的含义均是与第70855号商标一脉相承的“长城”，基于第70855号商标所取得的极高知名度，上述其他六件商标在“长城”的意义上亦享有较高的知名度和显著性，对其的保护范围亦不能严格限制于其核定的字形、图案及商品范围之内。

基于上述理由，本案中长酿集团公司使用的涉案“長城”“長城酿造”“GREAT WALL”及长城图案等，其含义均为“长城”，在对比对象相互隔离的状态下，普通消费者施以一般的注意力就会对其中统一的要素“长城”产生印象及联想；同时，基于中粮集团公司涉案商标的知名度以及各商标组成要素的统一含义“长城”，消费者极有可能会误认为长酿集团公司的涉案产品来源于中粮集团公司，或者产生长酿集团公司的涉案产品及该公司与中粮集团公司之间存在某种关系的联想。因此，法院认定长酿集团公司使用的涉案“長城”“長城酿造”“GREAT WALL”及长城图案等，与中粮集团公司主张权利的涉案商标标志构成近似。长酿集团公司主张其使用的长城图案系来源于人民币、与中粮集团公司主张权利的涉案商标不构成近似的抗辩意见不能成立，法院对此不予采信。

关于在先、合理使用抗辩问题。长城酿造集团主张其使用“长城酿造”的文字字体是历史原因形成的，在产品包装上使用的“长城”“GREAT WALL”等字样早于中粮集团公司涉案商标的注册时间，均属于善意合法的正当使用。法院认为，在先取得企业名称权的权利人有权正当使用自己的企业名称，不构成侵犯在后的注册商标专用权。但是，本案中，中粮集团公司主张权利的涉案商标最早注册于1974年；而长城酿造集团注册成立于1996年，即其取得该企业名称的时间为1996年；即使以其企业改制前的前身“张家口地区长城酿造公司”的企业名称为准，现有证据证明该企业名称最早使用于1982年；因此，长酿集团公司的企业名称取得时间晚于中粮集团公司涉案商标的注册时间，不构成在先权利。同时，长酿集团公司在产品包装上突出使用行书字体的“長城酿造集团”字样，以及在使用企业名称全称时以行书字体突出“長城酿造”字样，均不属于对其企业名称全称的合法使用，故其关于合法使用在先企业名称的抗辩意见不能成立。

长酿集团公司提交的证据不能证明其“长城酒魂”“四星沙城王”白酒产品的包装装潢起用时间早于中粮集团公司涉案商标的注册时间，亦不能证明其网站中的相关宣传推广时间早于中粮集团公司涉案商标的注册时间。因此，长酿集团公司在上述产品或宣传中使用“长城”“GREAT WALL”以及长城图案等，均不构成在“商标注册人申请商标注册前”的使用，不能适用《中华人民共和国商标法》（2013年修正）的前述规定，其关于在先使用相关商标标志的抗辩意见亦不能成立。

此外，长酿集团公司在合作期间知晓原合作对象的商标、字号、商誉等信息，在2003年结束与中国长城葡萄酒有限公司的控股关系后，其更应当对原合作对象使用的商标、字号等进行合理避让，平等有序地参与市场竞争。但现有证据无法证明其已获得继续使用涉案商标之授权，其在明知涉案商标权属及知名度的情况下，仍实施了涉案侵犯中粮集团公司注册商标专用权的行为，构成故意侵犯他人的注册商标专用权。

本案的典型意义在于，对于商标权人注册的含义相同但形式稍有区别的一系列商标，在商标知名度极高的情况下，对应当如何确定其保护范围，如何判定被告行为是否构成商标侵权等方面进行了有益探索，对于在后案件的处理有一定的参考价值。

编写人：北京市朝阳区人民法院　巫霁

19

销售者合法来源抗辩的认定

——泰山石膏有限公司诉中装华泰（北京）装饰工程有限公司商标权权属、侵权案

【案件基本信息】

1. 裁判书字号

北京市西城区人民法院（2018）京0102民初20147号判决书

2. 案由：商标权权属、侵权纠纷

3. 当事人

原告：泰山石膏有限公司（以下简称泰山石膏公司）

被告：中装华泰（北京）装饰工程有限公司（以下简称中装华泰公司）

【基本案情】

第9022465号“泰山及图”商标、第9022466号“泰山”商标于2013年5月14日核准注册，注册人泰安市金盾建材有限公司，核定使用商品第6类“建筑用金属附件、建筑用金属架、建筑用金属框架、建筑用金属托架、金属隔栅、金属建

筑材料、金属建筑构件、金属建筑物、金属梁”，专用权期限至2023年5月13日。

2017年3月22日，国家工商行政管理总局商标局受理上述商标的转让申请，转让人为泰安市金盾建材有限公司，受让人为泰山石膏公司，2017年10月20日予以核准。

2017年9月12日，郑州市管城回族区工商管理和质量技术监督局作出行政处罚决定书（管工质处〔2017〕300号），其中载明：“经查，当事人中装华泰（北京）装饰工程有限公司河南文化大厦剧场装饰工程项目部于2017年5月下旬起通过一名上门推销员购进了一批标称‘泰山’牌的轻钢龙骨产品，用于河南文化大厦剧场装饰工程项目，现场查获商标侵权‘泰山’牌50″付龙骨、75″竖向龙骨、60″龙骨、100″竖向龙骨四个品种共计2776根。当事人销售的上述轻钢龙骨的产品标识上突出标示有‘泰山’文字及图形商标……当事人销售的上述轻钢龙骨产品，经商标权人泰山石膏有限公司鉴定属侵犯‘泰山’注册商标专用权的产品……我局认为：当事人销售的轻钢龙骨上突出使用‘泰山’文字及图形作为商品商标，与商标权人持有‘泰山’文字及图形商标构成相同。根据《中华人民共和国商标法》第五十七条‘有下列行为之一的，均属侵犯注册商标专用权……（三）销售侵犯注册商标专用权的商品的’之规定，构成侵犯注册商标专用权违法行为。本案调查中，当事人对上述事实作了如实陈述，对认定的违法行为未作申辩……我局认定本案非法经营额为43360元。（1848×19+72×17×768×19+88×40=43360）……根据本案当事人从事商标侵权活动违法经营额43360元的事实和证据，责令当事人立即停止侵权行为，并作出如下行政处罚决定：1. 没收商标侵权商品2776根；2. 罚款60000元……”称其未对该决定申请复议或提起诉讼。

中装华泰公司提交的送货单载明货品名称为各型号龙骨、吊顶、吊杆、吊件等及其规格、数量、单价和金额，但无签名或盖章；《采购合同》约定甲方（中装华泰公司）、乙方（世纪兴然公司），经双方友好协商，就甲方河南文化大厦剧场装修项目采购事宜，签订合同，以供双方共同遵守，供货标的物及价款、名称、石膏板、板材、瓷砖，单位平方米，数量200000、1000、6000，单价（元）6、2100、110，金额（元）1200000、2100000、660000；材料到货清单载明材料名称为石膏板、板材、瓷砖。发票开具日期均为2018年1月3日，货物或应税劳务、服务名称为木制品*密度板，金额均为10000元。

另查，第1063238号“泰山及图”商标于1997年7月28日核准注册，注册人山东省泰安泰山纸面石膏板总厂，核定使用商品第19类“石膏板”，续展注册有效期至2027年7月27日，2017年6月1日被核准变更注册人为泰山石膏公司。第6648160号“泰山”商标于2010年10月21日核准注册，注册人泰山石膏股份有限公司，核定使用商品第19类“熟石膏；石膏；石膏板”，注册有限期限至2020年10月20日，2017年6月1日被核准变更注册人为泰山石膏公司。

再查，泰山石膏股份有限公司于2016年10月24日变更名称为泰山石膏公司。

【案件焦点】

中装华泰公司销售的涉案商品是否具有合法来源。

【法院裁判要旨】

北京市西城区人民法院经审理认为：郑州市管城回族区工商管理和质量技术监督局作出的行政处罚决定书（管工质处〔2017〕300号）载明，中装华泰公司河南文化大厦剧场装饰工程项目部于2017年5月下旬起通过一名上门推销员购进一批标称“泰山”牌的轻钢龙骨产品，用于河南文化大厦剧场装饰工程项目，现场查获商标侵权“泰山”牌50″付龙骨、75″竖向龙骨、60″龙骨、100″竖向龙骨四个品种共计2776根，中装华泰公司销售的上述轻钢龙骨产品标识上突出标示有“泰山”文字及图形商标，属侵犯泰山石膏公司注册商标专用权的产品。中装华泰公司认可未对行政处罚决定书申请复议或者提起行政诉讼，法院对行政处罚决定书查明的事实予以确认，认定中装华泰公司销售的商品属于侵犯泰山石膏公司注册商标专用权的商品，中装华泰公司销售涉案商品的行为侵犯了泰山石膏公司的注册商标专用权。中装华泰公司系装修项目的承包人，而非普通消费者，故其关于自身行为性质仅为使用，而非销售的答辩意见，法院不予采纳。

销售不知道是侵犯注册商标专用权的商品，能证明该商品是自己合法取得并说明提供者的，不承担赔偿责任。本案中，中装华泰公司虽提交了其与案外人世纪兴然公司之间签订的《采购合同》，以及送货单、材料到货清单、发票等，但称送货单为其他项目使用的剩余材料；《采购合同》、材料到货清单均未显示涉案商品，且签订时间晚于行政处罚决定书查明的进货时间，发票金额与采购合同无法对应，中装华泰公司该项主张亦与行政处罚决定书认定的商品来源不一致，以现有证据无法确定中装华泰公司销售的涉案商品具有合法来源，中装华泰公司该项答辩意见，法院不予采纳。中装华泰公司应当承担停止侵权、赔偿损失等法律责任。泰山石膏公司要求中装华泰公司拆除装修项目中使用的侵权商品，但未就中装华泰公司具体使用商品的情况提交证据证明，法院对其该项诉讼请求不予支持。关于经济损失的赔偿数额，泰山石膏公司明确主张的侵权商品范围为行政处罚决定书确定的范围，法院对此不持异议。鉴于泰山石膏公司未举证证明其因涉案侵权行为所受到的实际损失和中装华泰公司因侵权所获得的利益，故法院综合考虑涉案正品商品及侵权商品的销售价格，泰山石膏公司商标的知名度，中装华泰公司的主观过错程度、经营规模等因素酌定为 50000 元。

北京市西城区人民法院依照《中华人民共和国商标法》第五十七条第三项，第六十三条，第六十四条第二款，《最高人民法院关于审理商标民事纠纷案件适用法律若干问题的解释》第十六条，《中华人民共和国民事诉讼法》第六十四条之规定，判决如下：

一、自判决生效之日起七日内，中装华泰公司赔偿泰山石膏公司经济损失 50000 元；

二、驳回泰山石膏公司的其他诉讼请求。

【法官后语】

司法实践中主要从主体、客体、主观方面和客观方面综合认定“合法来源”抗辩的成立。

伴随市场交易模式的复杂化，市场交易链条的主体呈现多元化。从产品的产出到经流通环节流转至消费者手中，除开端的生产者和末端的消费者外，流通环节中所有从事销售工作的批发商、代理商、分销商、零售商均为“合法来源”适用的主体。而在流通环节中，从事仓储、运输、包装等工作的主体则不属于“合法来源”的主体。

中装华泰公司并非涉案商品的生产者，但系装修项目的承包人，其购入涉案商品的目的是用于河南文化大厦剧场装饰工程项目，其行为区别于末端、普通消费者意义上的“使用”，故中装华泰公司本质上属于销售者。

郑州市管城回族区工商管理和质量技术监督局作出的行政处罚决定书（管工质

处〔2017〕300号）载明，中装华泰公司河南文化大厦剧场装饰工程项目部于2017年5月下旬起通过一名上门推销员购进一批标称“泰山”牌的轻钢龙骨产品，用于河南文化大厦剧场装饰工程项目，现场查获商标侵权“泰山”牌50″付龙骨、75″竖向龙骨、60″龙骨、100″竖向龙骨四个品种共计2776根，中装华泰公司销售的上述轻钢龙骨产品标识上突出标示有“泰山”文字及图形商标，属侵犯泰山石膏公司注册商标专用权的产品。

实践中，法院主要依据是否存在“明知”或“应知”的可能性，判断销售者是否尽到了合理的注意义务，进而判断经营者主观上是否存在过错。具体包括：销售商是否收到过权利人发出的警告函、律师函，是否已就类似纠纷与权利人有过民事诉讼并被认定构成侵权，是否已因销售侵权产品而被行政机关查处，是否同时销售正品和侵权产品等综合考虑涉案商品的形式是否合法，涉案商品的进货价格是否显著低于正品的进货价格、商标的知名度等因素。

本案中，中装华泰公司经工商查处后仍继续在工程中使用侵权商品，显然不属于主观上“不知道”的情形。

客观方面的认定包括合法的进货渠道和能说明提供者两方面。实践中，销售商提供的进货证据是法院认定销售商进货渠道合法的重要依据，如增值税专用发票、商业发票、购货合同、进货单、出库单、入库单、销货清单、供货单位的证明、供货自然人的证言以及购货经办人的证言等，其证明力因证据类型、合法性、规范性、完整性的不同而存在差异。如销售者可提供完整、规范的增值税专用发票、购货合同、进货单、出库单、销货清单，则可形成完整的证据链，证明商品的流通过程。而如果仅提供购货合同、收货收据、收货单、入库单中的一部分，甚至在形式上不规范、未加盖公章，则证明力很弱，法院多不予采信。

本案中，中装华泰公司虽提交了其与案外人世纪兴然公司之间签订的《采购合同》，以及送货单、材料到货清单、发票等，但称送货单为其他项目使用的剩余材料；《采购合同》、材料到货清单均未显示涉案商品，且签订时间晚于行政处罚决定书查明的进货时间，发票金额与采购合同无法对应，中装华泰公司的该项主张亦与行政处罚决定书认定的商品来源不一致，无法形成证据链，故无法确定中装华泰公司销售的涉案商品具备合法的进货渠道，更无法说明涉案商品的提供者。

编写人：北京市西城区人民法院　李帅帅

20

商标侵权抗辩中的指示性使用认定

——北新集团建材股份有限公司诉北京金豪杰商贸中心侵害商标权案

【案件基本信息】

1. 裁判书字号

北京知识产权法院（2017）京 73 民终 1236 号民事判决书

2. 案由：侵害商标权纠纷

3. 当事人

原告（上诉人）：北新集团建材股份有限公司（以下简称北新公司）

被告（上诉人）：北京金豪杰商贸中心（以下简称金豪杰中心）

【基本案情】

经国家工商行政管理总局商标局（以下简称商标局）核准，案外人北新建材（集团）有限公司注册取得第 3125653 号“龙牌”图及文字商标（以下简称涉案商标），核定使用商品为第 19 类石膏板、石膏、混凝土建筑构件、水泥板等，注册有效期限自 2003 年 5 月 28 日至 2013 年 5 月 27 日。2005 年 1 月 14 日，经商标局核准，北新公司受让取得了涉案商标。2013 年 7 月 22 日，经商标局核准，涉案商标续展注册，续展注册有效期自 2013 年 5 月 28 日至 2023 年 5 月 27 日。为证明涉案商标的知名度，北新公司提供了商标局于 2008 年 3 月 5 日出具的商标驰字〔2008〕第 110 号关于认定“龙及图”商标为驰名商标的批复。2016 年 11 月 2 日，北新公司委托代理人任立成与北京市长安公证处的工作人员来到北京市昌平区水屯建材城板材西区 9187 – 9188 号商铺内，该商铺上方招牌上标有“龙牌石膏板全系列”字样及涉案商标，任立成进入店铺以普通消费者的身份与该店铺内一男子进行交谈，现场取得名片一张；现场使用公证处手机对该店铺外部现状及现场取得的名片进行了拍照、对交谈过程进行了摄像。北京市长安公证处为此出具了（2016）京长安内经证字第31725号公证书。

【案件焦点】

金豪杰中心的行为是否构成商标侵权。

【法院裁判要旨】

北京市石景山区人民法院经审理认为：合法取得的注册商标专用权应受法律保护。北新公司依法取得了“龙牌”图及文字注册商标的专用权。根据我国商标法规定，给他人的注册商标专用权造成损害的，属于侵犯注册商标专用权的行为。本案中，金豪杰中心在其经营的商铺招牌中使用涉案商标，并标有“龙牌石膏板全系列”字样，该行为显然属于商标性使用。虽然金豪杰中心辩称，在招牌中使用涉案商标是因为其商铺出售龙牌商品，但未提交证据予以证明，北新公司亦不认可，故对于金豪杰中心上述抗辩主张一审法院不予采信。综上，金豪杰中心未经授权在店面招牌中使用涉案商标的行为，侵犯了北新公司的注册商标专用权，应当承担停止侵权、赔偿损失的法律责任。关于赔偿数额，北新公司虽然提交了涉案商标知名度高、与案外人签订的《商标使用许可协议》及协议部分履行等证据，以证明其实际损失，但本案还应当综合考虑金豪杰中心经营规模、侵权情节、侵权持续时间等客观因素，对其实际损失予以酌定。关于北新公司主张的公证费用，系维权合理支出且提供了相关票据，故全额予以支持。

北京市石景山区人民法院依照《中华人民共和国民法通则》第一百一十八条，《中华人民共和国商标法》（2013年修正）第四十八条、第五十七条第七项、第六十三条第一款之规定，判决如下：

一、被告金豪杰中心于本判决生效后立即停止侵犯原告北新公司注册商标专用权的行为；

二、被告金豪杰中心于本判决生效后十日内赔偿原告北新公司经济损失50000元及诉讼合理支出5180元，两项共计55180元；

三、驳回原告北新公司的其他诉讼请求。

双方当事人均不服原审判决，提起上诉。二审审理期间，金豪杰中心提交了两份证据：（1）北京金虹湾国际贸易有限公司（以下简称金虹湾公司）向其提供的特约经销商证书，该证书显示经销单位为金虹湾公司，授权单位为北新公司，经销商品包含龙牌石膏板，用以证明金虹湾公司系北新公司授权的经销商；（2）2016年3月16日至12月25日，金豪杰中心从金虹湾公司购入龙牌石膏板的进货收据17张，用以证明金豪杰中心从正规渠道进货并销售正品的龙牌石膏板。北新公司提交的署名情况说明认可金虹湾公司系其特约经销商，但该经销商权限不包括授权他人使用北新公司的注册商标。

北京知识产权法院经审理认为：关于事实问题，根据本案二审期间金豪杰中心新提供的关于其销售石膏板合法来源的证据显示，金豪杰中心从北新公司的特约经销商金虹湾公司处购入涉案商标石膏板，北新公司虽表示其不能确认金豪杰中心所销售的涉案商标石膏板是否为正品，但其既未对销售行为进行公证保全，也未提供其他任何反证。故根据本案现有证据，法院认为金豪杰中心所销售的涉案商标石膏板为正品。在此前提下，金豪杰中心使用涉案商标的行为是否构成商标侵权，需要重新加以审视。

由于商标是商业主体在其提供的商品或者服务上使用的，能够将自己的商品或服务与其他市场主体提供的商品或服务区别开来的标志，所以无论何种形式的商标使用，其最终目的均应是向消费者指明商品或服务的来源，使消费者在选择商品时能够识别不同提供者的商品或服务，并防止相关公众产生混淆和误认。商标法在保护注册商标专用权人的利益的同时，亦通过商标合理使用制度对商标权人的权利范围进行限制，使社会主体间的利益达成平衡，即他人在生产经营过程中可以正当地使用权利人的商标，而不必征得权利人的许可，也不必支付商标使用费。例如，在商品销售过程中，经销商为了向消费者指示其销售商品的来源，应当允许其合理使用所销售商品的商标。当然在上述情况下，经销商对于他人商标的使用应以指示商品来源为限，不应随意扩大他人商标的使用范围，必须遵守指示性合理使用的规则。

具体到本案中，金豪杰中心作为涉案商标石膏板的经销商，在其店铺招牌中使用涉案商标与“龙牌石膏板全系列”字样的目的在于向相关消费者指示其销售商品类型与来源，结合金豪杰中心所处的建材批发市场的实际经营环境，该使用行为属于对涉案商标指示性的合理使用，并不会导致相关消费者对于涉案商标商品的来源产生混淆误认。同时，公证书所显示的金豪杰中心的店铺环境、销售联系名片显示，金豪杰中心清楚地对外表明其建材销售商的身份，其对于涉案商标的使用仅限于向消费者表明其销售石膏板的商品来源，且未有误导或暗示消费者其与北新公司存在特殊关系的情形。因此，金豪杰中心对于涉案商标的使用未超出指示性使用的合理范畴。

北京知识产权法院依据《中华人民共和国民事诉讼法》第一百七十条第一款第二项之规定，判决如下：

一、撤销北京市石景山区人民法院（2016）京0107民初16490号民事判决；

二、驳回上诉人北新公司的诉讼请求。

【法官后语】

由于商标是商业主体在其提供的商品或者服务上使用的，能够将自己的商品或服务与其他市场主体提供的商品或服务区别开来的标志，所以无论何种形式的商标使用，其最终目的均应是向消费者指明商品或服务的来源，使消费者在选择商品时能够识别不同提供者的商品或服务，并防止相关公众产生混淆和误认。商标法在保护注册商标专用权人利益的同时，亦通过商标合理使用制度对商标权人的权利范围进行限制，使社会主体间的利益达成平衡，即他人在生产经营过程中可以正当地使用权利人的商标，而不必征得权利人的许可，也不必支付商标使用费。例如，在商品销售过程中，经销商为了向消费者指示其销售商品的来源，应当允许其将所销售商品的商标通过适当的方式向相关公众的展示使用，此种使用方式属于商标合理使用制度下的指示性使用，无需得到商标权利人的授权。当然，此种对商品商标的使用应当限制在一个合理且适度的范围内，即使用行为应以指示商品来源为限，若超出此合理必要限度，进而误导相关公众将经销商与商标权利人建立联系，则属于商标侵权的行为。

本案中，金豪杰中心系一家小规模的建材石膏板经销商，同时销售多个品牌的石膏板，其中包含涉案商标石膏板，在其店铺招牌中使用了涉案商标与“龙牌石膏板全系列”字样。同时，金豪杰中心的店铺环境、销售联系名片显示，金豪杰中心清楚地对外表明其建材销售商的身份，其对于涉案商标的使用仅限于向消费者表明其销售涉案商标品牌的石膏板，其对于涉案商标的使用并不会使消费者产生金豪杰中心与涉案商标权利人北新公司之间存在某种关联关系，或者金豪杰中心系涉案商品特许经销商的错误认识。

结合金豪杰中心所处的建材批发市场的实际经营环境，类似金豪杰中心这种小规模销售店铺，往往同时经营多个品牌的相同或类似商品，但经营者一般将其中较为知名的一个或几个品牌的商标使用在店铺招牌上用于招揽顾客。此种对商品商标的使用模式在相关批发市场中属于常见现象，无论经营者还是消费者均对此有清楚的认识，通常并不因此发生混淆误认。因此，金豪杰中心对于涉案商标的使用未超出指示性使用的合理范畴。

商标合理使用是商标侵权纠纷中的被诉侵权人通常采用的抗辩事由，在日常经济活动中亦存在许多使用他人商标从事经营活动的情况。因此，在涉及前述行为产生的商标侵权纠纷中，如何界定商标合理使用的范围具有重要意义。

本案中，法院在采纳了当事人提交的授权经销商证书及相关进货证据的基础上，综合考量了当事人对涉案商标的使用方式、经营环境、经营规模等要素，在结合一般生活常识的基础上，以相关公众的通常认知水平为判断基准，认定行为人的使用行为的确出于指示商品来源之目的，其具体使用方式亦未超过必要限度从而造成相关公众混淆误认，因此属于对涉案商标的合理使用，未构成商标侵权。据此，明确了在此类经营活动中，界定商标合理使用范围的一般方法。

商标法在保护注册商标专用权人利益的同时，亦具有降低消费者搜寻成本、保护市场公平竞争、维护公共利益之职责。商标合理使用是保护商标权与平衡社会主体利益的一种重要方式，指示性使用是商标合理使用的一种方式。在商标侵权纠纷中，明确指示性使用的构成要件，对于明确市场主体关于商标的行为界限、明晰责任承担范围具有重要的实践意义。

编写人：北京知识产权法院　宋堃

21

备案是否可以对抗他人在先取得商标使用许可

——北京豪迪世嘉科技有限公司诉北京蓝天豪迪科技有限公司、北京豪迪三目经贸有限公司侵害商标权及不正当竞争案

【案件基本信息】

1. 裁判书字号

北京知识产权法院（2018）京73民终370号民事判决书

2. 案由：侵害商标权及不正当竞争纠纷

3. 当事人

原告（被上诉人）：北京豪迪世嘉科技有限公司（以下简称豪迪世嘉公司）

被告（上诉人）：北京蓝天豪迪科技有限公司（以下简称蓝天豪迪公司）、北京豪迪三目经贸有限公司（以下简称豪迪三目公司）

【基本案情】

北京转速仪器厂注册有第1066599号豪迪商标，核定使用的商品类别为第12类汽车零部件，注册有效期自1997年7月28日至2007年7月27日（以下简称豪迪商标）。2005年11月21日，韩某受让豪迪商标并经核准转让。后豪迪商标获得续展，续展注册有效期自2007年7月28日至2017年7月27日。诉讼中，航空装备研究所于2017年1月15日出具《情况说明》，陈述豪迪商标事件：豪迪商标为其原下属企业北京转速仪器厂于1996年申请注册的商标。2005年10月，北京转速仪器厂因军办企业政策变化被撤销，时任转速仪器厂厂长韩某请示当时工厂管理办主任关于商标处理的意见，该主任口头表示可由工厂自行处理。韩某在自认为将商标注销和转让都合情合理的情况下，选择了将该商标转入个人名下，并于2012年8月授权给个人持股的豪迪世嘉公司使用。2014年8月因本案诉讼，蓝天豪迪公司法定代表人举报韩某拥有豪迪商标的合法性问题。2016年8月该商标转回航空装备研

究所名下。

2012年8月22日，豪迪世嘉公司与韩某订立《商标使用许可合同》，约定韩某将豪迪商标许可豪迪世嘉公司在第12类汽车零部件商品上使用，许可使用期限自2012年8月22日至2017年7月27日。许可使用性质为独占性授权许可。豪迪世嘉公司承认韩某曾向其发送过解除合同函，也认可韩某在一审法院组织的前述谈话中陈述内容的真实性，但表示其不同意解除合同，韩某无权单方解除合同，双方没有达成解除合同的合意。

豪迪世嘉公司主张蓝天豪迪公司在所生产的倒车雷达产品上使用"豪迪""豪迪3目"，属于在相同类别的商品上使用了与豪迪商标近似的商标，容易导致混淆，违反了《中华人民共和国商标法》(2013年修正)第五十七条第二项，侵害了其享有的豪迪商标权。豪迪三目公司销售了蓝天豪迪公司生产的侵害豪迪商标权的商品，违反了《中华人民共和国商标法》(2013年修正)第五十七条第三项的规定，亦侵害其豪迪商标权。二被告认为：豪迪世嘉公司没有提起本案诉讼的资格。蓝天豪迪公司有豪迪3目注册商标，有权使用在倒车雷达商品上。蓝天豪迪公司于2003年7月17日就获得了北京转速仪器厂授权使用涉案豪迪商标。

【案件焦点】

在侵害商标权纠纷案件中，原告主张被告使用商标的行为侵害其商标权时，双方分别提交了商标使用许可的备案及在先商标使用许可合同，法院应当如何认定二者的效力。

【法院裁判要旨】

北京市海淀区人民法院经审理认为：韩某持有豪迪商标期间，订立《商标使用许可合同》，约定韩某将该商标独占性许可给豪迪世嘉公司，合同期限自2012年8月22日至2017年7月27日。该合同后经商标局备案。尽管此后韩某向豪迪世嘉公司发函要求解除合同，但豪迪世嘉公司不同意解除，双方对解除合同事宜未达成一致意见。尽管蓝天豪迪公司提供的关于其取得豪迪商标使用许可的证据无原件，但考虑到许可方韩某的意见及以上相关情节，法院认定蓝天豪迪公司先后两次取得了豪迪商标的使用许可，有效期限截至2016年11月30日。除非当事人另有约定，商标使用许可合同未备案的，不影响该合同的效力。虽然豪迪世嘉公司与韩某所订立的《商标使用许可合同》经过商标局备案，但商标使用许可的备案效力不足以对抗他人在先取得商标使用许可的效力。因此，2016 年 11 月 30 日前，豪迪世嘉公司在本案中主张其为豪迪商标的独占性使用许可人，有权禁止蓝天豪迪公司在倒车雷达商品上使用“豪迪”“豪迪 3 目”的主张，缺乏充分有效的证据支持。在没有证据证明蓝天豪迪公司获得豪迪商标许可使用期限到期后，还能在其生产的商品上使用豪迪商标的情况下，豪迪世嘉公司有权就 2016 年 12 月 1 日至 2017 年 7 月 27 日蓝天豪迪公司未经许可使用豪迪商标的行为提起诉讼。

蓝天豪迪公司在倒车雷达商品上使用豪迪 3 目商标，不属于将其注册的豪迪 3 目商标用于核定使用商品上的行为。由于“豪迪 3 目”中“豪迪”具有固有的显著性，因此，本案中，蓝天豪迪公司在倒车雷达上使用“豪迪 3 目”的行为，属于在相同类别上使用与豪迪商标近似商标的行为。

北京市海淀区人民法院依照《中华人民共和国商标法》第五十七条第二项、第三项，《中华人民共和国反不正当竞争法》第九条，《中华人民共和国民事诉讼法》第六十四条第一款之规定，作出如下判决：

一、一审判决生效之日起十日内，蓝天豪迪公司赔偿豪迪世嘉公司经济损失 1 万元及合理开支 5000 元，豪迪三目公司对其中的 5000 元承担连带责任；

二、驳回豪迪世嘉公司的其他诉讼请求。

蓝天豪迪公司、豪迪三目公司不服一审判决，提起上诉。

北京知识产权法院同意一审法院的裁判意见，判决：驳回上诉，维持原判。

【法官后语】

伴随着市场经济的快速发展，商标使用许可已是商标权人行使商标专用权、实现收益的重要方式之一。可是在经营过程中，商标权人往往会为了自身利益最大化，进行重复许可，同时还会进行合同备案，这就导致了不同许可与备案之间发生冲突。最高人民法院于 2002 年发布的《关于审理商标民事纠纷案件适用法律若干问题的解释》第十九条规定：“商标使用许可合同未经备案的，不影响该许可合同的效力，但当事人另有约定的除外。商标使用许可合同未在商标局备案的，不得对抗善意第三人。”因合同不具对外效力，2013 年修订的《中华人民共和国商标法》第四十三条规定了商标使用许可备案效力：“许可他人使用其注册商标的，许可人应当将其商标使用许可报商标局备案，由商标局公告。商标使用许可未经备案不得对抗善意第三人。”但如何理解商标使用许可备案的对抗效力，实践中一直存在较大争议。本案中，双方当事人主要的争议焦点之一就是商标使用许可的备案效力是否可以对抗他人在先取得的商标使用许可的效力，主要有两种观点：

第一种观点认为，商标使用许可的备案效力优先。因为备案具有公示性，可以证明备案双方当事人的真实意思表示及许可的客观事实。考虑结合物权中不动产登记公示的规定。登记备案方应当优先受到法律的保护。

第二种观点认为，在先签订的商标使用许可合同效力优先。根据合同法的相关规定，商标权人许可多人使用商标其先后签订的合同均为有效，其中备案的程序并未赋予当事人更强的法律效力。在先被许可人根据合同约定使用商标系善意并有法律依据的。

笔者支持第二种观点，主要理由如下：

关于多份合同效力的分析。商标权人与商标使用人签订商标许可合同，将商标使用权部分或全部转让给被许可人，商标所有权仍属许可人，被许可人按照约定的时间和区域使用商标，并支付对价，未经许可人同意不得再许可他人使用，许可终止后许可人收回商标。需根据许可合同的内容决定，商标权人是否有权再行许可他人使用商标。

关于商标许可备案的分析。从商标局的角度来说，商标许可备案带有行政管理的色彩。但是对于社会公众而言，备案意味着公示。目前商标局发布的《商标使用许可合同备案公告》涉及商标编号、商标、许可使用的商品或服务、备案号、许可使用期限、许可人、被许可人七项信息。商标许可备案与不动产的登记公示存在区别，商标专用权的归属与商标使用主体并非必须一一对应，可以同时存在多个合法使用商标的情况，而物权的不动产则具有唯一性。

编写人：北京知识产权法院　李志峰

22

售后混淆商标侵权的判定

——爱茉莉太平洋株式会社诉上海维尔雅化妆品有限公司、上海维尔雅日用化工厂侵害商标权案

【案件基本信息】

1. 裁判书字号

上海知识产权法院（2018）沪73民终17号民事判决书

2. 案由：侵害商标权纠纷

3. 当事人

原告：爱茉莉太平洋株式会社（AMOREPACIFIC CORPORATION）（以下简称爱茉莉株式会社）

被告：上海维尔雅化妆品有限公司（以下简称维尔雅公司）、上海维尔雅日用化工厂（以下简称维尔雅化工厂）

【基本案情】

原告爱茉莉株式会社系第7787070号、第3481561号“雪花秀”商标以及第6081569号、第7332981号“Sulwhasoo”商标的商标权人，上述商标现均在有效期内。被告维尔雅公司、维尔雅化工厂均从事化妆品的生产、销售。两公司分别系第5982589号“水妍丽”、第1413280号“W 维尔雅”注册商标的商标权人。

2016年4月，原告至山东某化妆品市场购买了“水妍丽雪莲柔玉保湿霜”“水妍丽雪莲沁白提亮洁面膏”“水妍丽雪莲焕采乳珠BB霜”“水妍丽雪莲柔玉精华液”各一瓶。上述产品及包装盒的正面居中位置均标有竖排的“雪莲秀”字样。底部标有几排英、韩文，其中第一排以较大字体标有“Sulansoo”字样。产品及包

装盒背面分别标有“水妍丽©”字样及产品名称等信息。包装盒底部标有“W”商标并注明该产品由被告维尔雅公司出品、被告维尔雅化工厂生产。包装盒内的产品说明书显示水妍丽©雪莲秀系列产品共有17种类型。

原告诉称，原告系“雪花秀”“Sulwhasoo”商标权利人。原告“雪花秀”品牌在化妆品领域享有极高知名度。两被告未经原告许可在其生产销售的化妆品上使用了“雪莲秀”“Sulansoo”标识，上述标识与原告中英文商标均构成近似，构成对原告注册商标专用权的侵犯。故起诉要求被告立即停止商标侵权行为；刊登声明、消除影响；赔偿原告经济损失及合理费用人民币55万元。

两被告辩称，被控侵权产品的原料中含有雪莲内脂，被告将“雪莲”用于其产品名称属于对汉字的合理使用，并无混淆原、被告产品的恶意。原告产品在我国的知名度有限，被告产品使用的标识与原告商标既不相同也不近似。原、被告产品在销售价格、销售场所、包装品质和市场定位等诸多方面存在巨大差异，上述差异足以阻却消费者因两者标识可能产生的混淆，从而将原、被告产品区分。被告产品销售范围有限，且已停止销售，不会对原告商誉产生实质性的影响。

【案件焦点】

被告行为是否构成对原告注册商标专用权的侵害、民事责任如何承担。

【法院裁判要旨】

上海市浦东新区人民法院经审理认为：（1）被告产品说明书中的所有17种产品类型与原告商标核定使用的化妆品、乳霜、眼霜、滋养霜等产品均属相同或类似商品。（2）被告“雪莲秀”标识与原告第7787070号、第3481561号注册商标相比整体上差异较小，两者构成近似；被告所使用的英文标识与原告英文商标构成近似。（3）原、被告产品在销售价格、销售场所等处确实存在着差异，但是鉴于原告产品的知名度，被告产品上采用与原告近似的标识之后，却可能会导致消费者认为生产被控侵权产品的企业即被告与原告存在某种关联关系。被控侵权标识均显著标识于被告产品上，消费者在购买该产品后，他人看到该产品时必然会将被告产品与原告产品造成混淆，误以为系原告产品或与原告有关联关系的产品。因此，被告在相同或类似商品上使用与原告注册商标近似的标识，主观上具有攀附原告商标知名度的故意，客观上易造成相关公众的混淆，构成对原告注册商标专用权的侵害。

上海市浦东新区人民法院依照《中华人民共和国商标法》第五十七条第二项、第三项，第六十三条第一款、第三款，《最高人民法院关于审理商标民事纠纷案件适用法律若干问题的解释》第九条第二款，第十条，第十一条第一款，第十二条，第十六条第一款、第二款，第十七条规定，判决如下：

一、被告维尔雅公司、维尔雅化工厂于本判决生效之日起立即停止侵害原告爱茉莉株式会社对第×××××××号、第×××××××号、第×××××××号、第×××××××号注册商标享有的注册商标专用权；

二、被告维尔雅公司、维尔雅化工厂于本判决生效之日起三十日内在《中国知识产权报》上刊登声明、消除影响；

三、被告维尔雅公司、维尔雅化工厂于本判决生效之日起十日内赔偿原告爱茉莉株式会社经济损失50万元；

四、被告维尔雅公司、维尔雅化工厂于本判决生效之日起十日内赔偿原告爱茉莉株式会社为制止侵权行为而支出的合理费用47000元。

一审判决后，被告不服，提起上诉。上海知识产权法院维持了一审判决。

【法官后语】

售后混淆又称旁观者混淆，是指消费者在最初提供商品的环境之外观察该商品，并且与其他相似产品相混淆。在这种情况下，消费者购买产品时虽未产生混淆，但在购买之后，旁观者看到该产品时却容易产生混淆。

售后混淆商标侵权构成要件有三点：（1）权利商标具有一定的知名度；（2）行为人未经许可，在相同或类似的商品或服务上，使用与注册商标相同或近似的标识；3. 相关公众在最初提供商品的环境之外观察该商品产生混淆。本案原告雪花秀产品经过持续广泛的宣传和推广，已获得了较高知名度，为相关公众所知悉；被告产品说明书中所有的17种产品类型与原告商标核定使用的化妆品等产品均属相同或类似商品。被告产品上使用的“雪莲秀”“Sulansoo”标识与原告中英文商标相比整体差异较小，构成近似；原、被告产品在销售价格、销售场所等处确实存在差异，但是鉴于原告产品的知名度，被告产品采用与原告商标相近似的标识之后，可能会导致消费者认为被告与原告存在某种关联关系。被控侵权标识均显著标识于被告产品上，消费者在购买该产品后，他人看到该产品时必然会将被告产品与原告产品造成混淆，误以为系原告产品或与原告有关联关系的产品。因此，被告行为满足售后混淆商标侵权的构成要件，已经产生了售后混淆的后果，构成对原告注册商标权的侵害。

编写人：上海市浦东新区人民法院　杜灵燕

23

原注册商标申请人行为涉嫌“以其他不正当手段取得注册”不会导致已转让商标当然无效

——拉多芮国际股份有限公司诉中华人民共和国国家工商行政管理总局商标评审委员会商标权无效宣告请求行政案

【案件基本信息】

1. 裁判书字号

北京市高级人民法院（2018）京行终6281号行政判决书

2. 案由：商标权无效宣告请求行政纠纷

3. 当事人

原告（上诉人）：拉多芮国际股份有限公司（以下简称拉多芮公司）

被告（被上诉人）：中华人民共和国国家工商行政管理总局商标评审委员会（以下简称商标评审委员会）

第三人：深圳市奥商科技有限公司（以下简称奥商公司）

【基本案情】

商标评审委员会针对拉多芮公司第14423214号“Laduree”商标（以下简称诉争商标）所提出的无效宣告请求，作出了商评字（2017）第45977号关于第14423214号“Laduree”商标无效宣告请求裁定（以下简称被诉裁定），该裁定认定：诉争商标未违反《中华人民共和国商标法》（2013 年修正）（以下简称《商标法》）第三十条、第三十二条、第十三条第三款、第四十四条第一款、第十条第一款第七项及第八项、第十五条的规定，应予以维持。

拉多芮公司不服被诉裁定，在法定期限内向北京知识产权法院起诉称：一、诉争商标的原注册人徽商企业有限公司（以下简称徽商公司）在 23 个不同类别的商品和服务上申请注册多达 106 件商标，其中多件商标明显是对他人知名商标的复制和摹仿，且徽商公司从未对上述商标进行任何实际使用，因此，徽商公司不具有使用商标的真实意图。诉争商标的注册属于以不正当手段取得注册，违反了《商标法》第四十四条第一款的规定。二、诉争商标违反了《商标法》第三十条、第三十二条、第十三条第三款的规定。综上，诉争商标应被宣告无效，请求撤销被诉裁定，判令商标评审委员会重新作出裁定。

【案件焦点】

诉争商标的注册是否属于《商标法》第四十四条第一款所规定的“以不正当手段取得注册”之情形。

【法院裁判要旨】

北京知识产权法院经审理认为：《商标法》第四十四条第一款“其他不正当手段”的规定，主要应考虑是否扰乱商标注册秩序、损害公共利益、不正当占用公共资源或者以其他方式谋取不正当利益，不适用于仅损害特定民事权益的情形。“欺骗手段或者其他不正当手段”包括规模性抢注他人在先具有一定知名度的商标并转让牟利的行为，但该规模性抢注应具备一定的条件，即或者抢注同样的商标，且数量较大，构成没有实际使用可能的商标囤积行为；或者抢注多个不同的在先知名商标，涉及多个主体或多个不同的商标标志。本案中，拉多芮公司所提交的宣传使用证据中，不仅存在部分证据未显示时间、部分证据时间在诉争商标申请日之后、部分证据不在中国大陆地区的问题，而且从上述证据所体现的情况来看，无论是产品销售、门店开设亦或杂志宣传，涉及的时间、数量及范围均十分有限，且均与甜品等商品相关，难以证明“Laduree”商标在诉争商标注册前已具有一定知名度，诉争商标注册申请人对其理应知晓。从诉争商标原注册申请人及奥商公司商标申请的数量及具体标识来看，拉多芮公司所称被抢注的大部分商标如“CROSSTEX”“CALVANEO 1583”“ANGLE DEPT”等，尚难以称为不同领域中具有较高知名度的商标，不足以证明诉争商标原注册申请人具有明显的复制、抄袭他人具有较高知名度商标的故意，而拉多芮公司所提交的电子邮件所涉及的主体均非本案当事人，真实性亦无法确定，故也难以证明诉争商标原注册申请人及奥商公司具有抢注商标并转让牟利的行为。据此，在案证据不足以证明诉争商标存在扰乱商标注册秩序、损害公共利益、不正当占用公共资源或者以其他方式谋取不正当利益等以其他不正当手段取得注册的情形，拉多芮公司的该项主张，法院不予支持。

北京知识产权法院判决：驳回原告拉多芮国际股份有限公司的诉讼请求。

拉多芮公司不服一审判决，提起上诉。

北京市高级人民法院经审理认为：根据《商标法》第四十四条第一款的规定，已经注册的商标，是以欺骗手段或者其他不正当手段取得注册的，由商标局宣告该注册商标无效，其他单位或者个人可以请求商标评审委员会宣告该注册商标无效。上述所称“欺骗手段或者其他不正当手段”，一般是指商标申请注册行为扰乱商标注册秩序、损害公共利益、不正当占用公共资源或者以其他方式谋取不正当利益的情形，而不适用于仅损害特定民事权益的情形。虽然诉争商标的原申请人申请注册了106件商标，不排除其具有商标囤积行为，但是本案诉争商标已经转让给奥商公司，且拉多芮公司未能证明徽商公司与奥商公司之间存在恶意串通的情形，在诉争商标不违反《商标法》其他规定的情况下，如果宣告诉争商标无效，对于合法受让诉争商标的奥商公司将产生不利影响。因此，在适用该项规定时，应当结合个案情况进行判断，拉多芮公司关于在其他无效案件中商标评审委员会认定徽商公司的不正当行为不是本案诉争商标应被宣告无效的当然理由。二审法院同意一审法院裁判意见。

北京市高级人民法院判决如下：

驳回上诉，维持原判。

【法官后语】

该案系诉争商标经过转让后，能否仅以原申请人可能存在的不当行为作为适用《商标法》第四十四条第一款之依据的典型案例。

一审法院在围绕该条款进行审查时，综合考虑了原注册申请人徽商公司及诉争商标受让人奥商公司的商标注册情况；而二审法院则指出，在适用该条款时，要审查原注册申请人与受让人之间是否存在恶意串通的情形。换言之，如果受让人为善意，则不能仅因原注册申请人行为涉嫌“以其他不正当手段取得注册”而当然认定已转让商标违反了《商标法》第四十四条第一款的规定。

该规则的确立有助于进一步厘清《商标法》第四十四条第一款在司法实践中的适用边界，理由如下：(1) 明确“其他不正当手段”审查的时间节点，即不能仅以商标申请注册时的状态为准，要考虑商标转让后的情况变化。从法条的表现形式来看，《商标法》第四十四条第一款属于典型的原则性的一般条款，缺乏具体化的情形列举。就何为“其他不正当手段”，因其难以量化和确定化，导致业内一直存在争论和分歧，即使在2010年《最高人民法院关于审理商标授权确权行政案件若干问题的意见》、2017年《最高人民法院关于审理商标授权确权行政案件若干问题的规定》（以下简称《授权确权规定》）相继出台后，仍众说纷纭。《授权确权规定》第二十四条中“以欺骗手段以外的其他方式扰乱商标注册秩序、损害公共利益、不正当占用公共资源或者谋取不正当利益的”的规定，从“定性”的角度确立了第四十四条第一款维护“公序良俗”的立法本意，明确将损害特定民事权益的情形排除于适用范围。实践中，可以将“没有真实使用目的，大量抢注他人在先有一定知名度的商标”“缺乏正当理由申请大量商标”的行为界定为扰乱商标注册秩序。由此可见，无论是从立法本意出发还是从规制商标恶意注册的行为出发，非以使用目的大量注册商标的行为均为审查是否为“不正当手段”的重要要件之一。因我国采用注册商标申请制，并不以“在先使用”或是“使用意图”为审查要件，故而使“没有真实使用目的”“缺乏正当理由”申请商标成为可能。在商标获得注册后，“非以使用为目的”的行为往往表现为将商标进行兜售、胁迫他人与其进行贸易合作、索要高额转让费或许可使用费、提起恶意侵权诉讼等。然而，当商标转让至善意受让人名下后，情况却会发生变化。首先，即为“善意”，就已排除了仍以谋取不正当利益为目的的受让人；其次，受让人出于善意受让商标，以区分商品或服务为来源为目的将商标投入商业使用或者做了将之投入商业使用的准备，此时的商标可以说已退去了“缺乏正当理由”的外衣，恢复了其本来属性，与前述兜售等行为有本质区别。在此情况下，如不考虑商标注册目的的改变，仍以商标申请注册为时间节点来审查注册“目的”，对于合法受让人来说无疑是不公平的。(2) 增强相对人对商标权利稳定性的预期。有别于《商标法》第三十条等相对事由，《商标法》第四十四条第一款系注册商标无效宣告的绝对事由，不受五年期间限制，任何单位或者个人均可以此为由请求商标评审委员会宣告该注册商标无效。而善意受让人通过转让获取商标，不仅需要给付相应对价，更有可能会投入大量人力、物力对该商标进行宣传使用，使用时间较长的，或许还会取得较高商誉或形成较为稳定的市场格局。在缺乏“合理期间”这一条件的限制下，如果仅对原注册申请人的行为进行审查，会造成利益由原注册申请人获取，恶果由善意受让人承担的局面，不利于商标注册及市场秩序的稳定，亦难谓维护公序良俗。

需要指出的是，在判断何为“善意”时应采用较为严格的标准，以避免原注册申请人通过商标转让来“洗白”，从而规避《商标法》第四十四条第一款的规制。以下几种情况均难谓善意：(1) 受让人与原注册申请人有关联关系，包括但不限于自然人存在夫妻、父子等亲属关系，公司之间存在直接或间接控制关系、重大影响关系等的；(2) 被转让的商标系某一领域的在先知名商标，受让人亦同属于该领域或与之关联度较高的领域的；(3) 受让人受让商标并非以使用为目的（可从受让人实际经营范围及受让商标核准类别等因素判断）；(4) 受让人曾存在恶意注册、抢注、“搭便车”等不当行为的；(5) 受让人与原注册申请人存在多次商标转让行为，转让的商标超出正常生产经营所需的。

编写人：北京知识产权法院　宋晖

24

在后台设置关键词进行商业推广是否构成商标侵权

——呷哺呷哺餐饮管理有限公司诉帮友金服（北京）投资管理有限公司、北京百度网讯科技有限公司侵害商标权案

【案件基本信息】

1. 裁判书字号

北京知识产权法院（2018）京73民终454号民事判决书

2. 案由：侵害商标权纠纷

3. 当事人

原告（被上诉人）：呷哺呷哺餐饮管理有限公司（以下简称呷哺公司）

被告（上诉人）：帮友金服（北京）投资管理有限公司（以下简称帮友公司）

被告（被上诉人）：北京百度网讯科技有限公司（以下简称百度公司）

【基本案情】

呷哺公司经授权获得涉案商标专有使用权和相应维权权利，涉案商标具有较高知名度和影响力。帮友公司、百度公司分别系帮友网和百度网的运营商，在百度网中搜索“呷哺呷哺加盟”，搜索结果第四项链接为帮友网，该链接名称和链接描述中均不含有“呷哺呷哺”字样；点击该链接进入帮友网后，显示“呷哺呷哺加盟”项目，页面中含有“呷哺呷哺”字样和附有涉案商标的照片。呷哺公司认为帮友公司使用“呷哺呷哺加盟”作为关键词进行商业推广，以及在帮友网中使用“呷哺呷哺”和附有涉案商标的图片，系假冒呷哺公司名义进行加盟活动的行为，侵害其注册商标专用权；百度公司为帮友公司提供搜索推广服务，构成帮助侵权。

二被告称帮友公司提供的服务系加盟，不同于涉案商标核定使用类别。百度公

司另称帮友公司在帮友网中对涉案商标的使用系描述性使用，且在百度公司控制之外；关于竞价排名，涉案关键词“呷哺呷哺加盟”系帮友公司自行设置和添加，其仅提供技术服务，在知晓侵权行为后立即断开链接，已尽到合理注意义务。

【案件焦点】

1. 帮友公司在后台将涉案商标设置为关键词进行百度商业推广的行为是否构成商标侵权；2. 帮友公司在帮友网涉案加盟项目中使用涉案商标的文字，并使用附涉案商标的图片之行为是否构成商标侵权，以及百度公司是否应就此承担侵权责任。

【法院裁判要旨】

北京市海淀区人民法院经审理认为：除法律明文规定外，侵犯注册商标专用权的行为均系对商标的商业性使用。所谓“商标的商业性使用”，是指在商业活动中，使用商标标识表明商品或服务的来源，使相关公众能够区分提供商品的不同市场主体。本案中，帮友公司系后台使用关键词的行为，未将涉案商标使用在帮友公司提供的涉案加盟项目及涉案链接名称、涉案链接描述中，没有发挥商标区分不同服务来源的功能，不属于商标使用行为，不构成商标侵权。

关于帮友公司在帮友网涉案加盟项目中使用“呷哺呷哺”文字和附有涉案商标图片的行为，加盟服务与涉案商标核定使用的服务类别的第43类不属于同一服务。虽然呷哺公司本身的经营模式不包括加盟，但涉案商标作为其火锅连锁品牌，当消费者有意通过官网进一步了解呷哺公司提供的服务或有加盟意图等情形时，以涉案商标文字部分为搜索关键词进行搜索的可能性极大。因此，涉案加盟项目服务之对象应属与涉案商标所标识的服务的营销有密切关系的其他经营者，帮友公司使用“呷哺呷哺”文字，容易使这些经营者认为涉案加盟服务与涉案商标所标识的呷哺火锅餐饮店存在特定联系，故构成类似服务。结合帮友网中相关标识与涉案商标构成近似，易使相关公众产生混淆，故帮友公司构成商标侵权。由于该行为超出百度公司的控制范围，故百度公司不应承担侵权责任。

北京市海淀区人民法院依照《中华人民共和国商标法》（2013年修正）第五十七条第二项以及《最高人民法院关于审理商标民事纠纷案件适用法律若干问题的解释》第八条、第十一条、第十二条及第二十一条第一款之规定，判决如下：

一、本判决生效之日起十日内，被告帮友公司赔偿原告呷哺公司经济损失500000元及合理开支1250元；

二、本判决生效之日起三十日内，被告帮友公司在一家北京发行的餐饮类杂志上发布声明，为原告呷哺公司消除影响［在一期杂志上发布声明，声明内容须经法院审核，逾期不履行，法院将依法公开本判决书的主要内容，相关费用由被告帮友公司负担］；

三、驳回原告呷哺公司的其他诉讼请求。

帮友公司不服一审判决，提起上诉。二审法院同意一审法院的裁判意见。

北京知识产权法院依照《中华人民共和国民事诉讼法》第一百七十条第一款第一项之规定，判决如下：

驳回上诉，维持原判。

【法官后语】

竞价排名，是指付费搜索，其主要发生在搜索引擎平台之中，是一种按效果付费的网络推广方式，搜索引擎按付费最高者排名靠前的原则，对购买了同一关键词的网站在搜索结果中进行排名。在竞价排名这一商业推广模式出现后，商家为了获得更好的宣传效果，使自己的网站获得更高的曝光率，购买、利用竞争对手的商标对自身进行推广的现象大量存在，由此引起的争端和讨论也不断出现。

目前利用他人商标进行竞价排名的行为主要有以下四种：一是全显性使用，即商家购买他人商标作为搜索关键词，在搜索结果页面的网页链接名称及链接描述中均含有该商标，同时在被链接网站中亦使用该商标；二是半显性使用，即商家购买他人商标作为搜索关键词，并将他人商标用在搜索结果页面的网页链接名称或描述中，但被链网站中并不含有相应商标，该种情况也是目前司法实践中最常见的情形；三是半隐性使用，即商家购买他人商标作为搜索关键词，在搜索结果页面的网页链接名称或描述中均未出现该关键词，但被链网站中含有相关商标；四是全隐性使用，即商家仅购买他人商标作为搜索关键词，但搜索结果页面及被链网站中均不含有相应商标。本案即第三种情形。

对于判断设置关键词行为是否构成商标侵权，应当首先判断该种使用行为是否构成商标的商业性使用。根据《中华人民共和国商标法》（2013年修正）第四十八条的规定，商标的使用，是指将商标用于商品、商品包装或者容器以及商品交易文书上，或者将商标用于广告宣传、展览以及其他商业活动中，用于识别商品来源的行为。因此，判断商标性使用的关键在于能否在商业活动中识别商品或服务的来源。即使相关公众能够区分提供商品的不同市场主体。对于仅在后台设置关键词的行为，由于搜索结果的链接标题和链接描述中均未出现相关商标，此时通过搜索引擎搜索相关商标的用户在前端无法从搜索结果本身看到该标识，也就不会将该关键词作为识别该链接对应网站所提供的商品或服务的来源标识，此时该关键词未发挥区分商品或服务来源的功能，也就不属于商标性使用行为，不能构成商标侵权。

而对于本案中帮友公司网站中对涉案商标的使用行为，由于涉及对其加盟项目的广告宣传，因而应当属于商标性使用行为。对于该种商标性使用是否构成侵权，则需要进一步判断其是否在该商标核准服务类别的相同或类似服务中使用。对于类似服务的判断，根据《最高人民法院关于审理商标民事纠纷案件适用法律若干问题的解释》第十一条第二款的规定，类似服务，是指在服务的目的、内容、方式、对象等方面相同，或者相关公众一般认为存在特定联系、容易造成混淆的服务。因此，在个案中判断被诉标识所依附的商品或服务是否与权利人商标权核定使用的类别构成类似时，一方面，应考量注册商标专用权人的禁用权范围是大于核定使用类别的范围的，故对于类似服务的判断不能机械地从商标核定使用类别是否相同进行认定；另一方面，就服务的对象上，相关公众的范围也不仅仅局限于一般的普通消费者，对于与相应服务营销有密切关系的其他经营者也属于该“相关公众”的范围，如果与商标所标识的服务有关的消费者和与该服务的营销有密切关系的其他经营者一般认为存在特定联系、容易造成混淆的服务，亦构成类似服务。正如在本案中，虽帮友公司提供的加盟服务与涉案商标核准的餐厅等服务不尽相同，但涉案商标作为连锁经营服务的品牌，服务对象上亦包含期望通过搜索该商标了解加盟途径的相关经营者，帮友公司使用涉案商标容易使这些经营者认为其加盟服务与涉案商标标识的呷哺火锅餐饮店存在特定联系，因而构成类似服务。

编写人：北京市海淀区人民法院　张璇　李思頔

25

以"类型化"为视角探析"其他不良影响"

——解决之道（北京）网络科技有限公司诉国家工商行政管理总局商标评审委员会商标申请驳回复审行政案

【案件基本信息】

1. 裁判书字号

北京市高级人民法院（2018）京行终 231 号行政判决书

2. 案由：商标申请驳回复审行政纠纷

3. 当事人

原告（上诉人）：解决之道（北京）网络科技有限公司（以下简称解决之道公司）

被告（被上诉人）：国家工商行政管理总局商标评审委员会（以下简称商标评审委员会）

【基本案情】

一、诉争商标

1. 申请人：解决之道公司。

2. 申请号：18639072。

3. 申请日期：2015 年 12 月 18 日。

4. 标志：

熟女

5. 指定使用服务（第 41 类、类似群 4105）：除广告片外的影片制作；戏剧制作；演出制作；电影放映；电影剧本编写；录像带录制；原文稿撰写（广告稿除外）；电影外语配音；演出；现场表演。

二、被诉决定：商评字（2017）第57406号《关于第18639072号“熟女”商标驳回复审决定书》。

被诉决定作出时间：2017年5月19日。

商标评审委员会以解决之道公司申请注册的诉争商标构成《中华人民共和国商标法》（2013年修正）第十条第一款第八项所指情形为由，作出被诉决定，驳回诉争商标在复审服务上的注册申请。

三、其他事实

在原审庭审中，解决之道公司明确表示对被诉决定作出的程序不持异议，并提交“熟女”的百度百科、《熟女养成日志》封面及版权页、第7303357号“熟女”商标的详细信息等证据以支持其诉讼请求。

【案件焦点】

诉争商标标志是否具有“其他不良影响”。

【法院裁判要旨】

北京知识产权法院认为：诉争商标为汉字“熟女”，有性成熟、风情万种的女人等含义，文字格调不高，含有贬义，用在指定服务上有违公序良俗，易产生不良影响。解决之道公司提交的证据不足以证明诉争商标应予核准注册。至于解决之道公司提到的其他商标的注册情况，与本案无关。因此，北京知识产权法院依照《中华人民共和国行政诉讼法》第六十九条的规定，判决如下：

驳回原告解决之道（北京）网络科技有限公司的诉讼请求。

解决之道公司不服，提起上诉。北京市高级人民法院经审理认为：诉争商标为汉字“熟女”，但根据解决之道公司在诉讼阶段所提交的相关网络打印件、图书资料、其他商标注册信息等证据，可以证明我国公众对“熟女”的含义并未形成普遍认知，在商标评审委员会并未就其对“熟女”解释为“性成熟、风情万种的女人”等含义予以进一步举证证明或者充分说明的情况下，被诉决定的相关认定缺乏依据，故在案证据尚不足以证明诉争商标由汉字“熟女”构成可能会对我国政治、经济、文化、宗教、民族等社会公共利益和公共秩序产生消极、负面影响，原审判决及被诉决定关于诉争商标违反《中华人民共和国商标法》(2013 年修正) 第十条第一款第八项规定的认定存在错误。解决之道公司该部分上诉理由具有事实及法律依据，应予支持。

北京市高级人民法院依照《中华人民共和国行政诉讼法》第七十条第一项、第二项，第八十九条第一款第二项、第三款之规定，判决如下：

一、撤销北京知识产权法院（2017）京 73 行初 5226 号行政判决；

二、撤销商标评审委员会作出的商评字（2017）第 57406 号《关于第 18639072 号“熟女”商标驳回复审决定书》；

三、商标评审委员会就第 18639072 号“熟女”商标重新作出驳回复审决定。

【法官后语】

本案的主要争议焦点为申请商标是否具有《中华人民共和国商标法》(2013 年修正) 第十条第一款第八项所规定的具有“其他不良影响”的情形。

标志具有“其他不良影响”虽然涵盖了政治、军事、经济、文化、宗教、民族等领域，但是并非相关领域均系独立运行，自成认定体系的。由于该情形最终均系回归至《中华人民共和国商标法》(2013 年修正) 第十条第一款第八项所规制的范畴之内，因此，在不同领域中“其他不良影响”的认定依然存在内在的“共同性”。

因为标志具有“其他不良影响”是违背公序良俗的具体体现之一，其对社会公共秩序和公共利益的损害不言而喻，并且基于法律应当确保社会公众的平等性要求，亦不宜形成差别化待遇，因此，应当避免因采取“变动不居”的认定规则而使社会公众无所适从。

标志具有“其他不良影响”是对公序良俗原则的违背，仅针对个体合法权益违反诚实信用原则损害他人民事权利的情形，不应上升为社会公众利益所要规制的范畴。关于是否应当将个体合法权益划归“其他不良影响”所规制的范畴，在司法实践中也存在从分歧到统一的认识过程。

若根据在案证据，足以证明标志本身含义已经具有“其他不良影响”的，则该标志在市场运营中的实际使用规模和知名度不能作为排除“其他不良影响”的认定因素，即《中华人民共和国商标法》(2013 年修正) 第十条第一款系对标志禁止作为商标使用情形的规制，故该标志的使用规模及知名度等情形不在考量范畴之内。

《最高人民法院关于审理商标授权确权行政案件若干问题的规定》第五条第二款规定，将政治、经济、文化、宗教、民族等领域公众人物姓名等申请注册为商标，属于前款所指的“其他不良影响”。然而，上述司法解释所界定的公众人物应当系对我国社会公共利益、民生国策等产生公共效应的自然人主体，不应包括基于在特定领域的知名度而具有自身经济价值的民事主体。此时，若诉争商标的注册系对特定领域公众人物自身经济利益的侵害，则应属对特定民事权益的损害，不宜纳入公序良俗所涵盖的范畴之内。

在就标志具有“其他不良影响”跨越类别的“共同性”进行梳理后，具体到政治、军事、经济、文化、宗教、民族等领域，亦存在属于该领域所特有的认定规则上的“个性”，应当予以充分认知。

考虑到政治、军事领域对我国国民生活、社会秩序的稳定以及国家安全等方面的重要性，就该领域关于标志是否具有“其他不良影响”的判定应当采取严格保护规则，并且应与时代的社会背景相联系，将有可能与社会政治、军事相联系的文字、图形均作为具有“其他不良影响”的情形予以认定。

基于我国历史的发展传统，宗教信仰一直以来在我国各个历史时期发挥着重要的作用，商标授权确权行政案件中对宗教的尊重亦应当予以体现。在判断标志本身是否会对宗教产生消极、负面的影响时，可以采取盖然性对应规则，而不必苛求标志本身的含义与宗教含义产生唯一对应关系。

判断文字或图形等标志是否具有宗教含义，不能仅以官方记载为准，应当结合我国宗教文化的传播方式等因素，若该标志已被宗教机构或广大宗教人士认知为具有宗教含义的，应当认定该标志构成“其他不良影响”。

文化具有多元化、时代性的特点，其与社会公众的意识形态、观念思维的发展与变化密切相关，因此，在判断标志是否在文化领域中具有“其他不良影响”时，不能墨守成规、故步自封，应当结合社会时代的背景对社会公众的认知程度与方式作出“开放性”的判断。既要避免过于严苛，亦不能损害社会主义核心价值观所蕴含的对我国传统优秀文化的传承。

在市场经济环境中，应当在一定程度上对具有真实使用意图，且所提供的商品或服务自身并无有损社会公共秩序和公共利益的商业标识给予相对包容性发展的空间，市场经济无论是从参与主体、参与方式，还是经营种类等方面，均呈现百家争鸣之势。在此基础上，若标志本身仅具有在经济领域产生的影响，则可以适度予以开放性的接受。

正是基于标志具有“其他不良影响”系禁止作为商标使用的绝对情形进行的界定，故应避免因判定主体、时间、地域、知识背景等因素的差异，而不当扩大其认定范围，进而限缩商业运营中经营者自由表达和创造的空间；亦应避免不当缩小认定范围，致使可能对我国政治、经济、文化、宗教、民族等社会公共利益和公共秩序产生消极、负面影响的标志被获准注册，因此，对商标标志或者其构成要素是否具有“其他不良影响”进行认定时，应当采取审慎、严格的认定方式，其判定规则可以从以下六方面进行归纳：(1) 判断主体应为社会公众；(2) 判断时间应以申请注册日为原则；(3) 判断程度采取“或然性”标准；(4) 判断基准采取“文义”优先规则；(5) 诉争商标申请注册的主观意图、使用方式等可以作为判断的参考因素；(6) 应由主张标志具有“其他不良影响”的主体承担证明责任。

本案因商标评审委员会并未举证证明申请商标“熟女”的含义已经明确被具有公信力的出版文献予以记载，同时结合生活常识与商业惯例，亦无法得出其具有格调不高的含义，故法院对此予以纠正。

编写人：北京市高级人民法院　陶钧

26

市场开办者怠于履行管理职责构成帮助侵权

——香奈儿股份有限公司（CHANEL）诉颜某等侵害商标权案

【案件基本信息】

1. 裁判书字号

广州知识产权法院（2018）粤73民终1765号民事判决书

2. 案由：侵害商标权纠纷

3. 当事人

原告（上诉人）：香奈儿股份有限公司（CHANEL）（以下简称香奈儿公司）

被告（上诉人）：广州市凯荣都房地产物业管理有限公司（以下简称凯荣都公司）、广州市凯荣都房地产物业管理有限公司市场经营管理分公司（以下简称凯荣都分公司）

被告：颜某

【基本案情】

香奈儿公司是第145865号“CHANEL”、第145863号“”、第793287号“”商标的注册人，核定使用商品为第18类的钱包、手提包、皮包等人造革皮具商品。国家商标评审委员会作出的复审裁定书中认定“CHANEL”“香奈儿”在衣服、化妆品、钱包、皮具等商品上为驰名商标。凯荣都服装批发中心是由凯荣都公司、凯荣都分公司开办和管理的专业市场。2010年4月12日，工商行政管理部门发布通告，“CHANEL”等国际知名品牌只能在公布的经营场所内销售才能视为正牌正货，通告公布的经营场所不含凯荣都服装批发中心。

2016年6月20日，香奈儿公司在颜某经营的凯荣都服装批发中心经营2100铺公证购买了一个女装皮包。该皮包的外包装、锁扣、吊牌以及内饰上使用了“CHANEL”和“”标识，上述标识与香奈儿公司注册的上述商标在视觉上基本无差别，两者构成相同。2016年8月8日，香奈儿公司委托北京罗杰律师事务所向凯荣都公司、凯荣都分公司发出《制止侵犯注册商标专用权行为的律师函》，认为凯荣都服装批发中心经工商行政管理部门检查后，仍有多家商铺销售假冒香奈儿公司注册商标的商品。香奈儿公司已对该批发中心内的2100铺、2045铺、3025铺、2030铺等商铺进行了证据保全，并封存了侵权商品，希望凯荣都公司、凯荣都分公司高度重视市场内的售假现象，彻底查处售假商铺的侵权行为。2016年8月12日，凯荣都公司复函香奈儿公司，认为在检查中没有发现市场内存在销售假冒香奈儿公司注册商标的商品。2017年2月14日，工商行政管理部门再次对凯荣都服装批发中心进行执法检查，发现颜某经营的2100铺未领取营业执照，继续销售假冒“CHANEL”“”“”注册商标专用权的手提包，遂对颜某作出停止经营，没收侵权商品并罚款10000元的行政处罚。

【案件焦点】

1. 凯荣都公司、凯荣都分公司是否构成帮助侵权；2. 如果构成帮助侵权，凯荣都公司、凯荣都分公司应承担何种赔偿责任。

【法院裁判要旨】

广东省广州市越秀区人民法院经审理认为：原告系注册号为第 145865 号“CHANEL”、第 145863 号“ ”商标以及第 793287 号“ ”注册商标的注册人，其有权为维护商标权利提起诉讼。被告颜某的销售行为侵犯了原告对前述三个注册商标的专用权。原告于 2016 年 6 月 20 日在涉案商铺公证购买到涉案侵权商品，于同年 8 月 8 日以律师函的形式告知了被告凯荣都公司，并得到被告凯荣都公司出具的复函确认收到律师函，故被告凯荣都公司自 2016 年 8 月 10 日起已知涉案商铺销售侵犯原告商标权的商品。2017 年 2 月 14 日，广州市越秀区工商行政管理局作出的穗越工商处字（2017）137 号《行政处罚决定书》记载因涉案商铺在 2016 年 10 月 1 日至 2016 年 12 月 23 日销售侵犯原告商标权的商品受到行政处罚。可见被告凯荣都公司并未及时制止侵权，对于 2016 年 8 月 10 日之后，商户销售侵权商品的行为主观上存在帮助侵权的故意，客观上提供了经营场所的便利条件，构成帮助侵权。被告凯荣都分公司是被告凯荣都公司的分支机构，涉案经营场所登记在其名下，且市场的经营、管理业务由其实际执行，属于共同侵权。而对于涉案商铺在 2016 年 8 月 10 日之前实施的侵权行为，被告凯荣都公司、凯荣都分公司否认其知晓，据原告提交的证据也不能推定其明确知道，缺乏构成帮助侵权的主观要件，故被告凯荣都公司、凯荣都分公司对涉案商铺在 2016 年 8 月 10 日之前实施的侵权行为主观上无过错，故被告凯荣都公司、凯荣都分公司应对被告颜某的部分侵权行为承担连带赔偿责任。

广东省广州市越秀区人民法院判决如下：

一、颜某立即停止销售侵犯香奈儿公司注册商标专用权的皮具商品；

二、凯荣都公司、凯荣都分公司立即停止为颜某销售侵权商品的行为提供经营场所；

三、颜某应于判决书发生法律效力之日起十日内赔偿经济损失及维权费用合计 50000 元给香奈儿公司；

四、凯荣都公司、凯荣都分公司对颜某赔偿金额中的25000元承担连带赔偿责任；

五、驳回香奈儿公司的其他诉讼请求。

宣判后，香奈儿公司、凯荣都公司、凯荣都分公司均不服一审判决，提起上诉，请求撤销原判。

广州知识产权法院经审理认为：案件的争议焦点是凯荣都公司、凯荣都分公司是否构成帮助侵权；如果构成帮助侵权，凯荣都公司、凯荣都分公司应承担何种赔偿责任。香奈儿公司在颜某的商铺内购买到侵权商品后，随即致函凯荣都公司、凯荣都分公司，告知其市场内存在销售侵权产品的行为，并列明包括颜某在内的商铺号，凯荣都公司、凯荣都分公司收到律师函并予以复函，可见其应当知道市场内存在侵权行为，但工商行政管理部门在随后的检查中，仍发现市场内存在侵权行为，故凯荣都公司、凯荣都分公司并未采取有效措施制止侵权行为的发生，使颜某能够在一段时间内继续销售侵权产品，凯荣都公司、凯荣都分公司主观上存在故意，客观上为颜某的侵权行为提供了便利条件，故凯荣都公司、凯荣都分公司构成帮助侵权；根据《中华人民共和国侵权责任法》第九条第一项的规定，帮助他人实施侵权行为的，应当与行为人承担连带责任。凯荣都公司、凯荣都分公司应对颜某的侵权后果承担全部连带赔偿责任。

广州知识产权法院依照《中华人民共和国民事诉讼法》第一百七十条第一款第二项的规定，判决如下：

一、维持广东省广州市越秀区人民法院（2017）粤0104民初10186号民事判决第一项、第二项、第五项；

二、变更广东省广州市越秀区人民法院（2017）粤0104民初10186号民事判决第三项、第四项为：颜某应于判决生效之日起十日内，赔偿香奈儿公司经济损失及合理维权费用合计50000元；凯荣都公司、凯荣都分公司承担连带赔偿责任。

【法官后语】

本案的意义在于界定市场开办者的知识产权侵权责任。

国家工商行政管理总局在2013年发布的《关于加强商品交易市场规范管理的指导意见》中对“市场开办者”作出规定，该意见所称商品交易市场及开办者是指提供固定商位和相应设施，提供物业服务，实施经营管理，并收取租金等收益，有多个经营者入场独立从事商品交易活动的经营场所；市场开办者是指从事市场经营管理的企业法人。另外，国务院发布的《关于进一步做好打击侵犯知识产权和制售假冒伪劣商品工作的意见》明确规定，市场开办者、网络交易平台经营者要承担相应的管理责任，引导和督促商户规范经营。可见，市场开办者在运营市场期间要履行管理责任，并非无管理职责。此外，虽然市场开办者没有直接实施侵权行为，但明知市场内商户实施了侵害他人知识产权的行为却不及时采取如收取违约金、暂停营业甚至解除租赁合同等必要的措施避免侵害后果扩大的，构成故意。《中华人民共和国商标法》（2013 年修正）第五十七条第六项将帮助侵权行为表述为“故意为侵犯他人商标专用权行为提供便利条件”。因此，市场开办者的过错判断标准主要是“明知”，如权利人已向市场开办者发出制止侵权行为的通知，工商行政管理部门对商户作出行政处罚、消费者的特定投诉、知名度较高的奢侈品牌商品低价销售（知名度越高，注意义务越高）等情形，若市场开办者不作为，放任损害结果的发生，则可以认定市场开办者未尽注意义务构成帮助侵权。《中华人民共和国侵权责任法》第九条第一款已明确规定，帮助他人实施侵权行为的，应当与行为人承担连带责任，即对损害结果承担全部连带责任。因此，帮助侵权对损失金额没有分段计算的法律规定。

交易市场内销售侵犯知识产权商品的行为理应得到遏制，“山寨”产品也应退出市场。虽然《中华人民共和国商标法》《中华人民共和国侵权责任法》对“明知”而“不作为”未作出明确规定，但可依据民法过错归责理论，将其归入不作为侵权行为类型。因此，合理确定市场开办者的注意义务有利于商品交易市场的健康发展。

编写人：广东省广州市越秀区人民法院　刘婷

三、著作权纠纷

27

VR全景摄影作品是否构成摄影作品的判断

——北京全景客信息技术有限公司诉同创蓝天投资管理（北京）有限公司侵害著作权案

【案件基本信息】

1. 裁判书字号

北京知识产权法院（2018）京73民终1219号民事判决书

2. 案由：侵害著作权纠纷

3. 当事人

原告（被上诉人）：北京全景客信息技术有限公司（以下简称全景客公司）

被告（上诉人）：同创蓝天投资管理（北京）有限公司（以下简称同创蓝天公司）

【基本案情】

全景客公司是一家专业从事移动互联网和虚拟现实技术的研发公司，拥有专业的三维全景拍摄技术，创作完成了《故宫》《中国古动物馆》系列VR全景摄影作品，其中作品《故宫》已由北京市版权局进行了版权登记。同创蓝天公司未经许可，在其主办的网站（kuleiman.com）上传了《故宫》（53幅）、《中国古动物馆》（23幅）共计76幅VR全景摄影作品（以下简称涉案作品），侵害了全景客公司依法享有的信息网络传播权。全景客公司要求同创蓝天公司赔偿经济损失462000元及合理开支32500元。

同创蓝天公司辩称，全景客公司主张的权利存在瑕疵，部分涉案作品的权利无法得到有效证明；涉案作品全部由用户发布，同创蓝天公司未对涉案作品进行任何编辑、整理和推荐，对于他人侵犯全景客公司著作权的行为并不知情，应当适用“避风港原则”；同创蓝天公司未从用户提供的涉案作品中获得经济利益，在收到起诉材料后立即对涉案作品进行了强制关闭，不存在主观过错，不应承担赔偿责任；全景客公司主张的经济损失过高且无证据支持。涉案作品在同创蓝天公司网站展示期间的浏览量和传播度极低，全景客公司作品的拍摄质量也远低于行业水平，律师费等并非本案必要支出。综上，不同意全景客公司的全部诉讼请求。

【案件焦点】

1. 全景客公司的 VR 全景摄影作品是否属于作品，属于什么性质的作品；2. 同创蓝天公司的行为是否构成侵权。

【法院裁判要旨】

北京市海淀区人民法院经审理认为：摄影作品是指借助器械在感光材料或者其他介质上记录客观物体形象的艺术作品。涉案作品属于可 360 度全景再现客观物体和场景的摄影作品，依法应当予以保护。当事人提供的涉及著作权的底稿、原件、合法出版物、著作权登记证书、认证机构出具的证明、取得权利的合同等，可以作为认定权利的证据。本案中，全景客公司提交了涉案作品电子底稿、作品登记证书及展示有涉案作品的全景客公司网页打印件，上述证据相互印证，能够证明全景客公司享有涉案作品的著作权，有权提起本案诉讼。同创蓝天公司辩称全景客公司不享有涉案作品的著作权，但未提交相反证据，对此不予采信。

同创蓝天公司未经许可，在其运营的酷雷曼网站上提供了涉案作品的 360 度全景展示，使公众可以在其个人选定的时间和地点获得涉案作品，侵害了全景客公司对涉案作品享有的信息网络传播权。同创蓝天公司辩称其提供的是信息网络存储空间服务，涉案作品系由用户上传，其不构成侵权。鉴于酷雷曼网站网页前端并未显示涉案作品的上传者信息，同创蓝天公司的法律声明中亦声称其网站上的所有内容均由其享有权利，且后台用户注册信息具有可修改性，全景客公司对此亦不予认可，故在同创蓝天公司未提交充分证据证明其就涉案作品提供的是信息网络存储空间服务的情况下，对于同创蓝天公司的该项辩称不予采信。

同创蓝天公司应当就本案侵权行为承担相应的法律责任，全景客公司要求同创蓝天公司赔偿经济损失及合理开支的诉讼请求，法院予以支持。关于赔偿损失的具体数额，因双方未提交全景客公司实际损失或同创蓝天公司违法所得的证据，法院将综合考虑如下因素酌情判定赔偿数额：第一，涉案作品均为全景摄影作品，具有一定的拍摄和创作难度；第二，同创蓝天公司将涉案作品直接展示在其网站上用于商业案例宣传；第三，涉案作品的在线浏览量较大，受关注度较高。综上，法院认为全景客公司主张的赔偿数额合理，法院予以全额支持。同创蓝天公司对全景客公司因本案所支付的律师费、公证费应一并予以赔偿。

北京市海淀区人民法院依照《中华人民共和国著作权法》第四十八条第一项、第四十九条的规定，作出如下判决：

本判决生效之日起十日内，被告同创蓝天公司赔偿原告全景客公司经济损失462000元及合理开支32500元。

同创蓝天公司不服一审判决，提起上诉。二审法院同意一审法院的裁判意见。

北京知识产权法院依照《中华人民共和国著作权法》第十条第一款第十二项、第四十九条，《中华人民共和国民事诉讼法》第一百七十条第一款第一项规定，作出如下判决：

驳回上诉，维持原判。

【法官后语】

从法律层面上，法院对VR全景作品的性质进行了认定。摄影作品是指借助器械在感光材料或者其他介质上记录客观物体形象的艺术作品。本案诉争的VR全景作品与传统的二维摄影作品有所不同，属于可360度全景再现客观物体和场景的作品，具有超强的现实感体验，其创作需借助专业的相机和镜头获取图像素材，并使用特殊的技术软件进行拼合，将平面图片转化成360度全景展示图。本案的权利客体是需借助一定的技术手段进行拼接和展示的VR全景作品，形式新颖，虽与传统的二维摄影作品有所不同，但法院对其属于摄影作品的性质进行了认定，为该类案件的处理积累了审判经验。

在本案侵权事实成立的前提下，法院通过细化赔偿数额的考量因素，加大判赔力度，保护新型作品权利人。本案的在案证据不足以确定权利人的实际损失或者侵权人的违法所得，针对涉案作品的类型，充分考虑VR全景摄影作品的独创性高度、创作难度以及侵权影响范围等方面细化赔偿数额的考量因素，加大了判赔力度，体现了司法对于知识产权保护力度的不断增强。

从市场层面上，VR技术市场前景广阔，正逐步走向普及，本案是我市宣判的首例VR全景摄影作品著作权案，既对可能发生的类似纠纷具有一定的预判和引导作用，又能充分发挥知识产权审判激励和保护创新、维护市场公平竞争秩序的职能作用，为形成更加开放的法治化营商环境提供更优质的司法服务和有力的司法保障。

从社会层面，海淀法院以“保护原创、鼓励创新”为理念，充分认识到保护原创作品对提高创作积极性，推动创新原动力的重要激励作用，通过提高对原创作品的司法保护水平和力度，有效遏制侵权行为，促进形成尊重原创、保护原创的良好氛围。

编写人：北京市海淀区人民法院　尹斐　李园园

28

超出著作权许可协议范围使用卡通作品的认定

——维亚科姆国际公司诉宁波雅格投资管理有限公司等侵害其他著作财产权及不正当竞争案

【案件基本信息】

1. 裁判书字号

浙江省高级人民法院（2018）浙民终346号民事判决书

2. 案由：侵害其他著作财产权及不正当竞争纠纷

3. 当事人

原告（被上诉人）：维亚科姆国际公司（以下简称维亚科姆公司）

被告（上诉人）：宁波雅格投资管理有限公司（以下简称雅格投资公司）

被告：象山雅格主题乐园管理有限公司（以下简称雅格乐园公司）

被告（上诉人）：北京麦幼优投资有限公司（以下简称麦幼优公司）

【基本案情】

原告维亚科姆公司就海绵宝宝系列作品依法享有著作权。被告雅格投资公司、雅格乐园公司系关联公司，两者实际控制人、股东、高级管理人员相同。2014年8月，原告发现上述两公司共同设立并经营的游乐园即将开业，遂发送律师函要求停止经营涉案乐园，但该乐园仍于2014年国庆期间开业，且未经授权在外部装修及内部装饰和陈设上使用了原告海绵宝宝系列作品。2011年4月，原告所属公司与麦幼优公司签订《商品许可协议》，但该协议已于2013年9月30日终止，并明确麦幼优公司无权转授其他第三方使用“海绵宝宝”作品及相关知识产权，而涉案乐园系由麦幼优公司于2014年授权加盟。原告遂诉至法院，请求判令三被告立即停止著作权侵权行为及不正当竞争行为，连带赔偿经济损失及合理维权费用共计人民币200万元，并在全国性报纸刊登公告，以消除其侵权行为及不正当竞争行为给原告造成的不良影响。

【案件焦点】

1. 对于超范围使用作品的生产和销售行为，既违反了合同约定构成违约，又侵害了许可方的著作权并构成侵权，原告能否择一行使违约损害赔偿或者侵权损害赔偿请求权；2. 作为涉案乐园投资方，雅格投资公司在收到原告律师函后将股权及游乐设施转让，是否仍应承担责任。

【法院裁判要旨】

浙江省宁波市中级人民法院经审理认为：涉案游乐园在其经营活动、举办的游乐活动和对外宣传活动中，大量使用原告海绵宝宝系列作品卡通形象予以公开展示，侵犯了原告依法享有的复制权、发行权、展览权和信息网络传播权。庭审中，雅格乐园公司自认其系涉案乐园的经营主体，故可认定该公司存在前述著作权侵权行为。

被告雅格投资公司与雅格乐园公司具有关联关系。虽然雅格乐园公司在收到律师函后，于2014年9月进行了股东变更，同时将向麦幼优公司订购的海绵宝宝游乐设施、设备转让给雅格乐园公司，并约定游乐设施、设备在运营过程中发生的任何纠纷由雅格乐园公司承担全部责任。但是，雅格投资公司在收到原告代理人寄送的律师函后，在明知涉案乐园存在著作权侵权的情况下，并未停止侵权行为，而是将股权及游乐设施转让，放任前述侵权事实处于持续状态，故其应承担连带责任。

麦幼优公司与雅格投资公司签订《特许经营合同》，涉案乐园即麦幼优公司授权的加盟店之一，该公司对于涉案乐园的侵权行为，同样亦应承担连带责任。涉案商品许可协议已于 2013 年 9 月 30 日解除，适用于许可期内已经生产的库存产品的抛售期也已至 2014 年 3 月 29 日截止。本案《特许经营合同》及关于购买游乐设备的补充协议均签订于 2014 年 8 月 4 日，远在商品许可终止和抛售期截止日后，麦幼优公司关于得到合法授权的抗辩显然不能成立。

本案三被告均为游乐园经营服务行业的从业者，原被告相互之间具有竞争关系，均应恪守《中华人民共和国反不正当竞争法》规定的竞争规则。涉案游乐园利用了原告知名作品和知名卡通形象对相关公众的影响力，极易使相关公众误认为其与原告存在授权许可等关联，吸引相关公众到涉案游乐园消费，该行为违反了诚实信用原则，具有明显的不正当竞争意图，不仅有失公平，并且损害了原告的合法权益，扰乱了社会经济秩序，当为反不正当竞争法所禁止。雅格乐园公司作为涉案乐园的经营主体，其行为构成不正当竞争。雅格投资公司亦应与雅格乐园公司承担连带责任。至于麦幼优公司，其在与原告原许可协议终止后，明知故犯，不仅超过原许可范围开设、经营以海绵宝宝为主题的游乐园，借助虚假宣传与原告的关系发展加盟体系，又通过指导加盟店经营活动收取加盟费牟取双重不当利益，严重违反了市场经营者应当遵守的诚实信用原则，违反了公平公正原则，侵害了原告的合法权益，构成不正当竞争。

浙江省宁波市中级人民法院依照《中华人民共和国著作权法》第十条第一款第五项、第六项、第八项、第十二项，第十一条，第四十八条第一项，第四十九条；《中华人民共和国反不正当竞争法》第二条第一款、第九条第一款、第二十条；《中华人民共和国侵权责任法》第十五条；《最高人民法院关于审理著作权民事纠纷案件适用法律若干问题的解释》第七条、第二十五条、第二十六条；《中华人民共和国民事诉讼法》第一百四十四条之规定，判决如下：

一、被告雅格投资公司、雅格乐园公司、麦幼优公司于本判决生效之日停止侵害原告维亚科姆公司涉案海绵宝宝系列作品享有的著作权；

二、被告雅格投资公司、雅格乐园公司于本判决生效之日停止使用“海绵宝宝主题乐园”的不正当竞争行为；被告麦幼优公司于本判决生效之日停止使用“海绵宝宝主题乐园”，并以此宣传和发展加盟体系的不正当竞争行为；

三、被告雅格乐园公司于本判决生效之日起十日内拆除并销毁涉案乐园中含有“海绵宝宝”“SpongeBobSQUAREPANTS”“SPONGEBOB”，及任何含有与“海绵宝宝系列作品”相关的名称、标识，角色形象和作品的游乐设施、装饰装潢、雕塑、玩具，海报、宣传单等所有商业标识和商业资料；

四、被告雅格乐园公司赔偿原告维亚科姆公司经济损失和为制止侵权行为所支付的合理费用共计人民币400000元，自本判决生效之日起十日内履行完毕；被告雅格投资公司、麦幼优公司对该款项承担连带赔偿责任；

五、被告麦幼优公司赔偿原告维亚科姆公司经济损失和为制止侵权行为所支付的合理费用共计人民币800000元，自本判决生效之日起十日内履行完毕；

六、被告雅格投资公司、雅格乐园公司于本判决生效之日起十日内在全国性报纸上刊登公告，消除对原告维亚科姆公司实施不正当竞争行为所造成的不良影响（公告内容需经法院审核，逾期不履行的，法院将依原告申请公布本判决主要内容，费用由被告雅格投资公司、雅格乐园公司负担）；被告麦幼优公司于本判决生效之日起十日内在其网站的首页显著位置刊登声明，消除对原告维亚科姆公司实施不正当竞争行为所造成的不良影响（声明须连续保留十日，声明内容及所在页面位置，占页面面积比例须经法院审核通过，逾期不履行的，法院将依原告申请公布本判决主要内容，费用由被告麦幼优公司负担）；

七、驳回原告维亚科姆公司的其他诉讼请求。

雅格投资公司、麦幼优公司不服一审判决，提起上诉。

浙江省高级人民法院经审理后，认为一审判决认定事实清楚，适用法律正确，判决：

驳回上诉，维持原判。

【法官后语】

在本案中，对超出许可范围展示和使用海绵宝宝形象的违法行为的性质应当如何界定，对权利人通过持续投入和经营所获商誉的不当占有和利用，以及违背商业道德的“搭便车”行为应当如何规范，对共同侵权行为的连带责任应当如何规制，均是值得探讨的问题。

界定该类行为性质，需回归著作权侵权的本质展开分析。著作权法保护著作权，其实质是对作者在创作作品中所付出的独创性劳动的肯定。实践中，不论是要充分实现著作权的效能，还是大力实施商业化的推广应用，都离不开作品与产品的结合。但这种结合的行为只能属于著作权人，任何其他公民、法人或组织，在未获合法授权的情况下，均不得擅自将作品与产品相结合。而在未付出相应智力劳动的情形下，违反授权许可协议，超出约定的数量、时间或者商品类别，就作品与产品实施商业化的结合，实质上攫取了本应属于著作权人的商业利益，该种商品流入市场后，还会分散目标消费者的注意力，减损权利人的市场份额并削弱其市场需求。因此，对于超范围使用作品的生产和销售行为，如超出约定期限、数量或者商品类别，生产、销售附有作品的商品，既违反了合同约定构成违约，又侵害了许可方的著作权并构成侵权，许可方有权援引合同法或者著作权法，择一行使违约损害赔偿或者侵权损害赔偿请求权。

本案三被告均为游乐园经营服务行业的从业者，原被告之间具有竞争关系。涉案游乐园利用了原告知名作品和知名卡通形象对相关公众的影响力，极易使相关公众误认为其与原告存在授权许可等关联，吸引相关公众到涉案游乐园消费，该行为违反了诚实信用原则，具有明显的不正当竞争意图，不仅有失公平，并且损害了原告的合法权益，扰乱了社会经济秩序，当为反不正当竞争法所禁止。雅格乐园公司作为其经营主体，构成不正当竞争，雅格投资公司亦应与雅格乐园公司承担连带责任。至于麦幼优公司，其在与原告原许可协议终止后，明知故犯，不仅超过原许可范围开设、经营以海绵宝宝为主题的游乐园，借助虚假宣传与原告的关系发展加盟体系，又通过指导加盟店经营活动收取加盟费牟取双重不当利益，严重违反了市场经营者应当遵守的诚实信用原则，违反了公平公正原则，侵害了原告的合法权益，构成不正当竞争。

雅格投资公司作为涉案《特许经营合同》的受许可方，以加盟店形式设立、开设了涉案乐园，已经直接参与实施了著作权侵权行为，该公司在收到原告代理人寄送的律师函后，不但没有采取相应措施停止侵权行为，反而将其持有的关联公司雅格乐园公司的股份进行转让，且将涉案侵权游乐设备转让给后者，两者在主观上存在意思联络，对于侵害行为和结果有共同认识，行为上亦具有关联，系共同实施了一个完整的侵权行为，导致了损害结果的发生并放任侵权事实处于持续状态，损害了权利人的著作权及正当合法的市场竞争秩序，故应依据《中华人民共和国侵权责任法》第八条关于共同侵权的规定，判令其承担连带责任。

编写人：浙江省宁波市中级人民法院 马宁

29

汉服印染图案是否构成作品

——陈某诉北京丰彩数码纺织产品中心等侵害著作权案

【案件基本信息】

1. 裁判书字号

北京知识产权法院（2018）京73民终1599号判决书

2. 案由：侵害著作权纠纷

3. 当事人

原告（被上诉人）：陈某

被告（上诉人）：曹县凤凰升服装经营部（以下简称凤凰升经营部）

被告：北京丰彩数码纺织产品中心（以下简称丰彩公司）、曹县云爵电子商务有限公司（以下简称云爵公司）、浙江天猫网络有限公司（以下简称天猫公司）

【基本案情】

陈某享有《云纹－飞鱼－（裙襴）》美术作品的著作权，该作品用于印制在其销售的汉服上，其将该作品样图发送给丰彩公司并委托丰彩公司制作汉服。后陈某发现，丰彩公司将样图外泄，凤凰升经营部、云爵公司未经许可，擅自将涉案作品印染在涉案服装上并通过天猫公司开设的天猫店铺进行售卖，四被告共同侵害了陈某就涉案作品享有的署名权、复制权、发行权。陈某要求四被告停止使用涉案作品、以书面形式赔礼道歉并共同赔偿其经济损失 398866 元及合理开支 19650 元，并要求丰彩公司、凤凰升经营部、云爵公司返还以涉案美术作品印制的布料 10000 米。

四被告均否认侵权，不同意陈某的全部诉讼请求。

丰彩公司认可陈某为涉案作品的著作权人，其主要抗辩意见为其未泄露涉案作品的样图，陈某提交的证据也无法证明是其泄露了样图。

凤凰升经营部、云爵公司的主要抗辩意见为陈某提交的作品登记证书显示未发表，其无接触可能性，用于制作涉案服装的图案系其法定代表人戚某自行创作并进行了作品登记，作品登记证书显示创作完成时间早于陈某，其无主观侵权故意，不构成侵权。

天猫公司的抗辩意见为其仅为网络服务提供者，非涉案服装的销售方，涉案服装是否构成侵权有待法院确认，天猫公司已经尽到了通知删除义务，涉案服装已经全部下架。

【案件焦点】

1. 陈某是否享有涉案作品的著作权及涉案作品是否发表；2. 涉案服装所用图案是否侵害陈某的著作权；3. 若侵权，四被告应承担的法律责任。

【法院裁判要旨】

北京市海淀区人民法院经审理认为：根据陈某提交的作品登记证书及当庭展示的创作底稿，加之丰彩公司认可其于 2013 年即收到涉案作品样图的事实可以证明，涉案作品系陈某于 2013 年创作完成，其构图精致、复杂、特别，具有独创性，是以线条、色彩构成的具有审美意义，可用于汉服印染图案的美术作品，在无相反证据的情况下，法院依据现有证据确认陈某享有涉案作品的著作权。

经比对，涉案服装的上身、袖子及下身裙摆上均印染有与涉案作品基本一致的图案，与涉案作品构成实质性相似。未经陈某许可，涉案服装上印染有涉案作品，属于侵害涉案作品著作权的产品。就凤凰升经营部、云爵公司提出涉案服装上印染的被告图案系戚某自行创作并进行作品登记且与涉案作品有区别的抗辩，一方面，凤凰升经营部、云爵公司未指出被告图案与涉案作品的区别；另一方面，凤凰升经营部、云爵公司提交的作品登记证书登记于2017年7月27日，晚于涉案作品进行作品登记的时间，且晚于本案起诉时间，加之凤凰升经营部、云爵公司亦明确表示无创作底稿及其他证据证明被告图案由戚某创作。在我国实行著作权自愿登记制度，登记机关不对所登记作品进行实质审查的情况下，法院认为被告主张图案由戚某独立创作完成缺乏充分的事实依据，故对凤凰升经营部、云爵公司的抗辩不予采信。

本案中，陈某主张凤凰升经营部、云爵公司共同制造、销售涉案服装，凤凰升经营部、云爵公司抗辩涉案店铺系凤凰升经营部负责经营，与云爵公司无关。法院对此考虑如下因素：第一，查询涉案店铺天猫网店经营者营业执照信息显示为凤凰升经营部，旺旺聊天记录中涉案店铺客服提供开具发票的主体为云爵公司；第二，2017年9月18日，戚某接受法院询问时亦承认凤凰升经营部负责经营涉案店铺，云爵公司负责制作涉案店铺中的服装，云爵公司的法定代表人为其配偶；第三，凤凰升经营部认可涉案服装系其生产、销售；第四，凤凰升经营部、云爵公司表示客服系出于避税等方面的考虑才在聊天记录中提供了云爵公司的名称。可见，凤凰升经营部、云爵公司共同制造涉案服装，并在涉案店铺上进行销售，未为陈某适当署名，侵害了陈某就涉案作品享有的署名权、复制权、发行权，应共同承担相应的法律责任。

至于陈某提出涉案作品的样图系丰彩公司泄露给凤凰升经营部、云爵公司，属于共同侵权的主张，法院认为，首先，陈某提交的录音证据来源不明，且丰彩公司的法定代表人刘某亦否认该录音证据的真实性；其次，即便该录音证据系真实的，其中的内容并无刘某自认泄露了涉案作品样图的表述。故在无其他证据佐证的情况下，法院对陈某主张涉案作品的样图系丰彩公司泄露，要求丰彩公司承担共同侵权责任的相关诉讼请求予以驳回。

关于天猫公司，法院认为，天猫公司在本案中系电子商务平台经营者，未直接实施销售涉案服装的行为，属于为交易信息的公开传播提供网络中间服务的网络服务提供者。电子商务平台经营者仅在明知或应知网络卖家利用其网络服务侵害他人知识产权，但未及时采取必要措施的，才对知道之后产生的损害与网络卖家承担连带赔偿责任。在本案中，一方面，陈某于2017年7月31日向天猫公司发送了律师函，律师函的内容仅表明了涉案作品系陈某创作、享有著作权并附作品登记证书，涉案店铺未经授权，擅自销售印有涉案作品的服装属于侵权行为，要求天猫公司在3天内下架涉案店铺及合作网店的所有侵权产品，律师函并未明确涉案服装的链接或产品名称，在第92032号公证书显示涉案店铺有众多商品分类的情况下，天猫公司难以准确定位涉案服装的相关信息；另一方面，天猫公司在收到该律师函后即进行了回复，并建议补充相关资料或通过线上投诉渠道进行相关材料的提交，而陈某亦表示其收到回复后因相关维权步骤烦琐且历时较长且当时本案已经起诉，故未再进行回复；加之涉案服装已经于2017年9月27日下架。综上，法院认为，现有证据不能证明天猫公司对涉案店铺销售涉案服装的行为存在明知或应知的主观状态，不应承担相关的连带责任。

关于陈某要求凤凰升经营部、云爵公司停止侵权的诉讼请求，在本案中，双方均明确涉案店铺销售涉案服装的行为已停止，陈某虽表示可能存在其他销售渠道，但无证据证明，故法院认为再行判令凤凰升经营部、云爵公司停止侵权行为已无必要。

关于陈某要求凤凰升经营部、云爵公司向其书面赔礼道歉、赔偿经济损失的诉讼请求，法院予以支持。关于赔偿损失的具体数额，尽管陈某明确了其主张赔偿损失的计算方法，但该计算方法所依据的录音证据法院未予采信，且该计算方式所得出的数额亦非凤凰升经营部、云爵公司的违法所得。对于凤凰升经营部、云爵公司表示其仅获利5636元的主张，法院注意到：（1）凤凰升经营部、云爵公司自述的上架时长与第2212号公证书中所展示的后台销售记录不符；（2）旺旺聊天记录中涉案店铺的客服人员自认共制作了1300件涉案服装现货，数量较多；（3）凤凰升经营部、云爵公司未举证证明其成本及利润。故法院对凤凰升经营部、云爵公司提出其仅获利5636元的主张不予采信。综上，现有证据无法证明陈某遭受的实际损失或凤凰升经营部、云爵公司的违法所得，法院根据本案的具体情况，综合考虑如下因素酌定赔偿数额：（1）涉案店铺客服表示涉案服装与陈某的“控弦司服务社”淘宝店的链接服装一致，可见凤凰升经营部、云爵公司对于涉案服装使用了涉案作品系明知，其主观侵权故意严重；（2）涉案店铺的客服人员自认共制作了1300件涉案服装现货，可见其制作的涉案侵权服装数量较多、规模较大；（3）旺旺聊天记录中显示，陈某的淘宝店正品服装的单价为1932元，价值较高；（4）陈某未提交证据证明其授权他人使用涉案作品的许可费情况。综合以上因素，法院依法酌定赔偿数额为20万元。陈某主张为本案支出了律师费、公证费并提交了相关票据及合同，属于维权合理开支，凤凰升经营部、云爵公司应一并予以负担。

关于陈某要求凤凰升经营部、云爵公司返还布料的诉讼请求，法院认为，现有证据无法证明凤凰升经营部、云爵公司存有1万米印染有涉案作品的布料，陈某亦未提交其他证据予以佐证，故对该项诉讼请求，法院予以驳回。

北京市海淀区人民法院依照《中华人民共和国著作权法》第十条第一款第二项、第五项、第六项，第四十八条第一项、第四十九条的规定，作出如下判决：

一、本判决生效之日起三十日内，被告凤凰升经营部、被告云爵公司就本案侵权行为向原告陈某书面赔礼道歉（内容须经法院审核，逾期不履行，法院将根据原告陈某申请，在相关媒体公布判决书主要内容，费用由被告凤凰升经营部、被告云爵公司负担）；

二、本判决生效之日起十日内，被告凤凰升经营部、被告云爵公司赔偿原告陈某经济损失200000元及合理开支19650元；

三、驳回原告陈某的其他诉讼请求。

凤凰升经营部不服一审判决，提起上诉。北京知识产权法院同意一审法院的裁判意见。

北京知识产权法院依照《中华人民共和国民事诉讼法》第一百七十条第一款第一项之规定，判决如下：

驳回上诉，维持原判。

【法官后语】

本案为“山寨”汉服侵害著作权的典型案例，典型意义在于：

第一，明确了用于印染服装的具有独创性的花纹、图案的可版权性，确认其构成美术作品。目前，服装行业原创设计师维权难度较大，尤其是一些制作精美、设计独特的服装，一经推出，迅速就有仿制服装出现。本案认定原告用于汉服印染的图案构图精致、复杂、特别，具有独创性，属于线条、色彩构成的具有审美意义的美术作品，受我国著作权法的保护。未经许可擅自使用构成美术作品的花纹、图案的服装属于侵害上述美术作品著作权的服装。为服装行业原创设计师的设计成果提供了著作权法框架下的一种保护思路和途径。

第二，对个案中作品登记证书的证明效力进行了相关论述。目前，我国作品登记工作采用分散管理原则，在一定程度上导致各地提供的作品登记服务存在较大差异，出现如在A地不予登记的作品在B地却可以登记，或同样作品甲在A地登记之后乙可以在B地登记等作品登记乱象。2002年最高人民法院发布的《关于审理著作权民事纠纷案件适用法律若干问题的解释》确认著作权登记证书为可以采纳的证据，承认作品登记具有初步证据效力，但对发生登记冲突时如何判断这一问题缺乏明确的规定。针对本案中原被告提交著作权登记证书发生登记冲突的情形，法院综合考虑了被告作品登记证书的登记时间、无创作底稿以及我国实行著作权自愿登记制度的情况，认为仅凭该作品登记证书难以证明该图系被告独立创作，最终未采信被告独立创作的抗辩。

第三，通过对“山寨”服装侵权判决了高额赔偿，有力地保护了原创作者的合法权益。由于服装市场原创动力不足、“山寨”服装侵权成本低以及权利人维权意识不足等原因，使得近年来服装产业侵害原创服装设计作品的现象屡见不鲜，并已成为制约服装市场良性发展的一大阻碍。本案通过对“山寨”服装侵权判决了高额赔偿，对服装设计、生产及销售的各方市场主体敲响警钟，使相关从业者了解“山寨”服装侵权行为的司法认定标准及潜在风险，提高服装市场主体对相关法律后果的可预期性，从而引导服装行业健康发展；同时有力地保护了原创作者的合法权益，有利于提高权利人的著作权保护意识，对于鼓励原创、完善著作权管理与交易体系具有推动作用。

编写人：北京市海淀区人民法院　李莉莎　洪嘉君

30

瓶贴可作为美术作品受著作权法保护

——上海鼎丰酿造食品有限公司诉吴江市铜罗海皇食品酿造厂著作权侵权案

【案件基本信息】

1. 裁判书字号

江苏省苏州市中级人民法院（2017）苏05民终10602号民事判决书

2. 案由：著作权侵权纠纷

3. 当事人

原告（被上诉人）：上海鼎丰酿造食品有限公司（以下简称鼎丰公司）

被告（上诉人）：吴江市铜罗海皇食品酿造厂（以下简称海皇厂）

【基本案情】

鼎丰公司设立于1998年3月12日，其前身系1864年创立的鼎丰酱园，经营范围包括酿造酱油、酿造食醋、配制食醋等。吴某曾是该公司法定代表人。1999年1月19日，鼎丰公司向国家知识产权局申请名称为“标贴（白醋）”的外观设计专利，并于1999年8月7日获得授权，专利号为第ZL99322174.2号，登记的设计人为吴某。鼎丰公司将上述专利设计作为其白醋产品瓶贴（见附件1）投入市场使用。在上海市奉贤区档案馆收藏的鼎丰标贴中，与上述瓶贴基本相同的藏品标注的生产日期为1996年。

海皇厂系个体工商户，成立于2003年5月27日，经营范围包括食醋、调味料生产销售等。2014年12月23日，因海皇厂在其生产的“上海风味”白醋产品上使用的瓶贴与鼎丰公司白醋产品瓶贴近似，鼎丰公司认为海皇厂的行为构成不正当竞争，向法院提起诉讼。该案经过一审、二审，双方最终达成和解，海皇厂表示尊重鼎丰公司对于知名商品“鼎丰白醋”特有包装、装潢所享有的权利，承诺不再使用与上述知名商品特有包装、装潢相同或者近似的包装、装潢，并赔偿鼎丰公司11000元。后海皇厂更换了白醋瓶贴，鼎丰公司认为海皇厂变更后的白醋瓶贴（见附件2）与鼎丰公司享有著作权的美术作品构成实质性相似，构成著作权侵权，故提起本案诉讼，要求海皇厂停止侵权、赔偿道歉并赔偿经济损失及合理费用共计15万元。

【案件焦点】

1. 鼎丰公司主张权利的瓶贴是否构成著作权法意义上的作品；2. 海皇厂在“上海风味白醋”产品上使用的瓶贴是否侵害鼎丰公司的著作权；3. 海皇厂所应承担的侵权责任。

【法院裁判要旨】

江苏省苏州市吴江区人民法院经审理认为：著作权法所称作品，是指文学、艺术和科学领域内具有独创性并能以某种有形形式复制的智力成果。此处的独创性，是指表达的独创性，表达是为了将思想传达于外，表达方式中包含作者的选择、取舍、安排和设计。判断是否具有独创性，应从表达中寻找，而不是离开表达看其创意、思想、情感等其他方面。在本案中，鼎丰公司主张权利的瓶贴，内容虽然受限于产品自身的实用信息，但在线条、色彩、图案、艺术体文字的选择、安排上体现了作者的个性，独特的组合和整体构思，具有独创性，符合著作权法作品的基本属性，应当认定为美术作品。海皇厂已实际接触鼎丰公司的作品，其使用的瓶贴与涉案作品在整体构图、主要组成部分的表达方式上也基本相同，构成实质相似，其行为侵害鼎丰公司的著作权。因鼎丰公司未举证证明其因侵权行为而遭受的实际损失，也未证明侵权人的获益。依据法定赔偿原则，酌情确定赔偿损失3000元、合理费用2000元。

江苏省苏州市吴江区人民法院依照《中华人民共和国著作权法》第三条第四项、第十条第一款、第十六条、第四十八条第一项、第四十九条，《中华人民共和国著作权法实施条例》第四条第八项、《最高人民法院关于审理著作权民事纠纷案件适用法律若干问题的解释》第二十五条第一款和第二款、第二十六条，《中华人民共和国专利法》第六条第一款、第十七条之规定，作出如下判决：

一、被告海皇厂于本判决生效之日起立即停止实施侵害原告鼎丰公司对“上海鼎丰白醋”产品瓶贴享有的著作权的行为；

二、被告海皇厂于本判决生效之日起十日内赔偿原告鼎丰公司经济损失3000元及合理费用2000元，合计5000元；

三、驳回原告鼎丰公司的其他诉讼请求。

海皇厂不服一审判决，提起上诉。

江苏省苏州市中级人民法院同意一审法院裁判意见，依照《中华人民共和国民事诉讼法》第一百七十条第一款第一项的规定，作出如下判决：

驳回上诉，维持原判。

【法官后语】

世界知识产权组织编写的《著作权与邻接权法律词汇》中，将实用艺术作品定义为具有实际用途的艺术作品，而不论这种作品是手工艺品还是工业生产的产品。在本案中，鼎丰公司主张权利的瓶贴应归属实用艺术作品，一方面，瓶贴是粘附于瓶体，用于指示商品基本信息的标志，具有实用性。另一方面，在瓶贴设计上，作者使用了包括线条、图案、色彩及其组合等表达形式，具有艺术性。

关于实用艺术作品的保护，国务院于1992颁布的《实施国际著作权条约的规定》第六条规定，对外国实用艺术作品的保护期，为自该作品完成起二十五年。美术作品（包括动画形象设计）用于工业制品的，不适用前款规定。该条规定明确了我国对外国国民的实用艺术作品予以保护。我国现行著作权法并未使用“实用艺术作品”的概念，但如果不保护我国国民的实用艺术作品，将会导致我国著作权法对于外国国民和中国国民著作权保护上的不平等待遇。在司法实践中，法院通常将实用艺术作品的艺术方面作为美术作品纳入著作权法的保护范围。

关于实用艺术作品构成的判断，首先，可采用“实用－艺术”二分法，著作权法只保护实用艺术品的艺术部分，不保护其实用方面，因此，在判断是否构成作品时，应当排除其实用功能部分，对其艺术性部分是否具有独创性进行判断。其次，著作权法只保护思想的表达，不保护被表达的思想。对独创性的判断应从表达中寻找，而不能离开表达看其创意、思想、情感等其他方面。在本案中，抛开瓶贴的实用功能，鼎丰公司使用的瓶贴在线条、色彩、图案、艺术体文字的选择、安排上体现了作者的个性，独特的组合和整体构思，具有独创性，符合著作权法中作品的基本属性，应当认定为美术作品。瓶贴内容包含的商品来源、生产者等功能性描述信息，并非著作权法保护的对象。

关于实用艺术作品的多重保护。实用艺术作品可以是手工制品，也可是大工业批量生产的制品所采用的设计，在后一种情况中，也可称为工业品外观设计。给予实用艺术作品著作权保护，就可能面临著作权法、专利法、商标法、反不正当竞争法的多重保护问题。以鼎丰公司的白醋瓶贴为例，其在1999年1月19日获得外观设计专利授权，在2014年12月23日向法院提起诉讼主张其使用的瓶贴构成知名商品的特有包装装潢，而在本案中，鼎丰公司又主张瓶贴的著作权保护。对此问题，首先，法律并未禁止权利人在同一客体上享有多种权利，如果某美术作品在被授予外观设计专利权后就不能获得著作权法保护，势必阻碍作品这种智力成果的使用及传播，与著作权法的根本宗旨相悖；其次，在同一客体上存在多种民事权利，每一种民事权利及其相应的义务可由相应的法律分别进行规制和调整。由于获得专利权、商标权、著作权需要具备不同的条件，故认定侵犯不同权利的行为的构成要件也应不同。

关于赔偿数额的认定。权利人在同一客体上可享有多种民事权利，侵犯不同权利的认定条件不同，法院在适用法定赔偿时考量的因素也应有所不同。在本案中，鼎丰公司主张著作权保护，法院就应考虑涉案作品的艺术价值，而非该白醋商品或“鼎丰”商标及鼎丰公司的知名度。就美术作品而言，该瓶贴脱离商品被单独作为美术作品欣赏或收藏的可能性不大，侵权者抄袭的主观意图更多是为了攀附鼎丰公司及其商品的知名度，从而使消费者对商品来源造成混淆。据此，法院酌定权利人的损失为3000元。

附件1：

附件2：

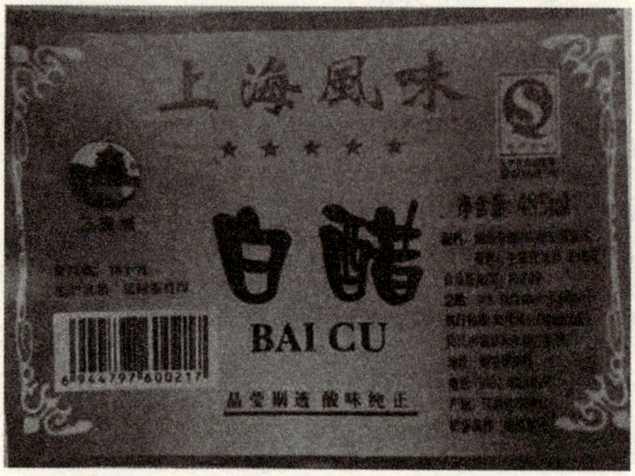

编写人：江苏省苏州市吴江区人民法院　游佳

31

历史题材作品是否构成抄袭的判断

——陈某诉傅某、北京新浪互联信息服务有限公司侵害著作权案

【案件基本信息】

1. 裁判书字号

北京知识产权法院（2018）京73民终232号民事判决书

2. 案由：侵害著作权纠纷

3. 当事人

原告（被上诉人）：陈某

被告（上诉人）：傅某

被告：北京新浪互联信息服务有限公司（以下简称新浪公司）

【基本案情】

陈某于2012年创作电影剧本《万贞儿与明宪宗》，随后其据此创作《明朝万贵妃天大冤枉之历史由来》（以下简称“明文”），并进一步完善为《万贵妃怎样在史

学家笔下变成十恶不赦的女人》（以下简称“万文”）。2012 年 10 月 17 日至 21 日，陈某通过名为“为万贞儿鸣冤”的百度贴吧账号先后在明史吧、历史研究吧以及历史学吧发布“明文”；于 2013 年 7 月 27 日至 8 月 8 日先后在万贵妃吧、明史吧、历史研究吧、明朝的那些事儿吧、万贞儿吧发布“万文”。

傅某系央视百家讲坛栏目《大明疑案上部 18 万贵妃专宠之谜》节目（以下简称涉案节目）的主讲人。傅某的博客（以下简称涉案博客）为非实名认证博客，其中“关于我”中包含傅某的职业背景、研究领域以及在《百家讲坛》中所讲节目等。涉案博客自 2015 年 6 月 21 日至 2017 年 2 月 28 日发布的 223 篇博文中包括以傅某名义撰写的开通博文的“序”、傅某参加的会议或讲座的讲稿、傅某硕博士论文、文章送审稿、初稿、与傅某个人或其生活相关的文学类文章以及百家讲坛尚未播出电视节目的准确开播时间介绍等傅某所著文章或著作的介绍。涉案博客中发布有名为《我的央视百家讲坛系列讲座之二〈大明疑案〉第二十集万贵妃专宠之谜》的文字作品（以下简称涉案博文），其正文中有傅某所著《大明疑案》一书封面图片，以及“第二十集：万贵妃专宠之谜”一文，文章约 1.2 万字；配图为傅某讲授涉案节目的图片，文末附涉案节目链接地址，点击后可正常播放涉案节目。涉案博文内容与涉案节目中傅某形成的口述作品内容一致。

陈某主张，傅某口述作品和涉案博文（以下合称被诉侵权文）与“万文”在排除单纯的史实后，在文章结构、语言风格、主要观点及其表达、具体细节及其表达、错误之处等方面，均构成相同或实质性相似，侵害了其署名权和信息网络传播权。

傅某辩称其涉案博客并非其注册，并认为被诉侵权文与“万文”在论述结构、字数、语言风格、中心观点、具体表达方面均不相同，即便存在上述相同或实质性相似的表达，因上述内容均来源于史料，也不能据此认定两文构成实质性相似。新浪公司辩称其作为信息网络服务提供者已尽到合理注意义务，不应承担侵权责任。

【案件焦点】

1. “万文”受著作权法保护的部分表达的判断；2. 被诉侵权文是否与“万文”构成实质性相似；3. 傅某是否应当就涉案博客传播被诉侵权文承担法律责任。

【法院裁判要旨】

北京市海淀区人民法院经审理认为：在一般情况下，著作权法只保护作者对主题、思想、情感的表达或表现，而不保护作品的主题、思想、情感等。文章结构具有高度概括性，应属作品的“思想”范畴；语言风格亦是作品中的抽象性要素，二者均不属于著作权法保护的“表达”。另外，“万文”系以万贵妃这一特定历史人物为对象创作的评述性文学作品，其中的人物、事件都以史实为基础，因此，在对以同一历史人物为对象创作的被诉侵权文是否构成相同或实质性相似进行认定时，应把万贵妃及其人物关系、人物之间的矛盾表现、历史事件及其发生顺序等对公有领域素材的引用排除。

但以历史人物及相关史实为素材的创作并不意味着由此形成的表达均不受著作权法的保护，不意味着就该历史人物及相关史实进行创作而形成的独创性表达也是公有资源，此种独创性表达应属著作权法意义上的作品，受著作权法保护。此外，即使是以相同题材为创作对象，不同的作者对作品的主题的表达一般不可能出现雷同，“万文”系对万贵妃历史评价的反驳，对该主题形成的表达与以往同类作品完全不同，故其系陈某结合自身创作而形成的独创性表达，应受著作权法保护。陈某另主张的“万文”中其他具体细节的表达，通常系体现作品独创性的部分，亦应落入著作权法保护的范围。

从文章整体、核心表达、具体细节表达、错误之处综合来看，被诉侵权文仅对“万文”在表达顺序上进行了个别调整，对部分内容进行增删或拆分，这些改变对文章主要表达均未产生实质性影响，在被诉侵权文对“万文”的使用并非合理使用或适度借鉴的情形下，被诉侵权文与“万文”构成实质性相似。

傅某口述作品构成对“万文”的使用，且在央视百家讲坛以傅某为主讲人的名义播出，傅某该行为构成对陈某署名权的侵害。而结合涉案博客中“关于我”的信息均与傅某有关，博客中发布的内容均系傅某所著文章；涉案博文自 2015 年 6 月开始发布至 2017 年 2 月，时间跨度较长且连续，文章一以贯之；傅某未对涉案博客为何发布以其名义撰写的开通博客的“序”一文，涉案博文中包含“初稿”“第二稿”“讲稿”等一般情形下难以通过公开渠道获得的文章之情形予以合理解释；以及根据注册涉案博客的手机号码为傅某住所地厦门地区的手机号码等事实，根据民事诉讼优势证据之原则认定，即便傅某不是涉案博客的实际注册人，涉案博文应系其提供并通过涉案博客传播。据此，傅某应对涉案博文构成对“万文”信息网络传播权侵权承担相应的法律责任。

北京市海淀区人民法院依照《中华人民共和国著作权法》第十条第一款第二项、第十二项，第四十七条第五项，第四十八条第一项，第四十九条，以及《中华人民共和国民事诉讼法》第六十四条之规定，判决如下：

一、本判决生效之日起三十日内，被告傅某在一家全国发行的史学类杂志上发布声明，就侵犯署名权的行为向原告陈某赔礼道歉（在一期杂志上发布声明，声明内容须经法院审核，逾期不履行，法院将依原告陈某的申请在一家全国发行的史学类杂志上刊登本判决主要内容，费用由被告傅某负担）；

二、本判决生效之日起十日内，被告傅某赔偿原告陈某合理开支58382.06元；

三、驳回原告陈某的其他诉讼请求。

傅某不服一审判决，提起上诉。北京知识产权法院同意一审法院的裁判意见。

北京知识产权法院依照《中华人民共和国民事诉讼法》第一百七十条第一款第一项之规定，判决如下：

驳回上诉，维持原判。

【法官后语】

在判断相同历史题材作品是否存在侵权时，首先应当明确作品中受著作权法保护的范围。

“思想与表达二分法”是著作权法的重要原则之一，即著作权法仅保护表达而不延及思想本身，该原则在判断历史题材作品中受保护的内容时仍然适用。

《北京市高级人民法院侵害著作权案件审理指南》（以下简称审理指南）第10.11条第一款指出，根据相同历史题材创作作品中的题材主线、史实脉络属于思想范畴。题材主线主要是对于题材的选取和确定，题材的选择具有明显的思想性，如对此加以限制则不利于文学的创造性发展。正如本案中陈某在选择万贵妃这一历史人物作为题材进行创作之前，已经有其他关于万贵妃的作品，但这并不妨碍陈某可以就万贵妃这一题材创作出与之前同类作品完全不同的“万文”。史实脉络则主要体现在基于该种题材而形成的包括表现形式、文章结构等在内的作品整体框架，主要是作者对作品宏观的谋篇布局，是对作品高度概括的、一般性的描述，不涉及作品细节描写，故也应当排除在著作权法保护的范围之外。

除题材主线、史实脉络外，权利人常常请求保护与其作品相关的语言风格、叙事方法等，而这些仅是作者所选择用来辅助作品表达的方式而非具体客观的表达本身，具有整体性和抽象性的特点，亦不应当纳入著作权法的保护范畴。

从文学创作的角度看，选择某一类主题进行创作时，不可避免地采用某些事件、人物、布局、场景，这种表达特定主题不可或缺的表达并非著作权法意义上受保护的表达。历史题材作品，尤其是评述类历史作品，其以史实为创作基础，不可避免地会使用既有的历史事实。由于史实是客观且唯一的，不存在人为的创造空间，同时，记载史实的史籍亦存在重合，获取史实的途径较为有限，因此，不同作者就同一历史题材创作的作品中反映客观史实和利用的史料在内容或表达上存在部分相同也在所难免。该种客观存在的史实具有公共属性，对于这一部分内容，也不宜纳入著作权法保护范畴而为个人所垄断。

虽然文章的观点和主题属于思想范畴而被排除在著作权法的保护范围之外，但文章的观点和主题均需要通过具体表达来体现和传递给读者，而这种具体表达则落入了著作权法的范围内。尤其是在类似“万文”这种颠覆以往历史观点的评述类的文章，其对该主题和观点以及相应评述所形成的表达必然与在先的同类作品存在较大差别，具有较强的独创性，如不加以保护则不利于学术观点的创新，故应当受到著作权法的保护。

本案中二审法院认为在历史题材作品中对主题的表达包括三大部分：一是文章整体的谋篇布局、脉络结构；二是作者对史料的选取和提炼；三是作者针对史料的观点和论述。三者相辅相成，共同构成了对文章主题的表达。

虽然史实系公有领域内容，但以历史人物及相关史实为素材的创作并不意味着由此形成的表达均不受著作权法的保护，不意味着就历史人物及相关史实进行创作而形成的独创性表达也是公有资源，任何人均可使用，对于其中具有独创性的表达，应属著作权法意义上的作品，依法受到著作权法的保护，二者不应当混淆。

对于历史题材作品，其对于史实或相应史料进行的分析、评价、归纳、总结，并根据对史实和史料的筛选提炼而论证自身观点等形成的表达，虽然与史实或史料相关，但是均是作者对史实或相关史料进行有针对性地选择并基于独立的分析、思考，结合自己的认识形成的表达；这些被引用的史料与作者的创作融为一体，产生了具有独创性的作品，因此，其不应被视为公有领域的素材而予以排除，应受著作权法的保护。

历史题材作品中，除文章观点主题、对史实归纳总结而形成的表达外，对于具体情节、细节等其他具有独创性的表达一般均受著作权法的保护。例如，本案中一审法院认定的“万文”中反驳万贵妃逼人堕胎、毒死纪妃罪状以及分析历史为何对万贵妃作负面评价等部分均属于具有独创性的具体细节部分的表达，应受法律保护。

此外，当权利作品和被诉作品在错误之处均存在相同时，也可以佐证二者的表达存在实质性相同；除非被告提出其所引用的史料即存在错误等相反证据。

本案的另一审理难点在于信息网络传播权的侵权主体的判断。在互联网环境中，由于网络的虚拟性，如何确认侵权主体的身份成为涉网络侵权纠纷的难点。

根据民事诉讼法关于起诉条件的规定以及举证责任分配规则，权利人在提起诉讼时需有明确的被告，并且需提交初步证据证明该被告系实际侵权主体。但是涉互联网侵权案件中，可能出现账号非实名认证、注册人与实际经营者非同一人等情形，权利人往往难以查询到具体的侵权行为实施主体，无法进行实际有效的维权。在本案中，原告虽未提交直接证据证明傅某系涉案博客的注册和使用人，但本案一审运用民事优势证据规则，通过综合考量涉案账号前端及后台展示的个人信息、涉案账号所发布的内容（如是否为非公开可以获得的内容、是否连续等）、第三方平台中关于涉案账号主体信息的记载等因素，认定被诉侵权账号与被诉侵权主体之间存在密切关联性，此思路可以为解决相应问题提供一定的思路借鉴。但需注意优势证据规则也应当谨慎适用，只有在被告未提交相反证据或未予以合理解释的情况下，才可以对其系侵权主体的身份予以认定。

编写人：北京市海淀区人民法院　张璇　李思頔

32

如何界定建设单位在约定范围内对图纸作品的使用

——同方股份有限公司诉重庆市设计院侵害著作权案

【案件基本信息】

1. 裁判书字号

重庆市高级人民法院（2018）渝民终234号民事判决书

2. 案由：侵害著作权纠纷

3. 当事人

原告（被上诉人）：同方股份有限公司（以下简称同方公司）

被告（上诉人）：重庆市设计院（以下简称设计院）

【基本案情】

2016年6月，与重庆市石柱土家族自治县城乡建设委员会（以下简称石柱建委）签订《县城夜景灯饰建设项目设计合同》。该合同签订后，同方公司依约完成了石柱县县城夜景灯饰建设项目设计方案，并按照合同约定提交给发包人，即石柱建委。提交后，发包人于2017年4月11日将同方公司享有著作权的设计作品在石柱县公共资源交易中心网站进行招标公示。2017年8月4日同方公司发现涉案作品被公示在公共资源交易网站，但署名已经被变更为设计院。经同方公司仔细比对，发现设计院擅自将涉案作品作为其自身设计的作品并参与了石柱县县城夜景灯饰建设项目的施工招投标项目。设计院未经许可擅自复制、使用、修改、通过信息网络传播同方公司享有著作权的作品，侵害了同方公司作为著作权人的人身权和财产权，应当依据《中华人民共和国著作权法》的规定向同方公司承担停止使用、赔偿损失、赔礼道歉等责任。设计院认为：（1）涉案“作品”尚未创作完成，故同方公司并不享有灯饰建设方案设计的著作权；（2）即便讼争设计方案已创作完成，其著作权也属于石柱建委，而非同方公司；（3）即便法院最终认定设计院应承担侵权责任，同方公司主张的50万元损失赔偿也缺乏事实依据，且明显过高；（4）最高院判例明确类似本案情况不构成侵权。

【案件焦点】

1. 同方公司是否享有涉案设计图纸的著作权；2. 设计院是否构成侵权及如何承担侵权责任。

【法院裁判要旨】

重庆市第五中级人民法院经审理认为：《中华人民共和国著作权法》第十七条规定，受委托创作的作品，著作权的归属由委托人和受委托人通过合同约定。合同未作明确约定或者没有订立合同的，著作权属于受托人。石柱建委发布在公共资源交易网站上的涉案设计方案不是其认可的涉案项目的设计成果。涉案设计方案只是一个阶段性的设计方案，由于双方在合同中对阶段性的设计方案的著作权归属没有进行约定，根据法律规定，本案同方公司对涉案设计方案享有著作权。根据同方公司与石柱建委的合同约定，石柱建委享有涉案项目设计成果的所有权，而本案尚未完成设计成果即施工图的设计，故石柱建委对涉案设计方案的使用没有合同和法律依据，因此，本案设计院也没有权利使用同方公司享有著作权的涉案设计方案。设计院接受裕兴公司的委托进行涉案项目的施工图设计，应当按照双方的约定履行其设计职责，但设计院出具的设计方案与同方公司的设计方案除施工图中电气设计说明部分有一定差异外，其余部分均一致。设计院的此种行为属于剽窃行为，构成对同方公司著作权的侵犯。

重庆市第五中级人民法院依照《中华人民共和国著作权法》第十条、第十一条、第四十七条、第四十九条，《最高人民法院关于审理著作权民事纠纷案件适用法律若干问题的解释》第二十五条第二款，《中华人民共和国民事诉讼法》第一百四十二条之规定，作出如下判决：

一、设计院于本判决生效之日起立即停止使用同方公司享有著作权的涉案作品“石柱县县城夜景灯饰建设项目设计方案”；

二、设计院于本判决生效之日起十日内赔偿同方公司经济损失及合理开支共计43.7万元；

三、驳回同方公司的其他诉讼请求。

设计院不服一审判决，提起上诉。

重庆市高级人民法院经审理认为：涉案合同并没有对设计图纸的著作权进行明确约定且相互矛盾，根据法律规定应由进行创作设计的同方公司享有著作权。由于委托设计合同系双务合同，由受托人进行工程设计并由委托人支付设计费用，双方均有对待给付的义务，即使合同明确约定了设计成果的著作权归委托人所有，但在委托人未履行对待给付义务时，著作权仍应由受托人享有。上诉人设计院的设计图纸与被上诉人同方公司的设计图纸实质相似，侵犯了同方公司的著作权。本案中，由于原委托人石柱建委认为同方公司的设计不符合合同约定并发函解除合同，裕兴公司作为委托人与上诉人设计院签订建设工程设计合同，由设计院负责施工图设计。设计院理应独立进行创作、设计，但其设计图纸却与同方公司的设计图纸构成了实质性相似。如果将设计院的行为视为石柱建委或裕兴公司在工程项目范围内的使用行为，既不符合前款司法解释的规定，与前述合同背景及合同约定相悖，也违反诚实信用原则。综上，一审法院认定事实清楚，尽管部分说理欠妥，但适用法律及裁判结果正确，上诉人设计院的上诉理由不成立，应予驳回。

重庆市高级人民法院依照《中华人民共和国民事诉讼法》第一百七十条第一款第一项之规定，作出如下判决：

驳回上诉，维持原判。

【法官后语】

根据《中华人民共和国著作权法》第十七条规定，在委托作品著作权属于受托人的情形下，委托人可以在合同约定或委托创作的特定目的范围内使用作品，但如何确定该使用范围却存在争议。尤其是在委托设计建设工程施工图的情况下，常常存在建设单位与原设计单位因履行合同产生争议并解除合同的情形，建设单位因招标、施工及验收等都离不开工程设计图，往往另行委托其他设计单位进行工程设计，建设单位及后设计单位是否系在约定的工程项目范围内使用原设计图纸值得研究。如果后设计单位根据工程项目的变化对原有的设计图进行必要的修改，或者纯粹利用原设计图进行工程施工、竣工验收等，可以视为建设单位在约定的工程项目范围内使用；如果原设计单位提交了设计图且在没有证据证明其违约的情况下，建设单位另行与后设计单位签订工程设计合同，并将原设计图提供给后设计单位，后设计单位完成的设计图与原设计图实质相同时，不能视为建设单位在约定的工程项目范围内对图纸作品的继续使用，其行为侵犯了原设计单位的著作权。

编写人：重庆市高级人民法院　喻志强

33

“实际损失赔偿”与“法定赔偿”的正确适用

——Dassault Systemes SolidWorks Corporation 诉山东博润工业技术股份有限公司侵害计算机软件著作权案

【案件基本信息】

1. 裁判书字号

山东省高级人民法院（2018）鲁民终957号民事判决书

2. 案由：侵害计算机软件著作权纠纷

3. 当事人

原告（上诉人）：Dassault Systemes SolidWorks Corporation（以下简称达索公司）

被告（被上诉人）：山东博润工业技术股份有限公司（以下简称博润公司）

【基本案情】

在美国注册的达索公司享有 Solidworks 计算机软件的著作权。2013 年 4 月 19 日，达索公司向淄博市文化市场执法局（以下简称执法局）投诉称，博润公司未经达索公司许可，复制、商业使用 Solidworks 系列软件。2013 年 5 月 7 日，执法局对博润公司安装（复制）使用 Solidworks 软件的情况进行了检查，博润公司共安装有 33 套 Solidworks 计算机软件（含 2010 版本 29 套、未知版本 4 套）。2014 年 3 月 26 日，达索公司致函执法局，称博润公司所使用的前述 33 套 Solidworks 计算机软件未经达索公司合法授权。博润公司未能提供其所使用的该 33 套 Solidworks 计算机软件已取得达索公司许可或系通过合法渠道取得的证据。达索公司起诉要求博润公司停止侵权并赔偿经济损失 273.9 万元和合理开支 10 万元。

2009年11月3日，博润公司曾从山东华创信息技术有限公司（以下简称华创公司）购买两套Solidworks2009标准版计算机软件。SolidworksOfficePremium2010白金包售价为83000元/套。博润公司提交的（2013）淄仲裁字161号裁决书记载，博润公司从华创公司购买的Solidworks2009标准版计算机软件的价格为30000元/套。在一审庭审中，当事人均认可Solidworks2010计算机软件的用途为三维建模设计。

【案件焦点】

博润公司使用被诉侵权软件的行为是否构成侵权及侵权责任应如何认定。

【法院裁判要旨】

山东省淄博市中级人民法院经审理认为：博润公司对于涉案软件的使用属于商业使用，博润公司未举证证实其使用行为已经达索公司许可或软件系通过合法渠道取得，故认定其使用行为未经达索公司许可。博润公司的行为构成对涉案软件复制权的侵害，应承担停止侵权、赔偿损失的民事责任。博润公司的侵权复制品数量可以认定为33套。达索公司主张按照33套软件的数量，乘以相关软件销售单价计算其实际损失。但因软件产品有其特殊性及实现销售的变动性，通过销售单价来计算实际损失并不可行。故对达索公司主张按照33套软件的数量乘以相关软件销售单价计算其实际损失的主张不予支持。鉴于达索公司的销售利润无法确认，故本案适用《中华人民共和国著作权法》（以下简称《著作权法》）第四十九条第二款规定的法定赔偿。综合考虑博润公司的经营规模、经营时间、侵权软件数量、软件参考价格以及达索公司为本案所支出的合理开支，确定博润公司的赔偿数额为人民币30万元（包括达索公司为制止侵权所支出的合理费用）。山东省淄博市中级人民法院判决：博润公司停止侵权并赔偿达索公司经济损失30万元（包括为制止侵权支出的合理费用）。

达索公司不服一审判决并持原审意见提起上诉。

山东省高级人民法院经审理认为：根据《著作权法》第四十九条和《最高人民法院关于审理著作权民事纠纷案件适用法律若干问题的解释》（以下简称《著作权司法解释》）第二十四条，达索公司主张应按其Solidworks2010软件销售额损失计算其实际损失符合法律规定。达索公司称其Solidworks2010软件销售单价为

83000 元，并提交了发票证据。但仅凭该发票不足以证实 Solidworks2010 软件的市场流通价。博润公司提交的合同、裁决书等证据能够证明其购买 Solidworks2009 标准版计算机软件的单价为 3 万元。故对博润公司关于 Solidworks2009 标准版计算机软件正版售价为 3 万元/套的主张予以确认。因博润公司商业性使用被诉 Solidworks2010 软件 33 套，参照 Solidworks2009 标准版软件单价，其给达索公司造成的损失已经明显超过了法定赔偿 50 万元的最高限额，本案依法不适用法定赔偿额的计算方式，而应当综合案件的具体证据情况，在法定赔偿最高限额以上合理确定赔偿额。本案中博润公司如使用 33 套 Solidworks2010 正版软件，结合其购买 Solidworks2009 标准版支出的 3 万元单价，至少应支出 99 万元。另外，达索公司需要为本案诉讼支出律师费及支付各种文件制作费用是可以确定的事实。因此，达索公司因博润公司被诉侵权行为遭受的损失应不低于人民币 105 万元。一审法院未依据《著作权司法解释》第二十四条的规定审查达索公司的实际损失情况，适用法律错误，依法予以纠正。

山东省高级人民法院判决：博润公司赔偿达索公司经济损失及维权支出共计人民币 105 万元。

【法官后语】

在知识产权侵权诉讼中，关于侵权赔偿数额的认定，其法律规定的基本模式都是："实际损失赔偿"—"违法所得（侵权获益）赔偿"—"法定赔偿"。即首先考虑按照权利人的实际损失给予赔偿，实际损失难以计算的，可以按照侵权人的违法所得或者说因侵权所获得的利益给予赔偿；如果权利人的实际损失或者侵权人的违法所得不能确定，则由法院根据侵权行为的性质和情节等因素判决给予法律规定的额度范围之内的赔偿。上述知识产权侵权赔偿数额的认定规则在我国著作权法、专利法、商标法、反不正当竞争法中均有相关规定。本案作为著作权侵权案件，显然亦应遵循上述规定的原则思路来确定侵权赔偿数额。本案认定被告构成对原告著作权的侵害并无问题，其主要问题也就在于侵权赔偿数额的认定。我国《著作权法》第四十九条规定："侵犯著作权或者与著作权有关的权利的，侵权人应当按照权利人的实际损失给予赔偿；实际损失难以计算的，可以按照侵权人的违法所得给予赔偿。赔偿数额还应当包括权利人为制止侵权行为所支付的合理开支。权利人的实际损失或者侵权人的违法所得不能确定的，由人民法院根据侵权行为的情节，判决给予五十万元以下的赔偿。”《著作权司法解释》第二十四条规定：“权利人的实际损失，可以根据权利人因侵权所造成复制品发行减少量或者侵权复制品销售量与权利人发行该复制品单位利润乘积计算。发行减少量难以确定的，按照侵权复制品市场销售量确定。”而本案中原告在起诉时也主张按其Solidworks2010软件销售额损失计算其实际损失，这显然也是符合上述法律规定的。

不过从本案一、二审对侵权赔偿数额的不同认定来看，对于首先考虑实际损失赔偿的司法认定确实应当予以正确把握。而本案一审也是因为对此把握不当，从而简单地排除了实际损失赔偿转而去直接适用法定赔偿。应当看到，《著作权司法解释》第二十四条实际对于权利人的实际损失问题作出了相对具有可操作性的规定。而对于像本案这种未经权利人许可而购买使用侵害著作权产品从而构成著作权侵权的情形，在能够确认被告购买使用侵权软件产品的价格和数量的情况下，实际也是能够按照《著作权司法解释》第二十四条的规定对实际损失进行计算的。在本案中，首先，关于数量问题，被告博润公司商业性使用被诉Solidworks2010软件的数量为33套，即均可理解为权利人因侵权所造成复制品发行减少量或者侵权复制品销售量为33套。其次，关于单位利润问题，对于软件产品而言，软件销售的是一种法律上的许可，这种许可不具有普通商品的物质形态，其不需要像普通商品一样需要投入原材料进行加工制作，其与一般的物质产品的生产销售有本质区别。故软件产品的销售价格基本上就等于其利润。当然本案中原告达索公司主张的其Solidworks2010软件销售单价为人民币83000元的证据并不充分。不过反过来讲，被告博润公司如使用Solidworks正版软件是肯定需要支出必要成本的，因此，被告博润公司购买原告的正版软件的价款就可以理解为原告达索公司的损失数额。尽管被告未正常购买过Solidworks2010软件，但按照高版本软件售价一般不低于低版本软件的日常生活经验，Solidworks2010相同版本软件价格应不低于Solidworks2009软件价格，Solidworks标准版软件价格应不高于白金版软件价格。且被告博润公司提供的软件购买合同、裁决书等证据能够证明其购买Solidworks2009标准版计算机软件的单价为3万元。换句话说，被告博润公司如使用33套Solidworks2010正版软件，结合其购买Solidworks2009标准版支出的3万元单价，其至少应支出99万元。这显然可以理解为权利人原告达索公司因被告博润公司侵权所造成的损失。另外，达索公司为制止本案侵权行为，委托律师参加诉讼并申请制作公证认证文件、公证书等材料，其提交的10万元律师费发票虽不足以证实其已为本案诉讼实际支付的律师费，但其需要为本案诉讼支出律师费及支付各种文件制作费用是可以确定的事实，二审法院根据律师收费标准酌情确定为6万元也是合理的。故二审最终认定原告达索公司因被告博润公司被诉侵权行为遭受的损失应不低于人民币105万元是合法适当的。

透过本案不难看出，对于像著作权侵权这样的知识产权侵权赔偿问题而言，在未经权利人许可而购买使用侵害著作权产品从而构成著作权侵权的情形下，关于侵权赔偿数额的计算，若权利人主张以其实际损失为依据进行赔偿，人民法院应当优先按实际损失来对侵权赔偿数额进行审查认定，而不应简单地认为实际损失数额无法认定而转为直接适用法定赔偿。对此应根据《著作权司法解释》第二十四条的规定综合全案证据来审查权利人的实际损失情况并依法对侵权赔偿数额予以认定，避免出现对于侵权赔偿数额一概适用法定赔偿的机械化司法倾向。

编写人：山东省淄博市中级人民法院　荣明潇

34

未经授权使用网络游戏元素的著作权侵权判定

——上海数龙科技有限公司诉苏州米粒影视文化传播有限公司侵害著作权案

【案件基本信息】

1. 裁判书字号

上海知识产权法院（2017）沪73民终53号民事判决书

2. 案由：侵害著作权纠纷

3. 当事人

原告（被上诉人）：上海数龙科技有限公司（以下简称上海数龙公司）

被告（上诉人）：苏州米粒影视文化传播有限公司（以下简称苏州米粒公司）

【基本案情】

上海数龙公司经网络游戏《龙之谷》著作权人授权，拥有网络游戏《龙之谷》在中国大陆的运营、发行等相关著作财产权、商标权及独立维权等权利，并在国内负责运营《龙之谷》游戏官网。2012年5月，在上海数龙公司知晓的情况下，上海数龙公司关联公司蓝沙公司与被告签订《龙之谷》宣传电影制作和推广合同，授权苏州米粒公司以网络游戏《龙之谷》为蓝本拍摄三部电影，授权期间为2007年11月30日至2020年3月24日。三部电影最迟发行时间为2015年8月，若需延期需得到蓝沙公司许可。合同签订后，苏州米粒公司根据上述合同改编拍摄的第一部电影《龙之谷：破晓骑兵》于2014年7月上映。后双方曾因该电影的分成产生纠纷诉至法院。蓝沙公司及上海数龙公司亦曾通过发送律师函、在《龙之谷》官网发布相关文章的形式明确表示2015年8月后苏州米粒公司已无权继续使用《龙之谷》相关素材进行电影作品的制作。

涉案电影《精灵王座》于2016年7月22日取得公映许可证。经对上海数龙公司《龙之谷》游戏中的相关人物、场景与涉案电影相应要素进行比对：涉案电影中的莉雅是一位尖耳朵的少女形象，与上海数龙公司弓箭手形象相比，除面部轮廓略有不同外，两者发型、着装和武器均相同。

上海数龙公司精灵王尤万西贝尔为一尖耳朵、金色长发、手持弓箭的亚洲少男形象。涉案电影的凯尔公爵为一尖耳朵、金色长发、手持长剑的欧洲成年男子的形象。

上海数龙公司铁匠考林为一身材矮小、头戴深褐色帽子、白色一字胡须、着深褐色无袖连衣裤、戴深褐色手套、大鼻子的小老头形象。涉案电影的铁师傅为一身材矮小、头戴飞行帽和飞行眼镜、白色络腮胡须、长寿眉、着深褐色无袖连衣裤、戴深褐色围脖及手套、大鼻子的小老头形象。

上海数龙公司猎犬为一灰褐色仅有两条后腿的球状怪物，身上无毛、龇牙、尖耳朵。涉案电影的小盾和小剑是只有两条后腿的褐色圆胖长毛的宠物狗形象。

上海数龙公司绿龙宝玉呈不规则的橄榄形状，采用透明绿色底色，并在表面饰以墨绿色梯田形状的环形宽条纹。涉案电影的黑暗宝玉为深紫色橄榄形状，外表覆有一层凹凸泡状以黑色为主的烟雾。

上海数龙公司飞船颜色以深褐色为主，整体呈龙型形状，以龙头为船头，并在船身两侧、船体平台后侧及船尾均加有龙翼形状的装饰物。其中平顶式的船舱位于飞船后三分之一部位，其余部位均为开放型的甲板。涉案电影的小鱼号飞船亦为深褐色，但有两层船舱，船舱顶部采用圆弧形的拱形形状。船头安有一圆弧形的船帆、船身两侧、船顶、船尾均饰有鱼鳍形状的装饰物。

上海数龙公司生命之树呈巨大伞形，由褐色树干和金色树叶组成。树干明显，枝叶稀疏。涉案电影的大树亦呈巨大伞形，但树的主体为茂密的黄色树叶，底部由若干褐色细树干组成。

涉案电影的主建筑物形状与上海数龙公司神圣天堂场景的主建筑物形状基本相同，仅在两层圆形尖顶建筑物的直径大小上与上海数龙公司建筑略有区别，并且将三角形的廊桥主体做镂空处理。

上海数龙公司主张苏州米粒公司行为侵犯了上海数龙公司对上述美术作品享有的复制权、改编权、摄制权、信息网络传播权和放映权。故诉至法院，请求苏州米粒公司停止侵权、赔偿上海数龙公司经济损失及合理费用人民币100万元。

【案件焦点】

本案争议焦点为苏州米粒公司是否有权使用《龙之谷》游戏相关要素、是否实施了侵犯上海数龙公司著作权的行为。

【法院裁判要旨】

上海市浦东新区人民法院经审理后认为，经对上海数龙公司、苏州米粒公司作品进行比对：(1) 涉案电影中的女主角莉雅、铁师傅和部分城堡使用了与上海数龙公司游戏实质性相似的人物形象或场景。(2) 精灵王尤万西贝尔和凯尔公爵，两者的共同点在于尖耳朵和金色长发，但着装、武器及面部轮廓均不同，并不构成相似。(3) 猎犬和小盾、小剑，两者均系一种动物，整体结构相同。但在整体效果上，猎犬呈现的是一种凶猛怪物的形象，而小盾和小剑更接近于萌萌的宠物狗形象。故两者并不构成相似。(4) 绿龙宝玉和黑暗宝玉，无论在组成元素还是整体效果上均有很大的区别，两者并不构成相似。(5) 飞船和小鱼号飞船，两者整体结构不同、整体形象、呈现的效果存在很大的区别，并不构成相似。(6) 生命之树和大树，两者整体虽均为伞状的大树形象，但在结构上有很大的区别，故两者并不相似。

根据上述比对结果，法院认定苏州米粒公司获得授权根据上海数龙公司游戏改编拍摄电影的合同已终止，但在涉案电影中仍使用与上海数龙公司游戏相似的弓箭手、铁匠考林及神圣天堂的部分场景作为涉案电影中女主角、铁师傅形象和部分城堡的场景使用，并在各大院线予以播放。同时在相关微博、微信推广涉案电影时亦予以使用。苏州米粒公司侵犯上海数龙公司游戏元素著作权的主观故意非常明显，构成对这些元素复制权、改编权、摄制权、信息网络传播权、放映权的侵犯。

上海市浦东新区人民法院依照《中华人民共和国著作权法》第十条第一款第五项、第十项、第十二项、第十三项、第十四项，第四十七条第六项，第四十八条第一项，第四十九条，《最高人民法院关于审理著作权民事纠纷案件适用法律若干问题的解释》第二十五条第一款、第二款，第二十六条之规定，判决如下：

一、被告苏州米粒公司于本判决生效之日立即停止对原告上海数龙公司的著作权侵权行为；

二、被告苏州米粒公司于本判决生效之日起十日内赔偿原告上海数龙公司经济损失35万元、合理费用53000元。

一审判决后，苏州米粒公司不服，提起上诉，二审法院维持了一审判决。

【法官后语】

通常情况下，游戏软件的著作权人，其不仅就涉案游戏的软件程序享有著作权，亦对该软件经过运行后所产生画面中的角色形象享有著作权。就游戏软件的许可而言，在无相反证据的情况下，对全部计算机程序和文档的授权标的应包含游戏软件运行后所产生的角色形象等美术作品的著作权。

对于可以独立构成著作权法意义上作品的作品元素如角色形象、场景背景等，在判断被控侵权作品是否侵犯权利人作品著作权时仍需遵循“接触加实质性相似”的判断原则，即在被控侵权作品与权利作品构成实质性相似，权利人又举证证明侵权人具备了接触权利作品的机会或已经实际接触权利作品的情况下，侵权人的行为构成对权利人作品著作权的侵犯。对不同的作品元素是否分别构成实质性相似的判定应独立进行、整体比对，在原作品元素上进行细微的改动并不能影响两者实质性相似的判定。

在文化创意产业中，从文字作品到网络游戏制作再到电影摄制等，多种形态的产业共生形成了一个生态链条。本案涉及电影制作使用网络游戏元素的著作权侵权问题，判决在确定被控侵权电影是否侵犯网络游戏著作权时，基于接触加实质性相似的原则，认定涉案电影使用了与知名网游《龙之谷》实质性相似的人物形象或场景，从而构成著作权侵权。本案判决有利于明晰文化创意领域跨界产业深度融合的规则，有利于促进版权生态经济的有序健康发展。

编写人：上海市浦东新区人民法院 杜灵燕

35

作者未给作品署名，是否可以主张署名权

——文某诉中国联合网络通信有限公司广西壮族自治区分公司、北京微梦创科网络技术有限公司侵害著作权案

【案件基本信息】

1. 裁判书字号

北京知识产权法院（2018）京73民终1164号民事判决书

2. 案由：侵害著作权纠纷

3. 当事人

原告（上诉人）：文某

被告（被上诉人）：中国联合网络通信有限公司广西壮族自治区分公司（以下简称联通广西分公司）

被告：北京微梦创科网络技术有限公司（以下简称微梦公司）

【基本案情】

湖南省版权局于2013年10月20日颁发了作品登记证书，登记号为湘作登字：18－2013－F－910，其上显示：作品名称“小Q系列”、作者及著作权人均为文某、首次发表时间为2010年2月3日。该登记证书后附图册，其中有涉案作品1、2、4。该图册中还载有以上述形象为原型的系列漫画作品。

为证明涉案作品的发表情况，文某提交了站酷网（网址为 www. zcool. com. cn）载有涉案作品的网页打印件及个人主页页面：（1）站酷网账号“小_ Q”于5年前发布的原创作品：中秋贺图中包含了涉案作品1。（2）站酷网账号“小_ Q”于5年前发布的原创作品：忙里偷闲<4>包含了作品登记证书中的涉案作品2。（3）站酷网账号“小_ Q”于5年前发布的原创作品：忙里偷闲<6>包含了涉案作品3。上述页面均声明：“作品版权由小_ Q解释，禁止匿名转载；禁止商业使用；禁止个人使用。临摹作品，同人作品原型版权归原作者所有。”站酷网账号“小_ Q”个人主页信息显示姓名文某，家乡湖南。

文某表示，涉案作品1、2、4首次发表时间为作品登记证书中的时间，但首次发表的相关链接已无法找到，故提交上述网页打印件证明涉案作品1、2的发表情况。法庭组织当庭勘验显示，文某使用其账号和密码能够登录“小_ Q”的站酷网账号，亦可查看涉案作品1、2、3的内容。另外，文某亦提交了可分层显示的涉案作品的电子文件。联通广西分公司表示文某仅有网页证明涉案作品3，未提交其他证据予以佐证，故不认可文某享有涉案作品3的著作权。

2015年6月30日，（2015）许天证民字第4661号公证书记载：在新浪微博搜索栏中输入“广西联通”进行搜索，点击搜索结果中的“广西联通”进入相应微博进行浏览，该账号于2012年9月22日发布的博文配图中使用了涉案作品1；该账号于2014年6月28日发布的博文配图中使用了含有文字“骗子都死开、坏人都死开”的涉案作品2；该账号于2015年4月26日发布的博文配图中使用了涉案作品3；该账号于2014年5月5日发布的博文配图中使用了涉案作品4。上述四幅配图未出现署名。

文某主张联通广西分公司未经许可，在其官方微博上使用涉案作品，未为其署名，侵害了其署名权、信息网络传播权。联通广西分公司对上述公证书的真实性无异议，但表示涉案作品是广度公司根据合作协议，在运营涉案微博期间发布的，且未用于商业目的，联通广西分公司没有侵权故意。

【案件焦点】

对于被侵权作品，在作者的作品登记证书中该作品无署名，侵权人主张在其无法知晓作者对被侵权作品的署名方式的情况下，法院是否支持作者关于侵权人使用被侵权作品未署名侵害其署名权的主张。

【法院裁判要旨】

北京市海淀区人民法院经审理认为：当事人提供的涉案作品的底稿、原件、合法出版物、著作权登记证书、认证机构出具的证明、取得权利的合同等，可以作为认定著作权权属的证据。在本案中，文某提交了载有涉案作品1、2、4的作品登记证书、涉案作品的电子文件，发布有涉案作品1、2、3的站酷网网页打印件，结合站酷网账号个人信息以及法庭勘验文某可持用户名和密码进入该站酷网账号的情况，上述证据相互印证，在无相反证据的情况下，能够证明文某系涉案作品的作者，文某依法享有著作权。联通广西分公司虽否认文某系涉案作品3的著作权人，但未提交相反证据，对其辩称不予采信。根据现有证据认定文某享有涉案作品的著作权。

在本案中，联通广西分公司未经许可，在其名为“广西联通”的微博账号中使用了涉案作品作为微博配图，使公众可以在其个人选定的时间和地点获得涉案作品，侵害了文某对涉案作品享有的署名权和信息网络传播权，联通广西分公司应当对其侵权行为承担相应的法律责任。关于署名权，联通广西分公司使用涉案作品1－3未为文某署名，侵害了文某对涉案作品1－3的署名权。对于涉案作品4，鉴于文某提交的作品登记证书中该作品无署名，文某亦未提交证据证明带有其署名的已发表的该作品，他人无法知晓文某对该作品的署名方式，法院对文某提出联通广西分公司在新浪微博账号中使用涉案作品4未署名侵害其署名权的主张不予支持。

北京市海淀区人民法院依照《中华人民共和国著作权法》（以下简称《著作权法》）第四十八条第一项、第四十九条，《信息网络传播权保护条例》第二十二条之规定，作出如下判决：

一、一审判决生效之日起三十日内，联通广西分公司在其开设的新浪微博账号连续二十四小时刊登致歉声明，就本案侵害署名权行为向文某赔礼道歉（声明内容须经一审法院审核，逾期不履行，一审法院将根据文某申请，在相关媒体公布判决书主要内容，费用由联通广西分公司负担）；

二、一审判决生效之日起十日内，联通广西分公司赔偿文某经济损失1万元及合理开支317元；

三、驳回文某的其他诉讼请求。

文某不服一审判决，提起上诉。

北京知识产权法院经审理认为：在本案中，联通广西分公司未经权利人许可，通过其经营的微博向公众提供涉案作品，使公众可以在其个人选定的时间和地点获得涉案图片，侵犯了文某对涉案作品享有的信息网络传播权。关于署名权，对于涉案作品1-3，联通广西分公司使用涉案作品1-3未为文某署名，侵害了文某对涉案作品1-3的署名权；对于涉案作品4，联通广西分公司未经文某许可，且未标注作者的情况下，联通广西分公司侵犯了文某对涉案作品4享有的署名权，至于联通广西分公司是否有能力获取作者信息并不影响该侵权行为性质的认定，一审法院关于联通广西分公司发布涉案作品4的行为未侵害文某的署名权的认定错误，予以纠正。署名权属于人身权，联通广西分公司应当向文某承担赔礼道歉的民事责任。一审法院判决联通广西分公司在其新浪微博首页连续二十四小时发表声明赔礼道歉的方式并无不当。文某的主张缺乏事实及法律依据，不予支持。

北京知识产权法院依照《中华人民共和国民事诉讼法》第一百七十条第一款第一项之规定，作出如下判决：

驳回上诉，维持原判。

【法官后语】

本案即关于侵权人虽使用了作品，但主张因无法知晓著作权人对作品的署名方式，故其未署名系合理行为并不侵害著作权人的署名权，是否应当采信侵权人的抗辩意见。

第一种观点认为，侵权人的抗辩成立。根据著作权法规定著作权享有人身权及财产权，侵权人使用作品的行为系侵权行为，应承担侵权责任并无争议。但是关于侵权人是否侵害了署名权应当审查侵权人是否有能力为著作权人署名，若其无法署名，法院仍判决其承担责任缺乏合理性。

第二种观点认为，侵权人抗辩不成立。著作权法已赋予了著作权人署名权，因此，在其作品上署名系使用作品人的义务，其有义务表明作品系他人完成，保障作品与著作权人之间的联系。

笔者支持第二种观点，主要理由如下：

在我国著作权法中，明确列举了3项侵犯署名权的行为，即“未经合作作者许可，将与他人合作创作的作品当作自己单独创作的作品发表的”“没有参加创作，为谋取个人名利，在他人作品上署名的”“制作、出售假冒他人署名的作品的”行为。

关于署名权法学理论的考量。依据我国著作权法的规定，署名权是表明作者身份，在作品上署名的权利。署名权为表象，身份权是本质，署名是表现作者身份的一种方式。著作权法确认著作权人享有署名权，根源在于，作品是作者心智和劳动的结晶，通过表明作者的身份，真实反映作品和作者之间的“血缘”联系，并通过法律保障这种联系。

在本案中，被告主张因无法知晓著作权人对作品的署名方式故未署名。笔者认为被告使用他人作品应当知道需要取得著作权人的许可，其没有被许可已是侵权行为。给作品署名已是法律明确规定和社会公知的要求，被告未署名使用作品系故意行为。被告可以使用其他作品予以替换，不应将署名的查询责任加于原告。原告不给作品署名并不表示原告的作品在传播过程中放弃了署名权。

编写人：北京知识产权法院　李志峰

四、侵害信息网络传播权纠纷

36

破坏技术措施设置深层链接行为的性质认定

——上海真彩多媒体有限公司诉深圳市腾讯计算机系统有限公司著作权侵权及不正当竞争上诉案

【案件基本信息】

1. 裁判书字号

上海知识产权法院（2018）沪73民终319号民事判决书

2. 案由：著作权权属、侵权纠纷及其他不正当竞争纠纷

3. 当事人

原告（被上诉人）：深圳市腾讯计算机系统有限公司（以下简称腾讯公司）

被告（上诉人）：上海真彩多媒体有限公司（以下简称真彩公司）

【基本案情】

腾讯公司系视频内容提供商，通过“腾讯视频”网站（www.qq.com），腾讯视频电脑客户端，安卓、苹果等移动平台客户端，向网络用户提供视频播放服务，并通过设置片前广告、暂停广告以及会员制度等方式收取广告费。2011年12月23日，案外人东阳狂欢者影视文化有限公司出具授权书，将电视剧《北京爱情故事》的独占信息网络传播权授予腾讯公司，授权费用为3900万元。

2016年4月5日，北京网络行业协会电子数据司法鉴定中心接受腾讯公司委托，对腾讯公司设置的防盗链技术措施及其有效性、案外人某公司避开或者破坏腾

讯公司的防盗链技术措施，未经授权获取腾讯公司计算机信息系统数据进行司法鉴定。经鉴定，通过测试腾讯视频 Android 手机版应用软件播放的《北京爱情故事》及《奔跑吧兄弟 4》剧集，该鉴定中心出具了“腾讯视频采取了针对其视频剧集的播放地址加密，并通过密钥鉴真获取视频密钥的技术措施保护其视频剧集的播放地址”的鉴定意见。

公证书显示，在“千寻影视”播放器页面搜索栏输入“北京爱情故事”，点击搜索结果进入相关页面，页面显示“北京爱情故事 4.3 分 2726210 人气”，随机播放第 1 集、第 20 集、第 39 集，视频界面显示播放第 1 集时先跳转链接优酷后再跳转链接腾讯视频，第 20 集及第 39 集均直接跳转链接腾讯视频，上述视频播放时视频右上角带有“腾讯视频”水印，但播放这些视频时没有片前、暂停广告。而登录 www.qq.com，点击“视频”进入相关页面，随机播放“北京爱情故事”的第 1 集、第 20 集、第 39 集，视频播放中片前、暂停时均有广告，上述视频播放时视频右上角带有“腾讯视频”水印；点击“跳过”片前广告，则要求开通好莱坞会员。并提示可站外免广告，费用为 VV 播放量（万 VV）/刊例单价 5/3000，费用依次叠加。

腾讯公司认为，真彩公司开发运营的“千寻影视”网络视频软件未经腾讯公司许可，破坏了腾讯公司视频播放地址加密保护措施，侵害了腾讯公司享有的信息网络传播权。同时，真彩公司利用视频软件屏蔽了腾讯公司在视频中设置的片前、暂停广告，造成腾讯公司网站访问量的下降及腾讯公司播放器客户端下载安装量的下降，构成不正当竞争。请求判令真彩公司停止破坏技术措施、停止侵犯信息网络传播权以及不正当竞争，消除影响并赔偿经济损失及合同费用共计 500000 元。

【案件焦点】

1. 真彩公司是否实施了避开或破坏腾讯公司为影视作品《北京爱情故事》采取的网络传播链接加密技术措施的行为；2. 真彩公司的“千寻影视”软件在抓取腾讯公司影视作品《北京爱情故事》内容时去除片前、暂停广告，是否可以适用《中华人民共和国反不正当竞争法》（2017 年修订）第二条予以规制；3. 真彩公司在本案中应当承担的民事法律责任。

【法院裁判要旨】

上海市杨浦区人民法院经审理认为：破坏技术措施的行为与设置链接向公众播

放作品的行为是两个独立的行为，对这两个行为应分别予以评价。即使上诉人通过破坏技术措施的方式设置链接，破坏技术措施行为的存在并不能够当然得出侵犯信息网络传播权的结论。法院认定构成破坏技术措施的证据规则与一般的侵权案件没有实质差异。由于破坏或避开技术措施的行为是设置深层链接的前提，对于该行为的禁止亦能够在客观上达到禁止深层链接行为的后果。权利人亦可以据此获得相应的赔偿。

上海市杨浦区人民法院依照《中华人民共和国著作权法》第三条第六项、第十条第一款第十二项及第二款、第四十八条第六项、第四十九条，《最高人民法院关于审理著作权民事纠纷案件适用法律若干问题的解释》第二十五条第一款及第二款、第二十六条，《中华人民共和国民事诉讼法》第六十四条第一款之规定，判决如下：

一、被告真彩公司于本判决生效之日起十日内赔偿原告腾讯公司经济损失110000元（含合理费用6000元）；

二、驳回原告腾讯公司的其他诉讼请求。

真彩公司不服一审判决，提起上诉。上海知识产权法院依照《中华人民共和国民事诉讼法》第一百七十条第一款第一项规定，判决如下：

驳回上诉，维持原判。

【法官后语】

在本案中，真彩公司实施了两个行为：第一，破坏技术措施；第二，通过设置深层链接的方式向公众播放作品。通常而言，在此类案件中享有权利的视频网站通常仅针对第二个行为提起诉讼，主张该行为构成侵犯信息网络传播权或不正当竞争，较少单独以破坏技术措施的行为提起诉讼。

破坏技术措施的行为与设置链接向公众播放作品的行为是两个独立的行为，以设置链接的方式向公众播放作品属于对作品的后续利用行为，无论该行为是认定构成侵犯信息网络传播权还是构成不正当竞争，实际上均与被诉侵权网站是否实施了破坏技术措施的行为没有必然的联系，对于这两个行为应当分别予以评价。

破坏技术措施行为的举证责任分配与一般的侵犯信息网络传播权案件并没有不同，法律没有设置较高的证明标准，也没有改变举证责任分配的一般规则，还是遵循着“谁主张谁举证”以及“没有证据或者证据不足以证明当事人的事实主张的，由负有举证责任的当事人承担不利后果”这一基本原则。

笔者认为，破坏技术措施行为的认定可以考虑以下三个方面的因素：第一，享有权利的视频网站采取了有效的技术措施。第二，被诉网站绕过技术措施设置链接向公众播放作品。比如，用户在被诉网站欣赏影片无需观看广告或者无需支付费用，对于该事实一般通过公证的形式即可证明。第三，被诉网站对其如何使用户绕开相关技术措施未作出合理解释或提交反证。被诉网站如果不能提供相反的证据，则应当承担相应的不利后果。在本案中，一审法院在认定真彩公司实施了破坏技术措施的行为时亦采用了上述思路。

被诉网站破坏技术措施给权利网站造成的损失是显而易见的，应当承担赔偿责任。

通常情况下，享有权利的视频网站会采取“会员＋广告”的模式从作品的利用中获得收益，用户可以支付会员费的方式免广告观看影片或者免费观看影片但必须观看片前广告。被诉网站往往以免费的形式向公众提供作品，同时屏蔽相应的广告，使得权利网站的客户流失，广告收益减少，给权利网站造成直接的经济损失。在确定损害赔偿数额时，可以参考权利网站的会员收费标准或者其授权第三方平台播放免广告的收费标准。此外，涉案作品在被诉网站平台上的人气、播放次数是衡量其提供规避手段的次数和规模的重要因素。由于破坏技术措施导致的后果与侵犯信息网络传播权导致的后果基本一致，赔偿的数额也大体相当，可以参考著作权侵权赔偿的一般规则，即权利人的实际损失、侵权人的获利和法定赔偿。确定法定赔偿通常要考虑的因素还包括作品的类型、知名度、许可使用费、侵权行为的情节、后果、主观过错程度等。

编写人：上海知识产权法院　杨馥宇

37

互联网平台适用“避风港”规则免责的条件

——江苏现代快报传媒有限公司、江苏现代快报传媒有限公司无锡分公司诉北京字节跳动科技有限公司、北京字节跳动网络技术有限公司侵害信息网络传播权案

【案件基本信息】

1. 裁判书字号

江苏省高级人民法院（2018）苏民终588号民事判决书

2. 案由：侵害信息网络传播权纠纷

3. 当事人

原告（被上诉人）：江苏现代快报传媒有限公司（以下简称现代快报公司）、江苏现代快报传媒有限公司无锡分公司（以下简称现代快报无锡分公司）

被告（上诉人）：北京字节跳动科技有限公司（以下简称字节跳动科技公司）

被告（原审被告）：北京字节跳动网络技术有限公司（以下简称字节跳动网络公司）

【基本案情】

现代快报公司、现代快报无锡分公司（以下简称两原告）依法享有《现代快报》无锡地区新闻的著作权。字节跳动科技公司、字节跳动网络公司（以下简称两被告）未经许可，擅自在“今日头条”手机新闻客户端中大量使用两原告享有著作权的6篇新闻作品，超出了著作权合理使用的范围，侵害了两原告的著作权，要求两被告停止侵权、赔礼道歉、赔偿经济损失10万元及合理费用。两原告提供报纸原件、职务作品创作合同证明其为适格原告，提供公证书证明两被告的侵权行为，提供相应票据证明为制止侵权支付的合理费用。

被告字节跳动科技公司请求法院驳回两原告的诉讼请求。其主张有：(1) 涉案文章非著作权法意义上的作品，不受保护；(2) 涉案6篇被控侵权作品中，2篇是用户上传，其余4篇系字节跳动科技公司从其他合作方获得授权而链接，依据“避风港”规则，其行为不构成侵权；(3) 两原告请求赔偿数额没有依据。字节跳动科技公司提供“今日头条”客户端涉案6篇文章后台信息公证书及其与第三方网站签订的协议，证明其主张。

被告字节跳动网络公司以其非本案适格被告为由，请求法院驳回两原告的诉讼请求。

【案件焦点】

1. 涉案6篇文章是否构成著作权法意义上的作品；2. “今日头条”客户端提供涉案6篇文章是否构成侵权；3. 互联网平台侵害著作权赔偿数额的参考要素。

【法院裁判要旨】

江苏省无锡市中级人民法院经审理认为：(1) 涉案6篇文章属于著作权法意义上的作品。涉案的6篇文章文字表达中不仅包含单纯事实情况，还含有以文艺创作手法创作的新闻评论，该表达属于作者的独创性智力劳动，故并非时事新闻。(2) 对于被控侵权作品而言，网络服务提供者能够证明其仅提供网络服务且无过错的，不认定为侵权；在接到权利人通知后及时删除侵权作品，不承担赔偿责任。本案证据可以证明涉案2篇作品系第三方头条号上传，字节跳动公司仅提供信息存储空间服务；也没有证据证明字节跳动公司明知或应知涉案作品侵权，故在字节跳动科技公司及时删除涉案作品的情况下，其不构成侵权也无需承担赔偿责任。

对于其余4篇文章，字节跳动科技公司现有举证只能证明其与第三方网站存在以链接方式进行作品传播的协议，不能证明其确实仅提供链接服务，也无证据证明用户阅读“今日头条”客户端中的涉案作品时存在跳转或链接到第三方网站的情形，故不能认定其仅提供链接服务，因此，其侵害了该4篇文章的信息网络传播权。

即使字节跳动科技公司确实仅提供链接服务，也不能完全免责。字节跳动科技公司与第三方网站签订的设链协议中要求第三方网站对可设链的内容拥有合法的信息网络传播权，但并未要求网站提供此类合法信息网络传播权所涉权利人的清单列表，而仅在合同中要求网站承担知识产权权利瑕疵担保责任，应认定字节跳动科技公司未尽到相应审查义务。涉案文章在首部标明的作者单位与第三方网站不一致，基于“今日头条”的信息管理能力，这种明显差异应引起其注意从而通过诸如设置关键词等方式将此类作品进行筛选甄别，现字节跳动科技公司并无证据证明其进行相应操作，故其主观上存在过错，构成应知。另外2篇文章，字节跳动科技公司主张系通过新浪网合法授权而链接。但因其提供的授权协议已过期，故不予采纳。

关于赔偿金额，两原告主张法定赔偿，综合考虑“今日头条”的影响力、传播范围及其主观过错等因素，支持赔偿金额10万元。相应律师费和公证费系为制止侵权所支出的合理费用，予以支持。

江苏省无锡市中级人民法院依照《中华人民共和国著作权法》第二条第一款、第九条、第十条第十二项、第四十八条第三项、第四十九条，《最高人民法院关于审理侵害信息网络传播权民事纠纷案件适用法律若干问题的规定》第三条、第六条，《中华人民共和国民事诉讼法》第一百四十二条之规定，判决如下：

一、字节跳动科技公司于本判决生效之日起十日内赔偿现代快报公司、现代快报无锡分公司经济损失10万元；

二、字节跳动科技公司于本判决生效之日起十日内赔偿现代快报公司、现代快报无锡分公司合理费用10100元；

三、驳回现代快报公司、现代快报无锡分公司的其他诉讼请求。

字节跳动科技公司不服一审判决，提起上诉。

江苏省高级人民法院同意一审法院的裁判意见，判决：

驳回上诉，维持原判。

【法官后语】

独创性要求外在表达的智力成果是从无到有独立创造出来或以他人已有作品为基础进行再创作，而由此产生的成果与原作品之间存在着可以被客观识别的、并非太过细微的差异。传统纸质媒体以文艺创作手法创作的新闻评论满足独创性要求，为著作权法保护的作品。

未经权利人许可而将其作品上传至互联网，上传者的行为构成对权利人信息网络传播权的直接侵权，而对被上传作品设链或保持链接的行为，则为这种未经许可的传播提供了便利。如果设链者对此明知或应知，其设链行为属于间接侵权。在互联网平台无授权使用传统纸媒作品的案件中，平台以"避风港"规则主张不承担赔偿责任，需满足以下条件：一是有充分证据证明其仅进行设链行为；二是对链接对象尽到了必要的审查义务，主观上不存在对被控侵权作品的"明知或应知"。互联网平台仅要求合作方提供知识产权权利瑕疵担保不能认定为尽到了必要审查义务。

互联网平台作为网络服务提供者，是信息网络传播的中枢，是连接版权人、用户的桥梁和媒介。在互联网平台侵权案件中，损失赔偿应考虑互联网平台的规模影响、传播范围、算法能力的可操作性等因素，平衡各方利益、有效节约诉讼成本而又不阻碍技术的发展。此种考量的前提依然是充分尊重著作权利人的合法权益，以促进创新、促进知识生产为核心。

编写人：江苏省无锡市中级人民法院　单甜甜

38

信息存储空间服务提供者的司法认定

——捷成华视网聚（常州）文化传媒有限公司诉北京弹幕网络科技有限公司侵害作品信息网络传播权案

【案件基本信息】

1. 裁判书字号

北京市朝阳区人民法院（2018）京0105民初51555号民事判决书

2. 案由：侵害作品信息网络传播权纠纷

3. 当事人

原告：捷成华视网聚（常州）文化传媒有限公司（以下简称捷成华视公司）

被告：北京弹幕网络科技有限公司（以下简称弹幕公司）

【基本案情】

原告捷成华视公司经授权取得电影《过年好》（以下简称涉案作品）的独占专

有性信息网络传播权并有权以自己名义进行维权。捷成华视公司发现被告弹幕公司经营的"AcFun苹果手机端"上提供了涉案作品的在线播放，主张弹幕公司直接提供了涉案作品，侵害了捷成华视公司对涉案作品所享有的信息网络传播权，诉至法院，要求弹幕公司停止侵权并赔偿损失及维权合理开支共计10万元。

弹幕公司答辩称，弹幕公司系信息存储空间网络服务提供者，并未实施侵权行为；在接到诉状后，弹幕公司主动关闭了包括"电影分区"在内的多个影视板块，已经对涉案作品进行了下线处理；弹幕公司不存在明知或者应知涉案作品系侵权作品的情形，不应当承担侵权责任；涉案作品在弹幕公司网站传播范围极小，且弹幕公司未从中获利，捷成华视公司索赔金额过高，没有合理依据。弹幕公司不同意捷成华视公司的诉讼请求。

法院经审理查明了如下事实：捷成华视公司经过授权取得了涉案作品在大陆范围内独占专有性信息网络传播权及维权权利，授权期限自2016年1月25日至2031年1月24日。

2016年6月13日，通过苹果应用商店搜索"AcFun"，可以找到"AcFun－国内弹幕动漫视频第一家"应用（以下简称涉案App），下载安装后，点击查看该应用相关信息，显示"官方www. acfun. cn""新浪微博AcFun弹幕视频网"，通过icp查询显示，域名为"acfun. cn"的网站系弹幕公司主办和运营。在该应用内以"过年好"为关键词搜索视频，可以得到多个搜索结果，点击搜索结果中的"［2016喜剧］过年好［中文字幕］［720P］"后，进入视频播放页面，点击播放按键，该视频可正常播放，播放视频内容与捷成华视公司主张的涉案作品一致。播放器下方显示有播放、弹幕及评论的数字，右侧有"简介"字样，下方显示"影视人乐园"发布于2017年3月31日的相关信息。对于上述情况，北京市国信公证处根据捷成华视公司的申请进行了证据保全公证，并出具了（2017）京国信内经证字第06512号公证书。

涉案App系弹幕公司运营。在诉讼中，弹幕公司就其涉案App上传视频过程进行了展示：通过手机号完成账号注册后，点击"我"，进入主页，点击"我的投稿"，点击"新建投稿"，用户可以在该界面进行视频投稿，将投稿视频上传后，完成"编辑标题""选择分区""上传视频封面""编辑标签""内容简介"后，点击"投稿"，所选择视频可以上传至该App。视频上传后，经过一定时间的转码和形式审核后，审核通过的视频可以在涉案 App 中进行网络传播。弹幕公司认可涉案 App 中的内容来源于弹幕公司自行上传、合作方上传和普通网络用户上传三种渠道，但通过上述三类上传者在上传内容稿件时的上传端口、操作步骤均相同，在网页前端展示的内容、栏目分区板块与普通网络用户也未作区分。对于如何区分内容稿件的来源，弹幕公司述称其根据用户账号身份属性进行区分。捷成华视公司认可涉案 App 具备网络存储空间功能，但弹幕公司未就涉案作品系普通用户上传提供任何证据，且网页展示的信息也无法区分上传者的身份属性，故坚持主张涉案作品系弹幕公司直接提供。弹幕公司称昵称为“影视人乐园”的用户系普通网络用户，通过手机号完成注册后上传的涉案作品，但其拒绝提供昵称为“影视人乐园”上传者的真实身份信息及联系方式。

【案件焦点】

在本案中，能否认定弹幕公司为信息存储空间服务提供者，是否应当就涉案 App 中传播的涉案作品承担侵权责任。

【法院裁判要旨】

北京市朝阳区人民法院经审理认为：捷成华视公司经过授权获得了涉案作品在中国大陆范围内独占专有性信息网络传播权。

根据弹幕公司当庭演示，可以确认弹幕公司运营的涉案 App 具备提供网络信息存储空间服务的功能。虽然捷成华视公司提供公证书记载的内容显示涉案作品系“影视人乐园”上传，但鉴于弹幕公司运营的涉案 App 中存在自行上传、合作方上传和用户上传三种内容来源渠道，且无论是内容稿件的上传端口、操作步骤、栏目分区、稿件名称与普通用户均未作区分，虽然弹幕公司述称其能够根据账号身份属性区分内容稿件的上传者，但根据弹幕公司当庭演示的过程的记载，账号名称可以自行编辑，所用头像亦属于用户自行选择的范畴，故账号的名称和头像不具备区分上传者主体身份标准的客观性。由于弹幕公司未进一步提供证据证明涉案作品确系用户上传，法院认定涉案作品系弹幕公司自行上传。

北京市朝阳区人民法院依据《中华人民共和国著作权法》第四十八条第一项、第四十九条之规定，判决如下：

被告弹幕公司赔偿原告捷成华视公司经济损失 53000 元。

一审判决后，双方均未提起上诉，判决已生效。

【法官后语】

在本案中，根据弹幕公司就其涉案App上传视频过程进行展示的情况，法院认定弹幕公司运营的涉案App具备提供网络信息存储空间服务的功能。但是对于涉案App中内容的来源问题，弹幕公司认可涉案App中的内容来源有三种渠道，分别为弹幕公司自行上传、合作方上传和普通网络用户上传。但是该App的前端页面显示的内容、栏目分区板块与普通网络用户上传的内容并未进行区分，三类上传者在上传内容稿件时的上传端口、操作步骤也均相同。对于如何区分内容稿件的来源，弹幕公司未进一步提供有关区分上传者身份的证据，亦未提供对应昵称的网友的真实身份信息、上传信息等，故在弹幕公司未举证证明涉案作品确系用户上传的情况下，法院认定涉案作品系弹幕公司自行上传。

随着网络传播技术的发展和网站运营模式的更新，互联网经营者往往为了规避法律风险，存在围绕“避风港”原则的适用条件搭建形似提供网络技术服务网站的经营模式，借助“马甲号”行直接侵权之实。比如，为了增加用户数量从而实现广告收益转化，网站经营者往往会绞尽脑汁丰富网站内容，但又碍于版权许可费用的高额成本，于是催生了一些网站通过技术手段生成大量网站的马甲号去自行填充网站内容，进而吸引流量，这种行为不正当地利用了权利人的内容，是典型的假借“避风港”原则直接获取不正当利益的行为，司法实践中应当注意该种行为。因此，在审理信息网络传播权纠纷案件时，被告以提供信息存储空间服务为由提出抗辩，在查清被告网站存在提供信息存储空间功能的情况下，需审查被告网站上的内容是否包含自行上传的内容。如果网站中的内容既包括自行上传亦包括普通网友上传，则须进一步审查内容的来源。如果被告网站中的内容上传端口、操作步骤、栏目分区、稿件名称与普通用户均未作区分，在被告未举证证明侵权内容确系普通网友上传的情况下，被告应当就网站传播侵权作品的行为承担直接侵权责任，保护权利人的合法权利。

本案启示：网站经营者应当树立尊重知识产权意识，规则是用来让大家遵守而非利用的，合法合规经营才是企业可持续发展之道。

编写人：北京市朝阳区人民法院　唐铁星

39

短视频的独创性认定

——北京微播视界科技有限公司诉百度在线网络技术（北京）有限公司、百度网讯科技有限公司侵害作品信息网络传播权案

【案件基本信息】

1. 裁判书字号

北京互联网法院（2018）京0491民初1号民事判决书

2. 案由：侵害作品信息网络传播权纠纷

3. 当事人

原告：北京微播视界科技有限公司（以下简称微播视界公司）

被告：百度在线网络技术（北京）有限公司（以下简称百度在线公司）、百度网讯科技有限公司（以下简称百度网讯公司）

【基本案情】

微播视界公司是抖音平台的运营者，百度在线公司、百度网讯公司分别系伙拍小视频手机软件Android系统、iOS系统的开发者。

汶川特大地震十周年之际，2018年5月12日，抖音平台用户“黑脸V”（抖音号145651081，系谢某注册）响应党媒平台和人民网的倡议，使用给定素材，制作并在抖音平台上发布“5.12，我想对你说”短视频（以下简称“我想对你说”短视频）。

谢某对“我想对你说”短视频的创作进行了说明：该短视频由其独立创作，用以响应党媒活动，缅怀汶川地震；人物形象使用黑脸系列视频中一贯的蒙面帽衫男子形象，拍摄时采用绿幕拍摄、抠像、软件制作特效等手法；并确认该短视频中的手势舞及伴音来自党媒平台及人民网示范视频，背景图片是从网络下载。另外，微播视界公司从谢某处获得“我想对你说”短视频的信息网络传播权等权利。

其他抖音平台用户分享了“我想对你说”短视频，播放页面上均有“抖音”和“ID：145651081”字样的水印。伙拍小视频手机软件上传播了“我想对你说”短视频，但未显示水印。

百度网讯公司为证明在本案中其仅为信息存储空间的网络服务提供者，提交了伙拍小视频手机软件用户服务条款及ID为451670用户的后台记录。

微播视界公司提交了两封电子邮件，用以证明其向百度在线公司、百度网讯公司进行了“通知”，但无法证明上述邮件发送成功或者收到回复。微播视界公司还向百度在线公司、百度网讯公司发送了纸质投诉函，百度网讯公司收到后删除了被控侵权短视频。

【案件焦点】

1. “我想对你说”短视频是否构成以类似摄制电影的方法创作的作品（以下简称类电作品）；2. 百度在线公司和百度网讯公司对“我想对你说”短视频是否构成侵权，是否承担责任。

【法院裁判要旨】

北京互联网法院经审理认为：

“我想对你说”短视频符合类电作品的形式要件要求，关键在于是否具备著作权法的独创性要求：（1）主题相同并不影响“我想对你说”短视频是否系独立完成的认定，该短视频与示范视频、网络下载图片存在能够被客观识别的差异，故该短视频系由制作者独立创作完成。（2）视频的长短与创作性的判定没有必然联系；该短视频在限定主题、素材的情形下，创作性难度较高；且其编排、选择及呈现给观众的效果，体现了制作者的个性化表达；该短视频带给观众的精神享受亦是具有创作性的体现，故该短视频具有创作性。因此，“我想对你说”短视频构成类电作品。

根据百度在线公司和百度网讯公司公示的用户协议、提交的后台记录，可以认定被控侵权短视频系案外人上传，上述两公司系信息存储空间服务提供者。百度在线公司和百度网讯公司在收到微播视界公司有效投诉即纸质投诉函后，删除被控侵权短视频的行为在合理期限内。现有证据无法证明百度在线公司和百度网讯公司对于被控侵权短视频是否侵权存在明知或应知的主观过错，且已履行“通知－删除”

义务，其行为符合进入“避风港”的要件。无论伙拍小视频手机软件的涉案用户是否构成侵权，百度在线公司和百度网讯公司作为网络服务提供者，均不构成侵权，不应承担责任。

浮水印并非著作权法意义上的技术措施，不具有阻止对著作权法中的特定客体实施特定行为的功能。水印更具备表明某种身份的属性。其中，制作者用户 ID 号表示了制作者的信息，更宜认定为权利管理信息；“抖音”字样，表示了传播者的信息。

北京互联网法院依照《中华人民共和国著作权法》第三条第六项，第十条第一款第十二项，第四十八条第一项以及《信息网络传播权保护条例》第二十二条之规定，判决：

驳回原告微播视界公司的全部诉讼请求。

【法官后语】

对于因时长较短导致创作空间有限的短视频，笔者认为只要有“一点火花”就可以认定为作品。原有的著作权理论与实务对视频的预设是以电影、电视剧为主要模型的，对于作品和制品的区分标准也较高。产业的革新会给现有的理论和实践带来一定冲击，唯有面向未来的思考，才能选好当下的路径。这里的“一点火花”指的是可识别的差异性。这个差异，不是思想、意图或创作过程的差异，而是作品的最终形态与现有或同时产生的表达相比，是否存在可以识别的差异。思想、创作过程、拍摄手法和技术手段，均与独创性的认定无关。

独创性的自由裁量也要受限于特定客体相关受众的认知。首先，创作性既是事实判断，亦是价值判断；其次，作品本身具有社会性，甚至是商品性，独创性的理解依赖于相关领域公众的理解。

在本案中，法院是以诚实信用原则作为适用“通知－删除”规则的指导原则的，以此平衡个案中双方的利益，既为法官自由裁量权的行使指明方向，又有利于当事人乃至公众善意观念的养成。

技术应用与版权保护有两项重要的制度——技术措施和权利管理信息。厘清两项制度，需要区别几个概念：技术措施与权利管理信息不属于著作权法上的权利，采取技术手段并非构成版权法上的技术措施，单纯的权利管理信息不是版权法上的技术措施，权利管理信息与署名不同。实际上，技术是手段，重要的是行为的法律特征，浮水印应用的法律属性是什么，应该看这项技术应用在具体案件中是如何使用的。

推进技术应用的规范化，是充分保障当事人权利救济和解决法院认定难等实践问题的出路之一。为此，法院专门就此问题向相关版权管理部门发送了司法建议：一是鼓励平台企业运用技术保护著作权，构筑“法律法规+行政执法+行业自律+技术运用”的立体综合的版权保护体系；二是明确相关技术的使用规范，规则制定应清晰明了、简单易行。上述司法建议得到了政府相关部门的重视，我们欣喜地发现司法与行政在这个问题上想法很契合。该部门在回函中表示赞同法院的意见，并将在日后执法与立法建议中切实予以体现。

编写人：北京互联网法院　张雯　朱阁　鲁宁

五、不正当竞争纠纷

40

不正当竞争纠纷中判断企业名称“具有一定市场知名度”的考量因素

——红门智能科技股份有限公司诉武汉红门烨阳智能科技有限公司侵犯商标权及不正当竞争案

【案件基本信息】

1. 裁判书字号

湖北省高级人民法院（2017）鄂民终2344号民事判决书

2. 案由：侵害商标权及不正当竞争纠纷

3. 当事人

原告（上诉人）：红门智能科技股份有限公司（以下简称红门公司）

被告（被上诉人）：武汉红门烨阳智能科技有限公司（以下简称红门烨阳公司）

【基本案情】

红门公司成立于2007年7月4日，是专门从事道闸产品、电动伸缩门产品和智能停车场管理系统的生产、销售商，系知名企业。深圳市红门机电设备有限公司（以下称红门机电公司）是红门公司股东。红门公司于2013年9月14日依法取得涉案第8054772号“红门”注册商标的专用权，核定使用的商品为第9类计算机软件（已录制）、智能卡（集成电路卡）、电子公告牌、信号遥控电子启动设备、电动伸缩门、自动汽车道闸等。上述注册商标专用权目前处于有效期内，依法应受法律保护。

红门烨阳公司成立于2011年6月8日，其经营范围为智能化工程设计、施工及相关技术指导、智能卡、机电产品、交通设施的销售。

被控网站www.chinahomen.com为红门烨阳公司开办，该网站首页在销售宣传中使用了“”“”，同时，被控网站的产品展示页面在智能道闸、智能停车场票箱、智能停车场等部分产品图简介下方产品名称开头也均使用了“红门”标识。红门烨阳公司辩称其采用“红门烨阳”文字作为字号的原因为红门烨阳公司的股东为承接上海红门智能系统有限公司（以下称上海红门公司）在湖北省的市场开拓和产品经销，应上海红门公司的法定代表人吴某邀请在湖北省武汉市设立，红门烨阳公司的公司字号亦是分别取吴某旗下两家公司——上海红门公司和上海烨阳智能科技有限公司字号中的“红门”和“烨阳”组合而成。

【案件焦点】

1. 红门烨阳公司在其企业名称中使用“红门”文字的行为是否构成不正当竞争；2. 企业商誉能否在不同商事主体之间进行承继；3. 判断企业名称“具有一定市场知名度”的考量因素有哪些。

【法院裁判要旨】

湖北省武汉市中级人民法院经审理认为：（1）红门公司主张其在湖北地区享有较高知名度的事实依据不足。首先，红门公司与红门机电公司之间没有关联关系，“红门”字号的知名度应由其独立经营形成的市场结果来决定。其次，红门公司企业名称权受到保护的起始日应为成立之日即2007年7月4日。最后，红门公司经过持续经营，在广东省同行业中具有较高知名度。但其2012年8月18日入选为“全国伸缩门、推拉门十强企业”等事实，不能推定其在2011年6月8日红门烨阳公司成立之前在湖北地区也享有较高知名度。（2）红门烨阳公司在企业名称中使用“红门烨阳”作为字号，并未造成实际经营主体混淆的结果。第一，红门烨阳公司的字号“红门烨阳”与红门公司的字号“红门”存在显著差别。第二，红门烨阳公司网站宣传内容并未让客户误认其系红门公司投资成立的公司或两者之间具有关联。第三，上海红门公司经营范围与红门公司有重合之处，且与红门公司签订有经销合同，红门烨阳公司是上海红门公司在湖北地区的经销商。红门公司生产的“红门”牌产品在实际经营中可由非其投资设立的“红门”字号企业经营或下级经销商代理销售，相关局部市场中企业合理共存状况一直存续，属于历史原因造成企业经营的客观现状。

湖北省武汉市中级人民法院依照《中华人民共和国商标法》（2013 年修正）第四十八条、第五十六条、第五十七条第一项和第二项、第六十三条第三款，《中华人民共和国反不正当竞争法》第五条第三项，《最高人民法院关于审理商标民事纠纷案件适用法律若干问题的解释》第九条第一款、第十一条第一款，《最高人民法院关于审理不正当竞争民事案件应用法律若干问题的解释》第六条第一款，《中华人民共和国民事诉讼法》第一百四十二条之规定，判决如下：

一、红门烨阳公司立即停止侵害红门公司第 8054772 号“红门”注册商标专用权的侵权行为，不得在其网站宣传中单独或者突出使用“红门”标识；

二、红门烨阳公司赔偿红门公司的经济损失 5 万元；

三、红门烨阳公司支付红门公司因维权支出的合理费用 1 万元；

四、驳回红门公司的其他诉讼请求。

红门公司不服原审判决，提起上诉。

湖北省高级人民法院经审理认为：(1)“红门”字号具有一定市场知名度。首先，红门公司作为与红门机电公司经营范围相同、使用相同字号并且高度关联的公司，对于其成立之前“红门”字号在经营过程中已经积累的商誉可以承继。其次，“红门”字号经过红门机电公司及红门公司共同长期经营使用，已经具有较高市场知名度，为相关公众所知悉，属于受《中华人民共和国反不正当竞争法》保护的企业名称。最后，在红门烨阳公司成立之前，红门机电公司在湖北地区已具有一定知名度。(2) 红门烨阳公司在企业名称中使用“红门”文字的行为容易导致市场混淆结果。第一，红门烨阳公司的主营产品与红门公司高度重合。第二，红门烨阳公司的字号“红门烨阳”与“红门”相比，虽然单从文字字数上看，两者存在一定差别，但是从商业标识的使用来看，“红门”字号的知名度、显著性及其产品的市场占有率均明显高于“红门烨阳”。

湖北省高级人民法院依照《中华人民共和国民法通则》第一百三十四条第一款第一项、第七项，《中华人民共和国商标法》（2013 年修正）第四十八条、第五十七条第一项和第二项、第六十三条第一款和第三款，《中华人民共和国反不正当竞争法》第五条第三项、第二十条第一款，《最高人民法院关于审理不正当竞争民事案件应用法律若干问题的解释》第六条第一款、第十七条第一款，《中华人民共和国民事诉讼法》第六十九条、第一百七十条第一款第二项、第一百七十五条之规定，判决如下：

一、维持一审判决第一项和第三项；

二、撤销一审判决第二项和第四项；

三、红门烨阳公司变更企业名称，变更后的企业名称不得含有“红门”字样；

四、红门烨阳公司赔偿红门公司的经济损失20万元；

五、驳回红门公司的其他诉讼请求。

【法官后语】

本案是一起侵害商标权及不正当竞争纠纷案件，双方当事人争议的问题集中在被控侵权标识是否属于商标性使用的认定、判断不正当竞争纠纷中企业字号“具有一定市场知名度”的考量因素，以及如何界定是否导致市场混淆结果等诸多在实践中争议较大的问题。关于“红门”字号是否具有一定的市场知名度？此问题的关键在于企业商誉能否在不同商事主体之间进行承继？法院认为，市场主体在经营过程中积累的商誉，可以一定方式在不同的商誉载体上进行转移、延续，商誉的载体包括市场主体的字号、商标等可以区分商品或者服务来源的标识。红门公司成立后，虽然与红门机电公司各自独立经营，但两者经营相同的产品，并且共同使用红门机电公司的研发、生产、业务资源以及商标和字号等商业标识。因此，红门公司作为与红门机电公司经营范围相同、使用相同字号并且高度关联的公司，对于其成立之前“红门”字号在经营过程中已经积累的商誉可以承继。在此基础上，综合考虑红门机电公司从成立起对“红门”品牌产品持续投入的广告宣传，关联企业的销售收入、所获奖项，以及在湖北地区的销售情况等因素，法院认定“红门”字号在湖北地区具有了一定的市场知名度。在判断经营者擅自使用他人企业名称是否构成不正当竞争时，企业除所获奖项及荣誉外，其产品的销售收入以及企业的广告宣传投入也是衡量企业字号市场知名度的重要因素。

关于是否会造成市场混淆结果？在认定“红门”字号具有一定的市场知名度

后，二审法院从红门公司与红门烨阳公司的主营产品类别、“红门烨阳”与“红门”作为商业标识使用时的知名度、显著性及各自产品的市场占有率等方面逐一比较分析，得出会造成市场混淆结果的结论，有理有据。对于红门烨阳公司的字号“红门烨阳”与红门公司的字号“红门”相比，是否会造成市场混淆结果？二审法院则认为在不正当竞争纠纷中，应从企业字号的市场知名度及可识别性进行评判，这样才能通过法律途径有效地打击“傍名牌”“搭便车”等不正当竞争行为。二审法院依据相关法律规定，对一审认定及实体处理正确的部分予以维持，对认定有误及处理不当的部分予以纠正，结论依法有据，彰显了理性成熟的司法保护态度。

编写人：湖北省高级人民法院　叶宇

41

底层安全软件经营者的竞争行为正当性

——上海二三四五网络科技有限公司诉北京猎豹网络科技有限公司等不正当竞争案

【案件基本信息】

1. 裁判书字号

上海知识产权法院（2018）沪73民终5号民事判决书

2. 案由：不正当竞争纠纷

3. 当事人

原告（被上诉人）：上海二三四五网络科技有限公司（以下简称二三四五公司）

被告（上诉人）：北京猎豹网络科技有限公司（以下简称猎豹网络公司）、北京猎豹移动科技有限公司（以下简称猎豹移动公司）、北京金山安全软件有限公司（以下简称金山公司）

【基本案情】

二三四五公司主要经营2345网址导航、2345王牌浏览器等互联网产品，其中2345网址导航的用户超过4000万，日访问用户达2500万，在同行业内排名前列。

猎豹网络公司系金山网络网站（首页网址www. ijinshan. com）和猎豹移动网站（首页网址www. cmcm. com）的主办单位。金山网络网站在百度搜索结果中标记为金山毒霸官网，其首页为金山毒霸10软件的下载页面，网站产品介绍中包含金山毒霸软件，资讯中心中则对金山毒霸、金山网络等主题进行了宣传和介绍。猎豹移动网站对猎豹移动产品作了介绍，称核心产品包括金山毒霸软件，同时也提供诸如毒霸网址大全等多平台类产品。

猎豹移动公司系毒霸网址大全（首页网址www. duba. com）和标题为“金山毒霸官网”的网站（首页网址www. duba. net）的主办单位。后者提供金山毒霸11软件的下载服务，并载有金山毒霸软件的各历史版本介绍。

金山公司系金山毒霸软件最终用户许可协议显示的软件运营者。根据全国企业信用信息公示系统的查询结果，三被告对外公示的联系电话与电子邮箱均相同：

金山毒霸软件在安装、运行及卸载过程中存在以下六类情形：

1. 在金山毒霸的“垃圾清理”功能中点击“一键清理”后，用户在IE浏览器中设置的主页2345网址导航变更为毒霸网址大全。

2. 点击金山毒霸的“立即升级”按钮，待升级完毕重启金山毒霸后，弹窗显示“立即锁定毒霸网址大全为浏览器主页，保护浏览器主页不被篡改”，并在左侧设置默认勾选。在未行其他操作的前提下打开2345王牌浏览器，原设置的主页2345网址导航变更为毒霸网址大全。随后去除前述方框内默认勾选并关闭金山毒霸窗口，打开2345王牌浏览器，原设置的主页2345网址导航仍变更为毒霸网址大全。

3. 点击金山毒霸的“一键云查杀”按钮，再点击“版本升级”按钮完成升级后，打开IE浏览器、2345王牌浏览器及360安全浏览器，原设置的主页2345网址导航均已变更为毒霸网址大全；打开搜狗高速浏览器及猎豹安全浏览器，原设置的主页2345网址导航未被变更。卸载金山毒霸后，上述浏览器主页均恢复为2345网址导航。

4. 安装完成金山毒霸后，弹窗显示“设置浏览器主页为毒霸导航”，左侧设置默认勾选，右侧设置“我知道了”按钮。在未点击“我知道了”按钮的情况下打开 IE 浏览器，原设置的主页 2345 网址导航变更为毒霸网址大全；去除前述默认勾选再点击“我知道了”按钮后打开 IE 浏览器，主页仍变更为毒霸网址大全；卸载金山毒霸后再打开 IE 浏览器，其主页恢复为 2345 网址导航。

5. 金山毒霸运行过程中，弹窗显示“金山毒霸 10 开启安全网址导航，防止误入恶意网站建议您开启安全网址导航，远离病毒，欺诈网站，安心上网”，下方设置“一键开启”按钮。点击该“一键开启”按钮后打开 IE 浏览器，原设置的主页 2345 网址导航变更为毒霸网址大全；打开 2345 王牌浏览器，显示主页仍为原设置的 2345 网址导航；卸载金山毒霸后，IE 浏览器主页恢复为 2345 网址导航。

6. 安装完成金山毒霸前后，打开 IE 浏览器主页，均为已设置的主页 2345 网址导航。卸载金山毒霸后再打开 IE 浏览器，显示主页变更为毒霸网址大全。

【案件焦点】

1. 三被告是否是本案不正当竞争之诉的适格被告；2. 原告指控的三被告通过金山毒霸软件实施的变更网络用户浏览器主页以及区别对待等六类行为是否构成不正当竞争；3. 如上述行为构成侵权，三被告应承担的民事责任。

【法院裁判要旨】

上海市浦东新区人民法院经审理认为：金山公司已自认其系金山毒霸软件的经营者。猎豹网络公司、猎豹移动公司虽否认共同参与经营金山毒霸软件，但三被告的法定代表人同一，主要办事机构所在地与联系方式相同，在通过网站及其他形式对外宣传产品时主体高度混同。加之猎豹网络公司、猎豹移动公司各自主办的网站均带有金山毒霸官网标记，并在首页显著位置提供金山毒霸软件的下载服务，且金山毒霸 11 软件在安装、运行过程中发送数据请求的对象网站亦分别归属于猎豹网络公司和猎豹移动公司，故可据此判定三被告实际共同经营金山毒霸软件，均系本案的适格被告。

三被告在金山毒霸软件安装、运行及卸载过程中实施了变更网络用户浏览器主页的行为。作为安全软件以及与原告经营的一般终端软件具有直接竞争关系软件的经营者，三被告在发挥安全软件正常功能时未采取必要且合理的方式，超出合理限度实施了干预其他软件运行的行为并给其他经营者造成损害。三被告利用网络用户对其作为安全软件经营者的信任，或未告知用户，或通过虚假弹窗、恐吓弹窗变更用户浏览器主页，直接侵害了网络用户的知情权和选择权，在非法获利的同时亦使原告的合法权益及良好商誉受到实际损害。同时，三被告在通过金山毒霸软件变更网络用户浏览器主页过程中实施的区别对待行为，会使网络用户对不同浏览器的使用体验产生差异，不当影响原告产品的用户体验与评价。故三被告的上述行为除违反诚实信用原则和公认的商业道德外，亦有违平等竞争的原则，构成不正当竞争。

上海市浦东新区人民法院依照《中华人民共和国反不正当竞争法》（2017年修订）第二条第一款和第二款、第二十条；《中华人民共和国侵权责任法》第八条，第十五条第一款第一项、第六项、第八项及第二款之规定，作出如下判决：

一、被告猎豹网络公司、猎豹移动公司及金山公司于本判决生效之日起立即停止实施本案所涉不正当竞争行为；

二、被告猎豹网络公司、猎豹移动公司及金山公司于本判决生效之日起十日内在域名为 www. duba. com、www. ijinshan. com 及 www. duba. net 网站首页顶部居中通栏位置以五号字体全文显示形式刊登声明，消除因对原告二三四五公司实施本案所涉不正当竞争行为所造成的不良影响，声明的内容、发布位置须经法院审核，声明须连续保留三十日。如不履行，法院将在相关媒体发布本判决的主要内容，费用由被告猎豹网络公司、猎豹移动公司及金山公司负担；

三、被告猎豹网络公司、猎豹移动公司及金山公司于本判决生效之日起十日内连带赔偿原告二三四五公司经济损失人民币300万元及合理费用人民币13060元，合计人民币3013060元；

四、驳回原告二三四五公司的其他诉讼请求。

判决后，三被告均不服，提起上诉。

上海知识产权法院判决：驳回上诉，维持原判。

【法官后语】

本案入选2018年中国法院十大知识产权案件、2018年上海知识产权十大典型案件、2018年上海法院知识产权司法保护十大案件。三被告所实施的变更网络用户浏览器主页的行为虽不属于《中华人民共和国反不正当竞争法》第二章所列举的范围，但原告的合法权益确因该竞争行为而受到实际损害。

本案中三被告所实施的变更浏览器主页的行为，客观上剥夺了用户接触、使用原告所经营的网址导航网站的机会，无疑将使原告遭受重大的经济损失。而在此过程中，三被告经营的金山毒霸软件利用其作为底层安全软件所享有的系统优先权限、网络用户对其的信任，通过多种方式擅自诱导用户或强制用户变更浏览器主页为毒霸网址大全，直接抢夺流量导入所带来的经济利益，完全超出了底层安全软件为实现其功能所必需的行为限度。同时，网络用户对浏览器主页设置拥有完全的自主决定权，这直接影响网络用户的使用体验和消费福祉。金山毒霸作为底层安全软件，拥有网络用户对此类软件的天然信赖，却擅自或以虚假弹窗、恐吓弹窗等方式干预网络用户对一般网络服务的选择，未对网络用户的知情权和选择权加以充分保障。以上情节足以判定三被告的竞争行为有违诚实信用原则和公认的商业道德，应当受到反不正当竞争法的规制。

三被告在通过金山毒霸软件变更网络用户浏览器主页过程中实施的区别对待行为，会使网络用户对不同浏览器的使用体验产生差异，不当影响原告产品的用户体验与评价。此行为除违反诚实信用原则和公认的商业道德外，亦有违平等竞争的原则，亦构成不正当竞争。

同时，法院基于对原、被告用户数量、流量价值、原告获得用户的成本、被告侵权行为的持续时间、范围、主观恶意等因素的考察，确定赔偿损失金额为法律规定的顶格数额300万元，具备科学性，填补了原告损失，提高了被告侵权行为的成本。

在网络技术不断发展、网络领域竞争日趋激烈的当下，网址导航网站为各大网站带来了巨大的流量，也令各经营主体为此争夺不休。本案的审判，对底层安全软件经营者竞争行为的正当性判断标准加以厘定，对于规范流量争夺行为、确立互联网领域内的竞争规则具有较为积极的意义。

编写人：上海市浦东新区人民法院　杨捷　徐弘韬

42

对《商标法》第五十八条中“使用”二字的理解

——爱尔眼科医院集团股份有限公司诉江阴爱尔眼科医院有限公司不正当竞争案

【案件基本信息】

1. 裁判书字号

江苏省无锡市中级人民法院（2018）苏02民终4560号民事判决书

2. 案由：不正当竞争纠纷

3. 当事人

原告（被上诉人）：爱尔眼科医院集团股份有限公司（以下简称爱尔集团）

被告（上诉人）：江阴爱尔眼科医院有限公司（以下简称江阴爱尔公司）

【基本案情】

爱尔集团系第1631923号“aier爱尔”商标、第3812124号“爱尔眼科 AIER OPHTHALMOLOGY”商标、第4200991号“爱尔”商标权利人，上述三商标注册时间分别为2001年9月7日、2006年4月7日、2013年10月14日，核定服务项目为医疗诊所、医院等。“aier爱尔”商标于2005年、2008年被认定为湖南省著名商标，“爱尔”商标于2012年被认定为湖南省著名商标。“aier爱尔”商标于2010年被认定为医院服务上的驰名商标。爱尔集团成立于2003年1月24日，其经营范围为：眼科医院的投资和医院经营管理服务等。爱尔集团经过多年的持续经营，其“爱尔”眼科医院具有较高的知名度。爱尔集团及其品牌先后获“中国健康年度总评榜—全国最受欢迎眼科医院”“中国最有价值品牌500强”等荣誉。爱尔集团在全国范围内投资设立有眼科医院服务点，2010投资设立了南京爱尔眼科医院有限公司；2014

年投资设立了无锡爱尔眼科医院有限公司，并在江苏地区进行宣传与使用“爱尔”商标。2015 年 1 月爱尔集团关联企业湖南爱尔中钰眼科医疗产业投资合伙企业（有限合伙）向江阴市卫生局提交了设立“江阴爱尔眼科医院”的申请，2015 年 10 月无锡市卫计委拟批准设置“江阴爱尔眼科医院”进行公示。

另查明，江阴爱尔公司于 2015 年 7 月 24 日由江阴市和平医院管理有限公司设立，地址在江阴市周庄镇长啸路 188 号，经营范围为眼科医院服务。江阴爱尔公司成立至今未实际开展经营活动。2015 年 10 月爱尔集团发现江阴爱尔公司设立情况后，曾向江阴市市场监督管理局提出要求江阴爱尔公司变更“爱尔”名称的请求。

又查明，2017 年 12 月 13 日爱尔集团与湖南思博达律师事务所签订《诉讼代理专项顾问服务合同》，约定本案代理费 2 万元，爱尔集团已支付上述费用，爱尔集团在本案中主张为制止本案侵权行为所支付上述费用 2 万元。

江阴爱尔公司认为江阴爱尔公司企业名称是经过工商部门核准后使用的，是合法使用。原被告双方属于不同地域范围，江阴爱尔公司的企业名称是善意使用，江阴爱尔公司企业名称的使用不构成不正当竞争。即使法院认定构成不正当竞争，爱尔集团的相关诉讼请求也不应支持：（1）消除影响的民事责任承担方式应适用于对商誉造成严重损害的情形，本案中原告爱尔集团未举证其商誉受到严重损害；（2）爱尔集团提出的赔偿经济损失 10 万元没有事实依据。爱尔集团未提供证据证明其损失的情况，江阴爱尔公司因多种原因自设立时起至今未开展经营活动；（3）爱尔集团主张的为制止侵权行为产生的费用过高。请求驳回原告爱尔集团的诉讼请求。

【案件焦点】

1. 江阴爱尔公司未经爱尔集团许可将“爱尔”登记为字号是否构成不正当竞争行为；2. 如果构成不正当竞争，江阴爱尔公司应承担的法律责任。

【法院裁判要旨】

江苏省江阴市人民法院经审理认为：经营者在市场交易中，应当遵循自愿、平等、公平、诚实信用的原则，遵守公认的商业道德。根据《中华人民共和国商标法》（2013 年修正）第五十八条规定：“将他人注册商标、未注册的驰名商标作为企业名称中的字号使用，误导公众，构成不正当竞争行为的，依照《中华人民共和国反不正当竞争法》处理。”本案爱尔集团及其“爱尔”品牌经过长期而广泛地宣传和使用在眼科医院服务行业中具有较高的知名度和影响力，为广大消费者所熟知。江阴爱尔公司登记经营范围为眼科医院服务，作为同行业对爱尔集团及其“爱尔”系列商标知名度应是明知的，其在与“爱尔”品牌及字号无任何渊源与授权的情况下，擅自注册“爱尔”字号，主观上显然具有攀附“爱尔”已建立品牌声誉的故意，客观上也会导致消费者将其与“爱尔”品牌及爱尔集团之间建立关联，从而产生混淆或者误认，同时也阻碍了爱尔集团进入江阴地区设立爱尔眼科医院，违背了诚实信用原则，不正当地抢占了“爱尔”品牌所创立的市场知名度和潜在的市场份额，依法构成不正当竞争。对江阴爱尔公司主张双方属于不同地域范围，其企业名称是善意使用的主张，不予采信。

江阴爱尔公司未经许可构成不正当竞争，依法应承担停止侵权及赔偿损失的民事责任。关于停止侵权的方式。如上所述，江阴爱尔公司注册该字号主观上具有攀附“爱尔”品牌声誉的故意，客观上在目前“爱尔”品牌知名度较高的情况下，无论其是否突出使用字号均难以避免产生市场混淆，故对于爱尔集团诉请变更字号的主张依法予以支持。关于赔偿数额，在本案中，爱尔集团主张法定赔偿，但未提供爱尔集团损失及江阴爱尔公司因本案侵权获利的证据，故法院综合考虑涉案注册商标的知名度、江阴爱尔公司的主观恶意、侵权情节及未实际经营营利的情况酌情确定赔偿额为3万元。考虑到爱尔集团为制止本案侵权所支付的费用，其主张2万元亦在合理范围，依法予以支持。《中华人民共和国侵权责任法》第十五条规定的消除影响、恢复名誉的民事责任系针对侵权行为致被侵权人社会评价降低，商誉受损的情形，现爱尔集团并无证据证明江阴爱尔公司的行为造成了其名誉或商誉受损，《无锡新传媒》的报道也仅是江阴爱尔公司涉嫌侵权事实的相关报道，并未造成贬低爱尔集团商誉的后果，故对爱尔集团的该项诉讼请求，不予支持。

江苏省江阴市人民法院依照《中华人民共和国商标法》（2013年修正）第五十八条，《中华人民共和国反不正当竞争法》第二条、第六条第四项、第十七条之规定，判决如下：

一、江阴爱尔公司于本判决发生法律效力后一个月内到工商登记机关办理企业名称变更登记手续，变更后的企业名称中不得含有“爱尔”字样；

二、江阴爱尔公司于本判决发生法律效力之日起十五日内赔偿爱尔集团经济损失3万元；

三、江阴爱尔公司于本判决发生法律效力之日起十五日内赔偿爱尔集团为制止本案侵权支付的合理费用合计2万元；

四、驳回爱尔集团的其他诉讼请求。

江阴爱尔公司不服一审判决，提起上诉，要求判决驳回爱尔集团的诉讼请求。理由如下：(1) 江阴爱尔医院的企业名称是经工商行政部门核准后使用的，是合法使用。(2) 江阴爱尔医院企业名称使用不构成误导公众。(3) 在江阴爱尔医院设立时，爱尔集团未在江阴地区使用“爱尔”注册商标，也未以“爱尔”作为企业名称设立公司。江阴爱尔医院名称是善意使用，不构成误导公众，也不构成不正当竞争。

江苏省无锡市中级人民法院经审理认为：本案二审争议焦点为江阴爱尔公司名称中的“爱尔”字号与爱尔集团的“爱尔”注册商标是否构成不正当竞争行为。

随着经济社会活动的不断发展，注册商标与企业字号的冲突现象时有发生，而判断企业字号是否构成不正当竞争行为，需要从注册商标的知名度、经营范围、有效期限与企业字号创意来源、成立时间、经营范围等方面综合加以分析，以此认定是否会给公众造成混淆或者误认。由于注册商标使用范围更为广阔，其商业行为范围有可能在国内不断扩大，必须为其商品销售和开设连锁、加盟服务机构预留必要的空间，不然会损害该商标权利人权利的充分使用，妨碍市场经济秩序下的自由竞争，侵犯广大消费者享有质优价廉商品和服务的权利。因此，任何新成立的企业利用注册商标信息与工商登记信息存在不对接的问题，试图以企业字号来攀附注册商标已建立的品牌声誉，提高其商品或服务的竞争力，或试图坐享其成从中渔利，都必须依法予以制止，由此产生的民事责任也应由该企业承担。另外，江阴爱尔公司的字号虽然是由工商行政管理部门批准，也属合法所得，但由于该行为与爱尔集团的商标权行使形成了权利冲突，从保护在先权利等角度出发，也依法不能支持江阴爱尔公司的观点。此外，作为江阴爱尔公司开办方的江阴市和平医院管理有限公司熟知眼科医疗领域的情况，其无法解释“爱尔”这一无文义的字号的合理来源，应推定其行为存在主观恶意，它不仅误导了公众消费者，客观上也阻碍了爱尔集团在江阴开设加盟眼科医院或诊疗所，影响了江阴当地医疗水平的提升，损害了广大眼科患者获得充分就医的权利，也在一定程度上影响了江阴吸引外来优质资源服务的环境和声誉，明显构成了不正当竞争行为。江阴爱尔公司对此应思过醒悟，及时纠正。综上所述，爱尔集团的上诉请求不能成立，应予驳回；一审判决认定事实清楚，适用法律正确，应予维持。

江苏省无锡市中级人民法院依照《中华人民共和国民事诉讼法》第一百七十条第一款第一项之规定，作出如下判决：

驳回上诉，维持原判。

【法官后语】

在本案中，江阴爱尔公司将“爱尔”商标作为字号进行工商登记，但自成立至今从未实际开展经营活动。那么在这种情况下江阴爱尔公司单纯的登记行为是否属于《中华人民共和国商标法》第五十八条规定的“使用”行为？以本案为例，江阴爱尔医院登记行为的实质是对涉案商标声誉的攀附，这种攀附是在未经同意且未支付对价的情况下利用商标权人与相关消费者建立的信任关系，窃取商标权人依靠持续经营、精心维护以及广告投入所获得的竞争优势，破坏商标权人与商标之间建立的联系。虽然江阴爱尔医院未实际经营获利，但其登记企业字号本身已掠夺了隐藏在“爱尔”商标背后的无形价值，不正当地攫取了同行业竞争者的商业机会，使其获取了比其他竞争者进入市场更为有利的地位。因此，登记行为的实质是对他人商标无形价值的盗用，当然构成《中华人民共和国商标法》第五十八条的“使用”情形。从企业字号登记行为的后果来看，一方面，商标具有品质保证的功能，涉案“爱尔”商标具有较高知名度，在一定程度上代表了较高质量的眼科服务，江阴爱尔医院登记字号的行为属于“搭便车”，误导了消费者，侵犯了消费者享有货真价实商品和服务的权利。另一方面，由于同一辖区内字号具有唯一性和排他性，江阴爱尔医院将“爱尔”作为字号进行登记的行为在客观上阻碍了爱尔集团在江阴开设分支机构，影响了江阴当地眼科医疗水平的提升，损害了广大消费者充分就医的权利。

本案厘清了《中华人民共和国商标法》第五十八条“使用”的本质含义，对此类案件的审理具有借鉴意义。

编写人：江苏省江阴市人民法院　王芳　徐芝若　郁明明

43

将知名游戏名称作为电影名称使用构成不正当竞争

——动视出版公司诉华夏电影发行有限责任公司、长影集团译制片制作有限责任公司侵害著作权、商标权及不正当竞争案

【案件基本信息】

1. 裁判书字号

上海知识产权法院（2018）沪73民终222号民事判决书

2. 案由：侵害著作权、商标权、擅自使用知名商品特有名称及虚假宣传纠纷

3. 当事人

原告（上诉人）：动视出版公司（Activision Publishing，Inc.）（以下简称动视公司）

被告（上诉人）：华夏电影发行有限责任公司（以下简称华夏公司）

被告：长影集团译制片制作有限责任公司（以下简称长影公司）

【基本案情】

涉案游戏《使命召唤》（《CALL OF DUTY》）是一款由动视公司最早于2003年在美国开始发售的第一人称射击系列网络游戏，现已发行16部。2012年6月15日，动视公司的《Call of Duty Online》（V1.0.0.1）由腾讯游戏独家代理运营。《使命召唤》游戏无论在美国还是在中国均具有较高的知名度。

动视公司就“”美术作品于2014年1月27日在国家版权局获得著作权登记。

动视公司于2013年在国家商标局分别注册了两个“使命召唤”商标，核定使用商品为第9类，包括计算机游戏软件、关于军事主题行动的电影胶片（已曝光）

等；核定服务项目为第41类，包括电影制作、电影发行、在计算机网络上提供在线游戏等。

2015年3月，华夏公司以买断方式引进电影《狙击枪手》（The Gunman），并于同年5月25日委托长影公司对该影片进行汉语译制。

2015年5月，涉案电影《狙击枪手》被更名为《使命召唤》。同年9月18日在国内影院发行。该电影是一部美英法合拍的动作片，讲述了一个国际组织的特工为了他的爱人想要退出组织，在完成最后一项任务后，被人追杀而在欧洲展开逃亡的故事。涉案电影自2015年9月18日上映至2015年10月17日下映，获得票房398万元。

在“电影《使命召唤》官方微博V”上有电影《使命召唤》剧照及电影名称，“9月18日亡命天涯”等文字，有“电影《使命召唤》终级预告火热出炉……决堤反击，为真相而战”的宣传，有“这电影的英文名是The Gunman，和Call Of Duty根本就是两个意思……”并有“至于《使命召唤》这样一部浮夸的作品里（PS：无论是电影还是游戏），主角们击杀百人的画面更是每天都在上演。那么问题来了，要如何帅气地完成百人击杀呢？首先，要有一套过硬的装备……”等内容及电影剧照，在剧照中使用的“使命召唤”文字字体与原告主张著作权的“使命召唤”相同。

【案件焦点】

1. 原告动视公司主张的“使命召唤”文字是否构成美术作品，涉案电影宣传中使用该文字是否构成侵权；2. 涉案电影名称“使命召唤”是否侵害原告动视公司“使命召唤”注册商标专用权；3. 涉案电影名称“使命召唤”是否构成擅自使用“使命召唤”知名商品特有名称；4. 被告华夏公司通过新浪实名认证的微博账户，称“至于《使命召唤》这样一部浮夸的作品里（PS：无论是电影还是游戏），主角们击杀百人的画面更是每天都在上演……”将原告动视公司的游戏与涉案电影混为一谈，是否构成虚假宣传。

【法院裁判要旨】

上海市浦东新区人民法院经审理认为：（1）关于著作权侵权。原告动视公司主张著作权的作品“ ”属于受我国著作权法保护的美术作品。涉案电影《使命召唤》在电影发行时使用了与原告动视公司作品中完全相同的“使命召唤”美术字，并在网络上传播，侵害了原告动视公司对其美术作品享有的信息网络传播权。（2）关于商业标识侵权。电影名称的主要功能与商标不同，因此，电影名称并不能等同于商品或服务标识。原告动视公司在第 9 类商品及第 41 类服务上注册了“使命召唤”商标，仅说明原告动视公司取得了在上述类别中的电影载体等商品及电影制作、电影发行等服务上标注“使命召唤”的专有权利，并不代表原告动视公司在电影名称上也获得了“使命召唤”的专有权。故涉案电影使用“使命召唤”不构成商标侵权。现有证据证明涉案游戏具有较高的市场知名度和影响力，“使命召唤”在游戏领域已能与原告动视公司建立特定联系。涉案电影使用“使命召唤”的名称，属于攀附原告“使命召唤”知名游戏商誉的行为，构成不正当竞争。（3）关于虚假宣传。原告动视公司主张虚假宣传的表述确有不妥之处，但尚不足以构成虚假宣传。故对原告的主张不予支持。

据此，一审法院依照《中华人民共和国著作权法》第十条第一款第十二项、第四十八条第一项、第四十九条，《中华人民共和国反不正当竞争法》（1993 年施行）第五条第二项、第二十条，《最高人民法院关于审理著作权民事纠纷案件适用法律若干问题的解释》第七条、第二十五条第一款和第二款、第二十六条，《最高人民法院关于审理不正当竞争民事案件应用法律若干问题的解释》第一条第一款、第二条第一款、第四条、第七条、第十七条第一款之规定，作出如下判决：

一、被告华夏公司于判决生效之日起立即停止对原告动视公司享有的涉案美术作品著作权的侵害；被告华夏公司于判决生效之日起立即停止在涉案电影上使用“使命召唤”作为电影名称的不正当竞争行为；

二、被告华夏公司于判决生效之日起三十日内，在《中国电影报》（除中缝外）上刊登声明，就其侵权行为消除影响（声明内容需经法院审核）；如不履行，法院将在相关媒体上公布判决的主要内容，所需费用由被告华夏公司负担；

三、被告华夏公司应于判决生效之日起十日内赔偿原告动视公司经济损失 30 万元；

四、被告华夏公司于判决生效之日起十日内赔偿原告动视公司合理开支 30 万元；

五、驳回原告动视公司的其他诉讼请求。

判决后，动视公司及华夏公司不服，提起上诉。

上海知识产权法院判决：驳回上诉，维持原判。

【法官后语】

本案系最高人民法院发布的2018年中国法院50件典型知识产权案例，最高人民检察院发布的2018年全国检察机关知识产权典型案例，上海市高级人民法院发布的2018年上海法院加强知识产权保护力度典型案件。

作品名称作为文化创意领域重要的商业标志，标识特定作品系其基础功能。但作品名称一般比较短小，难以构成著作权法保护的作品，同时作品名称通常是对作品内容的高度概括和提炼，与商标的识别功能又迥然有别。

商标具有专有属性，其有权禁止他人在相同或类似商品上使用与注册商标相同或近似的商标，如果给予单个的作品名称商标权的保护，将会不适当地垄断作品名称。当然，一些特定作品在特定条件下，如期刊名称，由于其经使用已经成为某种商品的代名词，已经产生了来源识别作用，其不仅是作品名称也已经成为具有识别作品的标识，具有双重性质，因此可以受到商标法的保护。由于电影名称是对电影内容的高度概括，体现的是电影要反映的主题，而不是指代商品或服务的来源，其并不具有标识出处的功能，故在一般情况下，作品名称的使用并非商标性使用。在本案中，原告在第9类商品和第41类服务上注册商标能够指代该些商品和服务的来源，一般情况下，单个的作品名称并不具有指示商品来源的功能，其更多的是体现文学艺术上的内涵，因此，原告对于其游戏名称的使用并不能等同于其在上述类别上对于注册商标的使用。故原告在软件等商品和电影制作等服务上注册了商标并不能阻止他人在软件名称和电影名称上合理使用与注册商标相同的商标。因此，被告使用与原告注册商标相同的电影名称并不能落入原告注册商标的保护范围。

虽然注册商标的权利范围不能延及电影名称，但不代表游戏、电影等作品名称不能作为“有一定影响的”商品或服务名称受反不正当竞争法的保护。在本案中，“使命召唤”游戏名称已经构成有一定影响的商品名称。同时，被告使用“使命召唤”作为电影名称并不属于合理使用，原告在电影宣传中又反映出其搭便车的主观故意，且事实上也已经造成相关消费者的混淆。因此，被告的行为属于擅自使用他人有一定影响的商品名称的不正当行为，构成不正当竞争。

作品名称是对作品的高度概括和提炼，一般不具有获得著作权保护要求的独创性，公众有利用相同的名称创作不同作品的自由。即使作品名称被注册为商标，也不能阻止他人对作品名称进行正当使用，否则将造成不合理的垄断。随着文化创意产业的发展，作品名称凸显出作为商品名称的商业价值，是智力劳动和资本的凝结，不正当地使用他人有一定影响的作品名称有可能构成不正当竞争行为。对作品名称的法律保护方式的选择体现了商标法和反不正当竞争法两者不同的法益保护，也更好地平衡了权利人和社会公众的利益。

编写人：上海市浦东新区人民法院　倪红霞

44

浏览器屏蔽视频广告行为的不正当竞争认定

——深圳市腾讯计算机系统有限公司诉北京世界星辉科技有限责任公司不正当竞争案

【案件基本信息】

1. 裁判书字号

北京知识产权法院（2018）京73民终558号民事判决书

2. 案由：不正当竞争纠纷

3. 当事人

原告（上诉人）：深圳市腾讯计算机系统有限公司（以下简称腾讯公司）

被告（被上诉人）：北京世界星辉科技有限责任公司（以下简称世界星辉公司）

【基本案情】

腾讯公司是一家从事互联网经营的企业，其开发经营的腾讯视频网站为用户提供视频在线观看服务。腾讯公司通过购买影视作品版权，提供“免费+广告”及会员制的影视播放服务。视频网站采取会员制，会员付费后有权利选择不看或关闭广告。世界星辉公司是一家从事互联网经营的企业，其开发运营了“世界之窗浏览器”。该浏览器具有“强力拦截页面广告”的功能，用户在设置中勾选该功能后，可屏蔽视频网站中视频的片头广告和暂停广告。腾讯公司认为，“世界之窗浏览器”软件系世界星辉公司开发经营，该浏览器设置有广告过滤功能，用户使用该功能后可以有效屏蔽腾讯公司网站在播放影片时的片头广告和暂停广告。世界星辉公司的上述行为使得腾讯公司不能就网站影片的片头及暂停广告获取直接收益，使腾讯公司遭受了经济上的损失。而世界星辉公司屏蔽广告的行为，提升了其用户的使用体验度，获得其商业价值的提升，其行为违反了诚实信用原则及公认的商业道德，极大地损害了腾讯公司的合法权益。世界星辉公司认为，该公司与腾讯公司不存在直接竞争关系，腾讯公司所主张的“免费＋广告”经营模式也不属于法律所保护的利益。通过浏览器过滤广告的行为未侵害网站经营者的利益，用户没有观看广告的义务，广告拦截也不必然导致视频网站商业利益的减损，即使利益受损也属于正常商业竞争的结果。视频过滤广告的行为不违反诚实信用原则及公认的商业道德。

【案件焦点】

被诉行为是否违反《中华人民共和国反不正当竞争法》（2017年修订）第二条的规定。

【法院裁判要旨】

北京市朝阳区人民法院经审理认为：市场竞争具有天然的对抗性，也必然导致损害，但损害本身不具有是与非的色彩，只要该损害并非具有直接针对性的、无任何可躲避条件或选择方式的特定性损害，就不单独构成评价竞争行为正当性的倾向性要件。世界星辉公司的被诉行为是经营者出于市场利益最大化而进行的经营行为，同时也为网络用户自愿选择提供了合理机会。网络用户对浏览器广告屏蔽功能的使用，虽造成广告被浏览次数的减少，但此种减少只损害竞争对手的部分利益、影响部分网络用户的选择，还达不到特定的、影响其生存的程度，不存在对市场的干扰、不构成对腾讯公司利益的根本损害，世界星辉公司的被诉行为不是不正当竞争行为。

北京市朝阳区人民法院作出如下判决：

驳回原告腾讯公司全部诉讼请求。

腾讯公司不服原审判决，提起上诉。

北京知识产权法院经审理认为：对于不正当竞争行为的认定应当从违反商业道德和损害社会福利两方面来判断：（1）对于公认商业道德的确认，最为直接的依据是相关的法律、法规或规范性文件。对于视频广告过滤行为，虽然相关法律、法规并无明确规定，但国家工商行政管理总局公布的《互联网广告管理暂行办法》已将此类行为明确禁止，这一禁止性规定足以说明主管机关已将此类行为认定为违反公认商业道德的行为。（2）对于社会总福利的分析，一审判决虽也提及社会公共利益，但其将消费者利益等同于社会公共利益，这一理解显然是不全面的。反不正当竞争法中所考虑的社会公共利益（或社会总福利）既包括消费者利益，亦包括经营者利益。而其中的经营者，则不仅包括本案双方当事人，亦包括其他同业或相关经营者。正是基于以上分析，北京知识产权法院依据规范性文件及一般商业道德认定世界之窗浏览器的广告过滤功能违反禁止性规定，限制了腾讯公司正常经营的广告，主动干涉、插手他人的经营行为，违反了商业道德，破坏了健康的经济秩序。同时，北京知识产权法院还认为，短期来看视频网站商业模式可能因浏览器过滤广告而发生转变，变为视频收费模式，这种转变将增加消费者的成本。长期来看，视频网站可能丧失生存空间，其所能提供给用户的内容将会大大减少。广告投放者也会因此增加广告投放成本，这些成本最后都将由消费者自己买单，浏览器也会因为竞争产品的效仿而失去竞争力。无论是从消费者、视频平台、广告投放者，还是浏览器经营者角度进行分析，广告过滤功能的放开只可能会损害社会总福利。因此，认定被告世界星辉公司的被诉行为构成不正当竞争。

北京知识产权法院依照《中华人民共和国民事诉讼法》第一百七十条第一款第二项之规定，作出如下判决：

一、撤销北京市朝阳区人民法院作出的（2017）京 0105 民初 70786 号民事判决；

二、被上诉人世界星辉公司于本判决生效之日起十日内赔偿上诉人腾讯公司经济损失 100 万元，诉讼合理支出 896708 元；

三、驳回上诉人腾讯公司的其他诉讼请求。

【法官后语】

本案的审理涉及被诉行为是否符合《中华人民共和国反不正当竞争法》（2017年修订）第二条的认定问题，法院对该条的适用应持十分慎重的态度，以防止因不适当扩大不正当竞争范围而妨碍自由、公平竞争。一般而言，只有在该行为违反公认的商业道德时，才宜将其认定为不正当竞争行为。同时，因反不正当竞争法保护的是健康的社会经济秩序，而健康的社会经济秩序通常有利于社会总福利，因此，在判断某类行为是否违反《中华人民共和国反不正当竞争法》（2017年修订）第二条时，亦可通过其是否有利于社会总福利进行量化分析。上述两种判断方法可以相互验证。

本案涉及的浏览器屏蔽视频广告的行为，虽然表面上看迎合了广大用户的需求，看似提升了消费者的福利，但实质上，此类行为将对视频网站的商业模式及生存空间造成严重影响，最终的成本仍需要消费者自行买单。虽然互联网环境下的竞争行为确实可能存在传统非互联网环境下所不具有的特殊性，但是这种特殊性更多地体现在经营行为的具体表现形式上，而非所应遵循的商业道德上。在多数情况下，互联网环境下的竞争行为所应遵循的商业道德均可以在传统的竞争领域找到答案。而“用户需求”这一理由，也不是不正当竞争行为的保护伞，经营者当然可以基于用户需求对自己的产品和服务进行改善，但却不能以此为由插手其他经营者的正常经营。

本案结合部门规章以判定被诉行为是否违反公认的商业道德，通过经济学分析报告验证是否有利于社会总福利，将公认的商业道德与社会总福利的结论相互验证，综合考量行业的经营现状及生存空间，认定此类行为违反了反不正当竞争法的规定。本案对互联网新技术发展所带来的竞争秩序、互联网环境下的商业道德及社会公共利益的考量等问题进行了分析认定，对此类案件的审理具有一定的参考意义。

编写人：北京知识产权法院　芮松艳　段重合

45

侵权商号登记后未实际经营不宜判赔损失

——北京京东金融科技控股有限公司诉财富京东金融服务外包（北京）有限公司不正当竞争案

【案件基本信息】

1. 裁判书字号

北京知识产权法院（2017）京73民终2073号民事判决书

2. 案由：不正当竞争纠纷

3. 当事人

原告（被上诉人）：北京京东金融科技控股有限公司（以下简称京东公司）

被告（上诉人）：财富京东金融服务外包（北京）有限公司（以下简称财富公司）

【基本案情】

2012年9月5日，京东公司注册成立，其营业执照登记的经营范围包括：投资管理、资产管理、接受金融机构委托从事金融信息技术服务外包等，2013年开始独立运营。京东叁佰陆拾度公司是第15879590号“京东金融”文字、第12535126号“京东”等5件商标的权利人，并无偿许可京东公司在中国大陆地区排他性使用包含上述5件商标在内的多件商标，且约定在许可期间当许可商标专用权受到侵害时，京东公司有权起诉维权。

自2014年开始，京东公司及其关联企业共同对“京东金融”品牌进行大量、持续的宣传推广，2014年7月，京东公司创办的“京东金融”APP上线运营。同时，众多报刊杂志均对“京东金融”进行了报道，并且其中多以“京东金融”指代京东公司。

2016年9月13日，财富公司注册成立，其营业执照登记的经营范围包括：接受金融机构委托从事金融信息技术外包服务；接受金融机构委托从事金融业务流程外包服务等。2016年12月7日，泓金永信企业管理（北京）有限公司经受让成为财富公司的全资股东。

京东公司认为财富公司与其属于同地域同行业的竞争者，将“京东”登记为核心字号，故意攀附京东公司商誉，构成不正当竞争行为，故诉至法院请求判令财富公司立即停止在企业名称中使用“京东”字样，且变更后的企业名称中不得包含与“京东”相同或近似的字样；连续五日在《北京晚报》除中缝外的版面刊登声明，消除影响；赔偿京东公司经济损失10万元和维权合理支出2万元。

【案件焦点】

1. 财富公司使用包含“京东”文字的企业名称是否构成不正当竞争；2. 可否支持京东公司要求财富公司停止在企业名称中使用“京东”字样并变更企业名称、公开声明以消除影响的诉讼请求；3. 可否支持京东公司要求财富公司赔偿10万元经济损失和维权支出的诉讼请求。

【法院裁判要旨】

北京市朝阳区人民法院经审理认为：财富公司明知“京东”“京东金融”商标及字号的存在，仍使用包含“京东”文字的企业名称，具有攀附涉案商标及京东金融公司商誉的故意，容易使相关公众误认为其与京东公司之间存在某种关联关系，其行为已构成不正当竞争。关于京东公司要求财富公司停止在企业名称中使用“京东”字样并变更企业名称，公开声明以消除影响的诉讼请求，符合法律规定，法院予以支持。关于京东公司要求财富公司赔偿10万元经济损失的诉讼请求，由于京东公司在本案中未提交证据证明其因财富公司的不正当竞争行为所遭受的实际损失金额或者财富公司的实际获利金额，且未予以合理说明，属于京东公司对其权利的漠视，故对其提出的赔偿金额不予全额保护，具体数额予以酌定。关于京东公司主张的律师费支出，属于其维权的合理支出且有票据为证，法院予以支持。

北京市朝阳区人民法院依据《中华人民共和国商标法》（2013年修正）第五十八条，《中华人民共和国反不正当竞争法》（1993年施行）第二条、第五条第三项、第二十条，《最高人民法院关于审理不正当竞争民事案件应用法律若干问题的解释》第六条之规定，作出如下判决：

一、财富公司于本判决生效之日起三十日内到工商行政管理机关变更企业名称，变更后的企业名称中不得含有“京东”字样；

二、财富公司于本判决生效之日起三十日内在《北京晚报》除中缝以外的版面上连续五日发表声明，以消除因涉案不正当竞争行为给京东公司造成的不良影响；

三、财富公司自本判决生效之日起十日内赔偿京东公司经济损失 2 万元；

四、财富公司自本判决生效之日起十日内赔偿京东公司维权合理支出 2 万元；

五、驳回京东公司的其他诉讼请求。

财富公司不服一审判决，提起上诉。

北京知识产权法院经审理认为：一审法院支持有关变更企业名称、赔偿维权支出等诉请，相关认定并无不当。但是关于京东金融公司要求赔偿经济损失的诉讼请求，在本案中，京东公司未提交任何证据证明财富公司实际使用该名称开展了相关业务或者用于广告宣传、展览以及其他商业活动，相关公众无法在商业流通流域获知该事实并产生混淆误认，进而影响京东公司的经营利益，故京东公司主张经济损失，没有法律及事实依据，法院不予支持。一审法院对此认定不当，二审法院依法纠正。

北京知识产权法院依照《最高人民法院关于审理不正当竞争民事案件应用法律若干问题的解释》第六条、第七条，《中华人民共和国民事诉讼法》第一百七十条第一款第二项等规定，作出如下判决：

一、维持一审判决第一项、第二项、第四项、第五项；

二、撤销一审判决第三项。

【法官后语】

在本案中，企业名称经登记产生，该登记行为由发起人作出，属于企业的经营准备活动，若发起人未尽到合理避让义务，登记注册了侵犯他人商标或商号的企业名称，同样可以由企业自身承受发起人的不当行为，承担相应的责任。

对于涉嫌侵权的企业名称应当责令停止使用还是责令变更登记，1993 年施行的《中华人民共和国反不正当竞争法》对此并未明确规定，司法实践中的做法也不尽一致，而在 2017 年该法修订后，第十八条对此予以明确：“……经营者登记的企业名称违反本法第六条规定的，应当及时办理名称变更登记；名称变更前，由原企业登记机关以统一社会信用代码代替其名称。”本案的侵权行为虽发生在旧法实施期间，但变更名称亦属于停止侵害的应有之义，且修订后的法律规定填补了之前的立法空白，按照《中华人民共和国立法法》第九十三条规定的从旧兼有利原则可以参照适用，故一审、二审法院均判令侵权者变更企业名称。

就损害赔偿而言，反不正当竞争法作为对传统知识产权专门法的补充，仍应以民事侵权赔偿的填平原则为基础，即损害赔偿应与权利人因侵权所受到的损失相当。如果权利人未能举证证明其因侵权者的行为所受到的损失，亦未提交证据可以证明侵权者因实施侵权行为而获得的利益，甚至无法证明侵权者实际进行了经营行为进而获取了利益，即侵权获利尚未发生，权利人没有任何的直接损失或间接损失，仅因侵权者既有的企业名称和经营范围而面临潜在损失的威胁，在此情形下，虽然侵权者应当避让在先商业标识、承担变更侵权商号的责任，但并不需承担损害赔偿的责任。上述处理方式与2017年修订的《中华人民共和国反不正当竞争法》第十七条规定的内涵是一致的，即该条第三款规定的“实际损失”所指的是一种真实损失而非潜在损失，若在案证据可以推定没有损失则不必判令赔偿损失仅赔偿合理开支即可，第四款规定的“难以确定”也仅指在推定有实际损失的前提下难以确定数额，而非没有损失或不确定有无损失。二审法院基于在案证据并不能证明侵权人进行了实际经营活动、相关公众并未实际产生混淆、无法推定权利人已经遭受某种损失的情况下，对一审赔偿损失的判项予以纠正。

编写人：北京知识产权法院　张宁　聂菲

46

歪曲评价客观事实亦会构成商业诋毁

——爱思开能源润滑油（天津）有限公司诉昆明迈头商贸有限公司、张某商业诋毁案

【案件基本信息】

1. 裁判书字号

天津市第二中级人民法院（2017）津02民终2645号民事判决书

2. 案由：商业诋毁纠纷

3. 当事人

原告（上诉人）：爱思开能源润滑油（天津）有限公司（以下简称爱思开公司）

被告（被上诉人）：昆明迈头商贸有限公司（以下简称迈头公司）、张某

【基本案情】

爱思开公司是外国法人独资设立的有限责任公司，主要从事润滑油、润滑脂、润滑油基础油等经营项目。迈头公司曾于2016年1月1日被爱思开公司授权为经销商，授权经销的产品为所有由韩国SK润滑油生产和/或销售的车用润滑油产品。迈头公司在经销爱思开公司SK品牌润滑油的同时也代理经销其他品牌的润滑油。2016年6月，爱思开公司解除了对迈头公司的经销商授权。后因产品质量投诉沟通出现问题。迈头公司在其微信公众号推送了一篇名为《韩国SK润滑油质量纠纷不理不睬，销售总监还要弄死经销商》的文章并经该公司法人张某在微信朋友圈转发评论。

2015年1月，迈头公司从其下游经销商处接到富源诚信汽车修理厂关于适用SK汽车润滑油质量投诉，向爱思开公司反映，但经检测评定结果为正常。该质量投诉中的车辆照片在涉案文章中作为其中一台车发动机都是油泥的照片附于文章中。2016年7月13日，迈头公司的下游经销商就芒市国宾汽车修理厂的客户使用SK润滑油出现发动机油泥质量纠纷提出投诉，爱思开公司在张某于2016年7月22日赴京之前没有书面回复。涉案文章亦将该投诉中的发动机照片附于文中。

爱思开公司认为涉案文章相关表述及张某的相关评论内容，构成对其公司的商业诋毁，故起诉要求迈头公司、张某停止商业诋毁行为，分别在微信空间赔礼道歉、消除影响，并承担赔偿责任。

【案件焦点】

迈头公司、张某通过微信平台发布涉案文章内容是否存在虚假事实，从而给爱思开公司造成商誉损害。

【法院裁判要旨】

天津市滨海新区人民法院经审理认为：二被告对其发布文章所依据的事实提供了相关证据，爱恩开公司并未提供有力证据对案涉文章所表述的事实系迈头公司捏

造的虚假事实进行证明，且本案尚无证据显示迈头公司在作出涉诉行为时具有损害爱思开公司商誉的故意，认定迈头公司、张某的行为并不构成商业诋毁。天津市滨海新区人民法院依照《中华人民共和国反不正当竞争法》（1993年施行）第二条、第十四条，《中华人民共和国民事诉讼法》第六十四条，《最高人民法院关于适用〈中华人民共和国民事诉讼法〉的解释》第九十条之规定，判决：驳回爱思开公司诉讼请求。

爱思开公司不服一审判决，提起上诉。

天津市第二中级人民法院经审理认为：涉案文章包括文字表述和文章附图两部分。文字表述部分基本属实，虽然“不理不睬”用词并不完全准确，但并未达到法律规定的商业诋毁的程度。除此之外，文章还将2015年富源诚信汽车修理厂和2016年芒市国宾汽车修理厂反映的产品质量问题所涉汽车发动机照片附于文章，并配有文字说明。如“气门室盖上都是油泥，导致凸轮轴和缸盖报废”“这是另外一台车的气门室盖”等。上述照片及文字说明使消费者的直观感受是使用了SK汽车润滑油后导致汽车发动机出现大量油泥，甚至导致发动机部件报废。

具体而言，关于富源诚信汽车修理厂质量投诉的发动机照片，2015年当事人双方对涉事润滑油已检测且结果正常。迈头公司、张某在明知该质量纠纷已解决完毕的情况下，仍将其作为文章附图用以说明产品质量问题纠纷，误导公众。关于芒市国宾汽车修理厂投诉的发动机存在油泥的图片，虽照片为客户提供，但该质量纠纷所涉产品是否为爱思开公司产品，如属正品产品质量是否合格，产生发动机故障是否因使用SK润滑油导致，对此，迈头公司、张某均未提供证据予以证明。

特别是迈头公司曾系爱思开公司在云南地区的代理商，双方为非一般竞争关系。迈头公司在未对相关产品质量进行核查的情况下，仅凭下游经销商及相关修理厂的投诉，便通过网络公开发布自身曾代理品牌产品的负面信息，未尽到较高的审慎义务，会造成社会公众对该品牌的不信任，引发错误联想，从而严重影响爱思开公司的商业信誉和商品声誉。

天津市第二中级人民法院依照《中华人民共和国反不正当竞争法》（1993年施行）第二条、第十四条，《中华人民共和国民事诉讼法》第一百七十条第一款第二项之规定，判决如下：

一、撤销天津市滨海新区人民法院（2016）津0116民初2167号民事判决；

二、被上诉人迈头公司于本判决生效之日起在其公司微信公众号、被上诉人张某于本判决生效之日起在其微信个人空间发布致歉声明，为其对上诉人爱思开公司的商业诋毁行为消除影响；

三、被上诉人迈头公司、被上诉人张某于本判决生效之日起十日内共同赔偿上诉人爱思开公司经济损失包括维权合理开支30000元；

四、驳回上诉人爱思开公司的其他诉讼请求。

【法官后语】

本案涉及信息化时代背景下，对经营者通过网络公开发布竞争对手相关信息这一行为性质的认定。爱思开公司系由韩国SK集团在天津自贸区注册、由外国法人独资设立的有限责任公司，该集团是全球第二大第三类基础油生产和供应商，为全球财富500强企业。其为壳牌、美孚、BP等国外知名润滑油品牌提供基础油，涉案产品SK润滑油在韩国润滑油市场排名榜首，并连续十年占据韩国产业品牌第一名的位置。案件的审理结果与言论界限、营商环境、竞争秩序等密切相关，其重要意义不言而喻。

生效判决明确了此类案件商业诋毁行为的认定规则。首先，明确在市场竞争中，经营者应当诚信经营，不得对竞争对手的商业信誉、商品声誉进行商业诋毁，尤其是具有长期合作、授权代理、加盟连锁等非一般竞争关系的经营者公开发布其他经营者负面信息的，应负有较高的审慎义务；其次，客观审查相关言论、文章所述内容的真实性，即是否存在虚假信息，在“图文并茂”的时代，不能仅仅关注“文”，“图”亦应作为审查重点；最后，即使“图文”等均不构成虚假信息，但整体或部分内容会对社会公众产生误导，引发错误联想，从而损害竞争对手的商业信誉、商品声誉的，仍应认定构成商业诋毁。

本案审理时适用的是1993年施行的《中华人民共和国反不正当竞争法》，该法将商业诋毁的行为方式限定于“捏造、散布虚伪事实”，但本案着眼于行为所导致或可能导致的损害后果，从维护良好竞争秩序的立法目的和公平诚信的基本原则出发，将传播误导性信息的行为也纳入商业诋毁的行为规制，而这点也被2017年修订的《中华人民共和国反不正当竞争法》采纳并明确规定。

本案系类型新颖的商业诋毁案件，双方当事人争议较大，审理法院全面考虑、反复酝酿、审慎处理；生效判决论述深入、条理清晰、层次分明，根据在案证据和法律规定改判迈头公司、张某的行为构成商业诋毁，依法承担赔偿责任。判决生效后，爱思开公司送来锦旗表示感谢，迈头公司在其公众号及时发布致歉声明。该案的妥善解决，对经营者通过网络公开发布竞争对手负面信息应尽相应的审慎义务，起到了很好的警示教育作用，不仅有利于规范自媒体时代经营者网络言论自由的界限，对维护诚信公平的市场竞争秩序、营造良好的投资营商环境亦具有重要的现实意义。

编写人：天津市第二中级人民法院　胡浩　庞振

47

知名商品特有包装、装潢权与外观设计专利权相冲突的司法认定

——椰树集团有限公司诉海南文昌清泉食品有限公司等不正当竞争案

【案件基本信息】

1. 裁判书字号

浙江省绍兴市中级人民法院（2018）浙06民终1561号民事判决书

2. 案由：不正当竞争纠纷

3. 当事人

原告（被上诉人）：椰树集团有限公司（以下简称椰树公司）

被告（上诉人）：海南文昌清泉食品有限公司（以下简称文昌公司）、海南画景食品有限公司（以下简称画景公司）

被告：绍兴市柯桥区夏履文明副食品商店

【基本案情】

椰树公司成立于1980年7月，经营范围为食品、饮料的投资及管理等，其系

第857282号“椰树及图”商标、第1575561号“椰树”商标的注册人。第857282号“椰树及图”商标于1995年7月21日核准注册，核定使用商品为第32类的不含酒精饮料、啤酒、糖浆及其他供饮料用的制剂，续展注册有效期至2026年7月20日；第1575561号“椰树”商标于2001年5月21日核准注册，核定使用商品为第32类，包括啤酒、天然椰子汁（饮料）、矿泉水等，续展注册有效期至2021年5月20日。1999年1月5日，椰树公司注册并使用在饮料商品上的“椰树”商标被商标局认定为驰名商标。2002年至今，“椰树”牌天然椰子汁多次被认定为“海南省名牌产品”并获得其他荣誉。为推广产品，椰树公司及其关联企业投入大量广告费用，在全国各地通过电视等形式发布大量广告对“椰树”牌天然椰子汁进行推广宣传。椰树公司称其生产、销售的椰子汁产品自1996年开始至今一直使用黑罐包装装潢，后椰树公司关联企业椰树集团海南椰汁饮料有限公司于2005年7月15日申请罐贴（天然椰子汁）外观设计专利，并于2006年5月24日被授权公告（专利号：200530139245.4），请求保护的外观设计包含有色彩。椰树公司主张其“椰树”椰子汁产品的特有包装为黑色易拉铁罐，特有装潢与其外观设计专利基本相同，包括罐贴正面文字、图案及色彩的排列组合。

2017年6月19日，椰树公司委托代理人杨某向浙江省杭州市东方公证处申请办理保全证据公证，该公证处公证员崔某与公证员助理翁某该日随同杨某到位于绍兴市柯桥区钱茅公路197的文明批发超市（该店登记字号为绍兴市柯桥区夏履文明副食品商店）以普通消费者的身份购买了饮料一箱并封存。对上述行为浙江省杭州市东方公证处作出了（2017）浙杭东证字第12441号公证书。上述公证书所封存的饮料均为净含量245克的圆柱形易拉罐罐装“画岛”椰汁饮料，委托方为画景公司，被委托方为文昌公司，生产日期为2017年1月。

2016年11月1日，文昌公司与画景公司签订《委托加工协议书》一份，画景公司委托文昌公司为其生产、加工“画岛”“老椰牌”椰汁等饮料，文昌公司根据画景公司每批次所下订单制作包材，并按画景公司确定的产品样品的口味、包装、外观设计，按照文昌公司的技术标准、工艺流程进行生产。

椰树公司以文昌公司、画景公司生产、销售与其椰树椰汁商标、装潢近似的产品，构成侵犯商标专用权及不正当竞争，以及绍兴市柯桥区夏履文明副食品商店应停止销售与椰树椰汁商标、装潢近似的产品为由，提起诉讼。

【案件焦点】

文昌公司、画景公司是否擅自使用与被上诉人椰树公司"椰树"椰汁产品的特有包装、装潢相近似的标识，构成不正当竞争。

【法院裁判要旨】

浙江省绍兴市柯桥区人民法院经审理，依照《中华人民共和国反不正当竞争法》（2017年修订）第六条第一项、第十七条，《中华人民共和国侵权责任法》第八条，第十五条第一款第一项、第六项以及《最高人民法院关于审理不正当竞争民事案件应用法律若干问题的解释》第二条之规定，作出如下判决：

一、被告文昌公司、画景公司立即停止生产、销售与原告椰树公司"椰树"椰汁商品特有装潢相似的商品；

二、被告绍兴市柯桥区夏履文明副食品商店立即停止销售与原告"椰树"椰汁商品特有装潢相似的商品；

三、被告文昌公司、画景公司于一审判决发生法律效力之日起十日内赔偿原告椰树公司经济损失（含合理开支）人民币9万元；

四、驳回原告椰树公司的其他诉讼请求。

浙江省绍兴市中级人民法院经审理认为：（1）椰树公司于2017年6月19日申请浙江省杭州市东方公证处进行证据保全公证，但未举证证明被诉侵权行为一直持续至2018年1月1日以后，故一审判决适用2017年修订的《中华人民共和国反不正当竞争法》不符合法律规定，应予纠正。（2）文昌公司、画景公司擅自使用与椰树公司"椰树"椰汁产品的特有包装、装潢相近似的标识，构成不正当竞争。首先，椰树公司已举证证明其椰汁产品具有较高的市场知名度，且其主张的245毫升圆柱形易拉罐罐装"椰树"椰汁罐贴由一系列文字、图形、色彩、形状、大小等排列组合而成，具有显著特征，能够区别商品来源，故"椰树"椰汁产品包装、装潢构成知名商品特有的包装、装潢。其次，经比对，被诉侵权产品与椰树公司的"椰树"椰汁产品包装装潢在字形、图形、颜色及构图等要素上均构成近似，足以使相关公众对商品的来源产生误认或认为与椰树公司有特定联系。最后，画景公司的饮料罐外观设计专利申请日为2014年2月27日，授权公告日为2014年11月5日，其在行使专利权的相应权利时，不应侵害他人在先的其他权利。画景公司生产、销售被诉侵权产品已经与椰树公司在先已经形成的知名商品的装潢权利相冲突，其以此为依据主张不侵权抗辩，于法无据，不予采信。

浙江省绍兴市中级人民法院依照《中华人民共和国民事诉讼法》第一百七十条第一款第一项之规定，判决如下：

驳回上诉，维持原判。

【法官后语】

关于本案是否适用2017年修订的《中华人民共和国反不正当竞争法》的问题。2017年修订的《中华人民共和国反不正当竞争法》于2018年1月1日起施行。在本案中，椰树公司于2017年6月19日申请浙江省杭州市东方公证处进行证据保全公证，即被诉侵权行为发生在2018年1月1日之前，且椰树公司不能举证证明被诉侵权行为一直持续，故根据《最高人民法院关于商标法修改决定施行后商标案件管辖和法律适用问题的解释》第九条规定，除本解释另行规定外，商标法修改决定施行后人民法院受理的商标民事案件，涉及该决定施行前发生的行为的，适用修改前商标法的规定；涉及该决定施行前发生，持续到该决定施行后的行为的，适用修改后商标法的规定。本案系不正当竞争纠纷，可参照适用上述规定，应适用1993年12月1日起施行的《中华人民共和国反不正当竞争法》。

关于画景公司拥有外观设计专利权，其以此为据的不侵权抗辩是否成立。画景公司认为其产品已于2014年被授予外观设计专利，专利号201430036368.4，说明其产品的外观设计与椰树公司的产品包装图案有明显区别。椰树公司如果认为画景公司的外观设计权利不符合本法的有关规定，可以请求专利复审委员会宣告该专利权无效，在画景公司的外观设计专利证书被宣告无效前，其均有权根据该外观设计专利生产涉案产品。本案涉及知名商品特有包装装潢权利与专利权相冲突的问题。笔者认为，在审理知识产权权利冲突案件中应遵循诚实信用、维护公平竞争及保护在先权利等基本原则。根据本案查明的事实，椰树公司至少自2005年开始即使用了黑罐包装装潢，且经过多年经营，成为具有一定影响商品的包装装潢。画景公司于2014年被授予的外观设计专利权明显在椰树公司使用上述特有包装装潢之后，故根据前述保护在先权利的原则，画景公司仍应承担侵权责任。

编写人：浙江省绍兴市中级人民法院　周荧

48

将与他人注册商标相同的文字作为企业名称突出使用的，构成对他人注册商标专用权的侵犯

——黄道益活络油有限公司诉南昌森腾医药生物科技有限公司、中山市黄道益合信商贸有限公司侵害商标权及不正当竞争案

【案件基本信息】

1. 裁判书字号

广东省中山市中级人民法院（2018）粤20民终464号民事判决书

2. 案由：侵害商标权及不正当竞争纠纷

3. 当事人

原告（被上诉人）：黄道益活络油有限公司（以下简称黄道益公司）

被告（上诉人）：南昌森腾医药生物科技有限公司（以下简称南昌森腾公司）、中山市黄道益合信商贸有限公司（以下简称中山黄道益合信公司）

【基本案情】

第3365258号“黄道益+图形”商标的注册人是黄道益公司，商标图案为“黄道益”，核定使用的商品是第五类的医用药、草药制剂、止痛药、跌打药、膏药、绷敷材料、人用药，注册有效期限自2004年6月14日至2014年6月13日。经核准，该商标续展有效期至2024年6月13日。2009年2月21日，黄道益公司获准注册了第4941024号“黄道益”商标，商标图案为“黄道益”，注册有效期自2009年2月21日至2019年2月20日，核定使用商品为第五类的药油、甲癣病用油、医用药物、中药成药、杀菌剂、消毒剂等。

黄道益公司的创始人为黄道益，黄道益于1919年出生在广东省台山市，在20

世纪30年代赴香港生活。1970年年初，其以自身姓名作为商号在香港开设了“黄道益医馆”，并在医馆出售一种风湿跌打药油，命名为“黄道益活络油”。该产品使用了玻璃瓶作为装载容器，性状为浅棕黄色澄清油状液体，具特殊芳香气，成分包括冬青油、薄荷脑、松节油、樟脑、麝香草油、橄榄油，主治祛风通络、疏筋止痛。自1986年起，“黄道益活络油”在包装上部以突出方式标示“黄道益活络油”字样，“黄道益”“活络油”以上下方式排列，“黄道益”三字后均标注了注册商标符号，且“黄道益”三个汉字均突出标示。黄道益公司于1988年7月22日在香港成立，股东均为黄道益的家人。1995年11月17日，黄道益公司在香港注册“黄道益”中文商标，商标种类为普通商标，货品为第五类的药油。黄道益公司成立后，主要业务为生产、销售“黄道益活络油”，其在香港投入了大量的资源进行广告宣传，包括印制传单、投放巴士广告、地铁广告、电视广告等，使“黄道益活络油”在香港地区享有广泛的知名度，也成为广受旅客欢迎的旅游产品。从1994年起，黄道益公司已取得国家药监局颁发的“黄道益活络油”的进口药品注册证。为在内地推广“黄道益活络油”，黄道益公司还于2005年3月在北京设立了代表处，并通过关联企业香港黄氏医药控股有限公司及授权经销商进行了大量的宣传及推广活动，“黄道益活络油”在内地的药品产品中享有一定的知名度。

2016年4月19日，黄道益公司的委托人分别在揭阳市榕城区安康药行东升分店、揭阳市榕城区济康医药经营部购买了“活络油”产品各一瓶，容量分别为50毫升、25毫升，价格分别为45元、26元，两瓶活络油所标示的生产厂家为南昌森腾公司，总经销为中山黄道益合信公司。购买上述产品后，黄道益公司的代理人先后向广东省食品药品监督管理局、南昌市青山湖区市场和质量监督管理局进行了投诉举报，投诉举报信中附有相关购买凭证、物品照片。2016年11月15日，中山市食品药品监督管理局对中山黄道益合信公司进行执法检查，检查现场未发现中山黄道益合信公司有销售假药的行为，检查该公司台账发现该公司日常经营的只有25ml、50ml两种规格的“日成活络抑菌油”（标示生产厂家为南昌森腾公司，所展示的产品外观与黄道益公司在揭阳市所购买产品一致）。中山黄道益合信公司的法定代表人章某向执法机关反映公司只经营25ml、50ml的“日成活络油”，标示的生产厂家为南昌森腾公司；该产品是直接从厂家南昌森腾公司购进，公司只负责商家与客户的联系服务工作，而25ml、50ml的“日成活络油”单价分别为5元/瓶、7

元/瓶。

南昌市青山湖区市场和质量监督管理局对南昌森腾公司的行为进行了立案调查，该公司的法定代表人徐某陈述其公司2015年3月与中山黄道益合信公司签订生产加工协议，所生产的产品即为黄道益公司投诉举报信中所述产品，产品标示总经销为中山黄道益合信公司，产品包装（除产品盒子外）、原材料均由南昌森腾公司提供，产品包装上面的商标及文字信息均由中山黄道益合信公司负责。

将前述“日成活络抑菌油”与“黄道益活络油”进行比对，两者的包装在外观上十分相似，包括：产品的装载容器均为玻璃瓶，玻璃瓶中间印有“活络油”三字；在拱形门的开口处两边各有四个文字；外包装的形状及长宽比例基本相同；包装盒的上端是蓝色，其后是由白色渐变为黄色，下端为蓝色；包装盒的正面中间位置均有一个拱形门的开口，拱形门的开口处可以看见里面的玻璃瓶中间部分即玻璃瓶标签上的“活络油”三字；包装盒的顶部、底部均有显著的活络油标志，字体完全相同。以上特征与黄道益公司起诉请求保护的包装装潢在整体印象和主要部分上相近似。而且，该“日成活络抑菌油”包装盒上突出使用的“黄道益”三字所使用的字体与黄道益公司在“黄道益活络油”上标示“黄道益”商标所使用的字体基本一致。

【案件焦点】

1. 中山黄道益合信公司突出使用“黄道益”作为企业字号的行为是否构成对黄道益公司的不正当竞争；2. 中山黄道益合信公司在被控侵权产品上突出使用“黄道益”字样的行为是否侵犯了黄道益公司的注册商标专用权；3. “黄道益活络油”的包装装潢是否系特有的包装装潢、被控侵权产品是否构成对“黄道益活络油”相关权益的侵害。

【法院裁判要旨】

广东省中山市第一人民法院经审理认为：在本案中，“黄道益”三个字既是黄道益公司的注册商标，亦是其企业名称中的字号，而中山黄道益合信公司的企业名称中“黄道益合信”为企业字号，且黄道益公司的“黄道益”商标、企业字号使用在先，中山黄道益合信公司成立在后。黄道益公司已在香港地区及内地通过杂志、报纸、赞助活动等形式进行广泛宣传，使得“黄道益”注册商标及其“黄道益”字号获得了较为广泛的知名度，为相关公众所知悉。而中山黄道益合信公司明知黄道益公司的注册商标、字号具有较高的知名度和影响力，仍在后注册与他人字号相同的企业字号，并在同类商品上突出使用与他人注册商标相同的字号，具有攀附他人注册商标或字号知名度的主观恶意，容易使相关公众产生误认，其行为已构成不正当竞争。中山黄道益合信公司的企业名称登记于2012年，晚于黄道益公司的相关注册商标核准注册及宣传使用的时间，根据保护在先权利的原则，即使其企业名称经过工商部门核准，也不能成为其不构成侵权以及不承担责任的理由。

中山黄道益合信公司在被控侵权的“日成活络抑菌油”上以特殊字体突出使用“黄道益”字样，属于突出使用企业字号的行为。因被控侵权产品的成分、销售渠道、销售对象与黄道益公司的产品基本相同，中山黄道益合信公司在被控侵权产品上以相同字体突出使用与黄道益公司注册商标完全相同的“黄道益”，以消费者的一般注意力为标准，会产生原、被告之间存在特定联系的误解或误认，根据《最高人民法院关于审理商标民事纠纷案件适用法律若干问题的解释》第一条规定，中山黄道益合信公司的前述行为已构成对黄道益公司所享有的注册商标专用权的侵害。

“黄道益活络油”从1994年开始进口至内地市场，黄道益公司通过关联企业及销售商在国内进行了多种宣传活动，使“黄道益活络油”在内地药油市场占有不少的市场份额，为广大消费者熟知及喜爱，应认定“黄道益活络油”属于在中国境内的相关市场中具有较高知名度的商品。黄道益公司主张的特有装潢（包括上部深蓝色背景、渐变白色及黄色、包装盒的中间开口）系黄道益公司自行设计，与市场上的其他药油包装装潢具有较大的差异性，且经过黄道益公司及其关联企业的长期宣传与使用，其整体包装、装潢的图案、风格已相对稳定，为相关公众所知晓，具有显著性特征，应当认定为知名商品特有的包装装潢。中山黄道益合信公司对黄道益公司在先使用的特有装潢是有清楚认识的，其完全可以充分利用药油产品外观装潢设计中的通用要素，自由设计与黄道益公司在先使用的特有装潢具有明显区别的装潢，但中山黄道益合信公司所生产销售的同类产品上使用的装潢与黄道益公司主张权利的外观装潢较为近似，包括正面颜色的蓝白设计、拱形开口等，与“黄道益活络油”特有装潢达到在视觉上非常近似的程度。鉴于“黄道益活络油”的知名度极高，即使双方商品存在价格、消费层次等方面的差异和厂商名称、商标不同等因素，仍不免使相关公众易于误认两者产品存在某种经济上的联系，从而造成相关公众的混淆、误认，可以认定中山黄道益合信公司实施了擅自使用黄道益公司“黄道益活络油”这一知名商品特有装潢的不正当竞争行为。

广东省中山市第一人民法院根据《中华人民共和国商标法》（2013年修正）第五十七条第二项、第三项，第六十三条，《中华人民共和国反不正当竞争法》（2017年修订）第六条第一项，《中华人民共和国侵权责任法》第八条，《中华人民共和国涉外民事关系法律适用法》第五十条，《最高人民法院关于审理商标民事纠纷案件适用法律若干问题的解释》第一条第三项、第九条第一款、第十条、第十二条、第十六条第一款和第二款、第二十一条第一款，《最高人民法院关于审理不正当竞争民事案件应用法律若干问题的解释》第二条第一款、第四条、第七条、第十七条第一款，《最高人民法院关于适用〈中华人民共和国涉外民事关系法律适用法〉若干问题的解释（一）》第十九条，以及《中华人民共和国民事诉讼法》第六十四条第一款之规定，作出如下判决：

一、被告南昌森腾公司、中山黄道益合信公司于本判决发生法律效力之日起停止生产、销售带有原告黄道益公司含有“黄道益”文字标识的产品，并销毁侵权产品及其包装材料、宣传广告材料；

二、被告中山黄道益合信公司于本判决发生法律效力之日起立即停止在公司名称中使用“黄道益”字样；

三、被告南昌森腾公司、中山黄道益合信公司于本判决发生法律效力之日起立即停止使用与“黄道益活络油”相似的产品包装装潢，并销毁包装装潢及有关宣传广告材料；

四、被告南昌森腾公司、中山黄道益合信公司于本判决发生法律效力之日起十日内向原告黄道益公司支付赔偿款（含制止侵权的合理费用）50万元；

五、驳回原告黄道益公司的其他诉讼请求。

南昌森腾公司、中山黄道益合信公司不服一审判决，提起上诉。

广东省中山市中级人民法院经审理认为：（1）“黄道益”是黄道益公司企业名称中的字号及注册商标，具有广泛的知名度，已为相关公众所知悉，黄道益公司的在先权利应受保护。中山黄道益合信公司在企业名称中使用“黄道益”字样易使相关公众误认为中山黄道益合信公司与黄道益公司存在某种联系，侵犯了黄道益公司的企业名称权，属于不正当竞争行为。(2)“黄道益活络油”具有较高知名度，其包装装潢具有显著性特征，与市场的其他药油包装装潢具有较大差异性，为知名商品特有的包装装潢。南昌森腾公司、中山黄道益合信公司生产、销售的同类商品使用的装潢与“黄道益活络油”特有装潢在视觉上达到了非常相似的程度，易使相关公众误认两者的产品存在某种联系，从而造成和黄道益公司的知名商品相混淆，构成了擅自使用黄道益公司“黄道益活络油”知名商品特有装潢的不正当竞争行为。(3)中山黄道益合信公司在被诉侵权的“日成抑菌活络油”上以特殊字体突出使用“黄道益”字样，属于突出使用企业字号的行为。在此情形下，一审法院认为因被诉侵权产品以相同字体突出使用与黄道益公司注册商标完全相同的“黄道益”，以消费者的一般注意力为标准，会产生双方之间存在特定联系的误解或误认，认定被诉侵权产品突出使用“黄道益”字样已构成对黄道益公司所享有的注册商标专用权的侵害，并无不当。

广东省中山市中级人民法院根据《中华人民共和国民事诉讼法》第一百七十条第一款第一项之规定，判决如下：

驳回上诉，维持原判。

【法官后语】

商标是区别不同商品和服务来源的标志；企业名称则是区别不同市场主体的标志，而其中的字号是区别不同企业的主要标志。商标权和企业名称权作为两种不同的知识产权，均依法受到法律保护，但其取得和使用都必须遵循《中华人民共和国民法通则》和《中华人民共和国反不正当竞争法》中的诚实信用原则，并不得侵害他人的合法在先权利。一旦商标和企业名称在标识产品或服务来源时使相关公众产生混淆，从维护公平的市场竞争秩序的目的出发，应保护在先合法权益人的相关权利。在本案中，黄道益公司的“黄道益”注册商标及其“黄道益”字号已获得较为广泛的知名度，为相关公众所知悉，中山黄道益合信公司明知黄道益公司的注册商标、字号具有较高的知名度和影响力，仍在后注册与他人字号相同的企业字号，并在同类商品上突出使用与他人注册商标相同的字号，具有攀附他人注册商标或字号知名度的主观恶意，容易使相关公众产生误认，其行为已构成不正当竞争，同时也侵害了黄道益公司的注册商标专用权。即使中山黄道益合信公司的企业名称经过工商部门核准，也不能成为其不构成侵权以及不承担责任的理由。市场主体在经营活动中应恪守诚信原则，注意权利的边界，抢注商标、打擦边球等行为将受到法律的严惩。

编写人：广东省中山市第一人民法院　朱慧珊

图书在版编目（CIP）数据

中国法院2020年度案例．知识产权纠纷／国家法官学院，最高人民法院司法案例研究院编．—北京：中国法制出版社，2020.3

ISBN 978-7-5216-0918-9

Ⅰ.①中… Ⅱ.①国…②最… Ⅲ.①知识产权-民事纠纷-案例-汇编-中国 Ⅳ.①D920.5

中国版本图书馆CIP数据核字（2020）第034114号

策划编辑：李小草（lixiaocao2008@sina.cn）
责任编辑：韩璐玮　白天园　　封面设计：温培英　李宁

中国法院2020年度案例·知识产权纠纷

ZHONGGUO FAYUAN 2020 NIANDU ANLI · ZHISHI CHANQUAN JIUFEN

编者/国家法官学院，最高人民法院司法案例研究院

经销/新华书店

印刷/三河市紫恒印装有限公司

开本/730毫米×1030毫米　16开　　印张/13.75　字数/182千

版次/2020年3月第1版　　2020年3月第1次印刷

中国法制出版社出版

书号 ISBN 978-7-5216-0918-9　　定价：52.00元

北京西单横二条2号

邮政编码100031　　传真：010-66031119

网址：http：//www.zgfzs.com　　**编辑部电话：010-66071862**

市场营销部电话：010-66033393　　**邮购部电话：010-66033288**

中国法院2012～2020年度案例系列

国家法官学院　最高人民法院司法案例研究院　编

简便易用、权威实用——打造“好读有用”的案例

1. 权威的作者：国家法官学院案例开发研究中心持续20余年编辑了享誉海内外的《中国审判案例要览》丛书，2012年起推出《中国法院年度案例》丛书，旨在探索编辑案例的新方法、新模式，以弥补当前各种案例书的不足。

2. 强大的规模：2012、2013年各推出15本，2014年推出18本，2015年推出19本，2016年推出20本，2017年推出21本，2018、2019、2020年推出23本，含传统和新近的所有热点纠纷，所有案例均是从全国各地法院收集到的上一年度审结的近万件典型案例中挑选出来的，具有广泛的选编基础和较强的代表性。

3. 独特的内容：不再有繁杂的案情，高度提炼案情和裁判要旨，突出争议焦点问题。不再有冗长的分析，主审法官撰写“法官后语”，展现裁判思路方法。

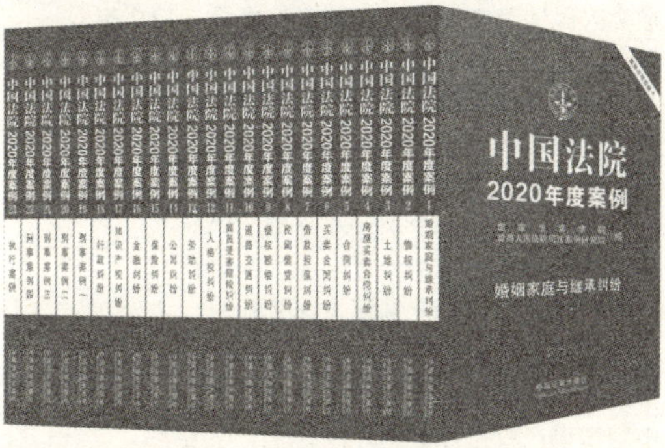

1. 婚姻家庭与继承纠纷
2. 物权纠纷
3. 土地纠纷（含林地纠纷）
4. 房屋买卖合同纠纷
5. 合同纠纷
6. 买卖合同纠纷
7. 借款担保纠纷
8. 民间借贷纠纷
9. 侵权赔偿纠纷
10. 道路交通纠纷
11. 雇员受害赔偿纠纷（含帮工受害纠纷）
12. 人格权纠纷（含生命、健康、身体、姓名、肖像、名誉权纠纷）
13. 劳动纠纷（含社会保险纠纷）
14. 公司纠纷
15. 保险纠纷
16. 金融纠纷
17. 知识产权纠纷
18. 行政纠纷
19. 刑事案例一
20. 刑事案例二
21. 刑事案例三
22. 刑事案例四
23. 执行案例

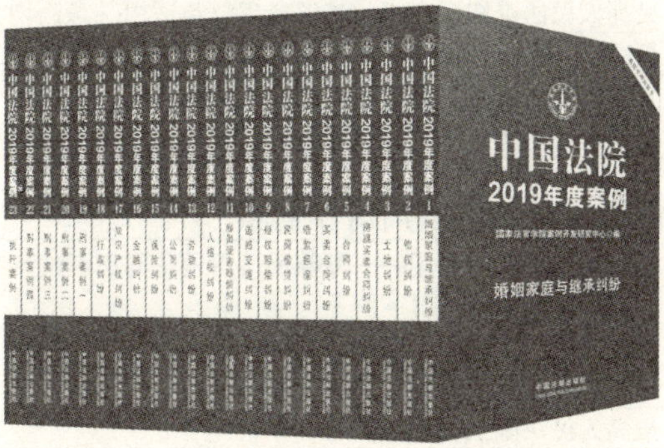

最高人民法院指导性案例裁判规则理解与适用系列

公司卷二	98元	物权卷	88元
公司卷（第三版）（上下册）	139元	婚姻家庭卷（第二版）	68元
民事诉讼卷（第二版）（上下册）	145元	合同卷四（第二版）	98元
侵权赔偿卷二	69元	合同卷三（第二版）	98元
侵权赔偿卷一	69元	合同卷二（第二版）	108元
房地产卷	98元	合同卷一（第二版）	108元
劳动争议卷	58元	担保卷（第二版）（上下册）	139元

最高人民法院知识产权审判实务系列

最高人民法院知识产权审判案例指导（第11辑）	86元
最高人民法院知识产权审判案例指导（第10辑）	98元
最高人民法院知识产权审判案例指导（第9辑）	88元
最高人民法院知识产权审判案例指导（第8辑）	88元
最高人民法院知识产权审判案例指导（第7辑）	98元
最高人民法院知识产权审判案例指导（第6辑）	78元
最高人民法院知识产权审判案例指导（第5辑）	88元
最高人民法院知识产权审判案例指导（第4辑）	78元
最高人民法院知识产权审判案例指导（第3辑）	78元
最高人民法院知识产权审判案例指导（第2辑）	78元
最高人民法院知识产权审判案例指导（第1辑）	48元
中国知识产权指导案例评注（第10辑）	128元
中国知识产权指导案例评注（第9辑）	108元
中国知识产权指导案例评注（第8辑）	98元
中国知识产权指导案例评注（第7辑）	118元
中国知识产权指导案例评注（第6辑）	128元
中国知识产权指导案例评注（第5辑）	118元
中国知识产权指导案例评注（第4辑）	98元
中国知识产权指导案例评注（第3辑）	98元
中国知识产权指导案例评注（上、下卷）	188元
商标法适用的基本问题（增订版）	78元
反不正当竞争法的创新性适用【精装】	68元
知识产权法律适用的基本问题——司法哲学、司法政策与裁判方法	168元
最高人民法院知识产权司法解释理解与适用（最新增订版）	69元
最高人民法院知识产权案件年度报告（2008～2015）（中英文版）	198元
知识产权司法实务新型疑难问题：专利、商标与著作权热点问题	138元
知识产权司法实务新型疑难问题：知识产权司法保护与产业发展	120元

最高人民法院审判指导书系

执行规范理解与适用——最新民事诉讼法与民诉法解释保全、执行条文关联解读（增订2版）	159元
最高人民法院民事立案业务指导	108元
最高人民法院审判监督业务指导	128元
最高人民法院执行业务指导	128元